U0464250

千村
故事

手技手艺卷

浙江省农业和农村工作办公室
浙江农林大学中国农民发展研究中心
浙江省农民发展研究中心
中国名村变迁与农民发展协同创新中心

本卷主编　唐子舜　任重

中国社会科学出版社

图书在版编目(CIP)数据

千村故事·手技手艺卷／唐子舜，任重主编 . —北京：中国社会科学
出版社，2018.3
ISBN 978-7-5203-0636-2

Ⅰ.①千…　Ⅱ.①唐…②任…　Ⅲ.①村落文化-介绍-中国②民间艺术-
介绍-中国　Ⅳ.①K928.5②J12

中国版本图书馆 CIP 数据核字（2017）第 149048 号

出　版　人	赵剑英	
责任编辑	宫京蕾	
责任校对	秦　婵	
责任印制	李寡寡	

出　　版	中国社会科学出版社	
社　　址	北京鼓楼西大街甲 158 号	
邮　　编	100720	
网　　址	http：//www.csspw.cn	
发 行 部	010-84083685	
门 市 部	010-84029450	
经　　销	新华书店及其他书店	

印刷装订	北京君升印刷有限公司	
版　　次	2018 年 3 月第 1 版	
印　　次	2018 年 3 月第 1 次印刷	

开　　本	710×1000　1/16	
印　　张	21	
插　　页	2	
字　　数	338 千字	
定　　价	85.00 元	

凡购买中国社会科学出版社图书，如有质量问题请与本社营销中心联系调换
电话：010-84083683
版权所有　侵权必究

浙江省历史文化村落《千村故事》
丛书编委会

编委会主任

王辉忠　黄旭明

编委会副主任

章文彪　张才方　蒋珍贵　宣　勇　周国模
严　杰　金佩华　王景新

编委会成员

王长金　王旭烽　王思明　车裕斌　包志毅
沈月琴　陈华文　何秀荣　宋洪远　余振波
张梦新　李勇华　李建斌　邵晨曲　郑有贵
林爱梅　赵兴泉　顾益康　葛永明　温　锐
樊志民

编辑室

胥　亮　李琳琳　吴一鸣　朱　强

前　言

"千村故事" 书写中国美丽乡村建设浙江新篇章

一　缘起

寻乡愁，
祖宗兴村族规修。
劝农劝学基业定，
礼仪道德孝中求。
生态人居子孙旺，
民风民俗村史留。

寻乡愁，
千村故事话风流。
清廉大义万古传，
名人名流胜封侯。
手技手艺代际承，
特产特品我村优。

寻乡愁，
美丽乡村历史悠。
民族振兴中国梦，
村域发展是重头。
自在安然农民心，
共同富裕写春秋。

　　一首婉转悠扬的"千村故事"之"一碟影像"主题歌，唱出了浙江人民保护历史文化村落、寻访传统故事、定格乡土印象、回味乡愁记忆的诗意情怀，抒发了浙江人民践行自由平等、建设美丽乡村、奔向共同富裕的壮志豪情。

"《千村故事》'五个一'行动计划"（以下简称"千村故事"）缘起于浙江历史文化村落保护利用工作。"做好历史文化村落的保护利用工作，是彰显美丽乡村地方特色的需要"（李强，2012）①。浙江历史文化村落保护利用工作的启动，标志着浙江以"千村示范、万村整治"为载体的美丽乡村建设跃升到新阶段。这一阶段，是浙江社会主义新农村建设的"美丽成果"转化为农村经济社会发展"资源优势"的重要阶段，是"生产发展、生活宽裕、乡风文明、村容整洁、管理民主"的社会主义新农村建设目标的实现阶段，也是浙江"推动信息化和工业化深度融合、工业化和城镇化良性互动、城镇化和农业现代化相互协调，促进工业化、信息化、城镇化、农业现代化同步发展"和"城乡一体化发展"大融合阶段。

浙江美丽乡村建设始于 2003 年。是年 6 月，时任浙江省委书记习近平启动了浙江"千村示范、万村整治"工程，揭开了中国美丽乡村建设的时代篇章。2005 年 10 月，中国共产党十六届五中全会提出了"建设社会主义新农村"的重大历史任务，将浙江"千村示范、万村整治"融入中国社会主义新农村建设大潮。至 2007 年，浙江省完成了 10303 个建制村的初步整治，其中 1181 个建制村建成"全面小康建设示范村"。2008年，浙江省安吉县提出"中国美丽乡村"计划。2009 年 9 月，一批国内古建筑和文物保护专家聚集浙江省建德市新叶村，发表了《新叶共识》，希望政府"把遗产保护和民生工程建设结合起来……倡导全社会关注抢救正在日渐消失的中国乡土建筑"。2010 年，浙江省制订了《美丽乡村建设行动计划（2011—2015 年）》，同时，浙江省农业和农村工作办公室（以下简称"浙江省农办"）、财政厅、住建厅、文化厅、林业厅、省文物局六部门联合开展历史文化村落普查。2012 年 4 月，浙江省贯彻习近平总书记关于"优秀传统文化是一个国家、一个民族传承和发展的根本，如果丢掉了，就割断了历史命脉"的讲话精神，出台了《关于加强历史文化村落保护利用的若干意见》，把修复、保护、传承和永续利用历史文化村落作为美丽乡村建设的重要内容。2012 年 11 月，党的十八大报告提

---

① 李强（时任浙江省人民政府省长）：《在全省历史文化村落保护利用工作现场推进会上的讲话—》（2012 年 5 月 9 日）。

出了"努力建设美丽中国，实现中华民族永续发展"的要求。习近平总书记指出："中国要强，农业必须强；中国要美，农村必须美；中国要富，农民必须富。"建设美丽中国，重点和难点都在农村，美丽乡村建设理所当然地成为当今中国的时代潮流。

"千村故事"在浙江美丽乡村建设跃升阶段应运而生。2014 年 5 月 20 日，浙江省委副书记王辉忠、副秘书长张才方等一行到浙江农林大学调研，在听取了中国农民发展研究中心关于"中国名村变迁与农民发展协同创新中心"的工作汇报后，表示要支持协同创新中心开展历史文化村落保护、利用研究，浙江农林大学随即向省委办公厅呈送了书面报告，王辉忠副书记做了批示。2014 年 11 月，浙江省美丽乡村建设现场会和 2015 年 1 月浙江省农村工作会议，先后做出了"挖掘和传承好古村落古民居背后的故事"的部署。2015 年 3 月 2 日，浙江省农业和农村工作办公室根据上述两次会议部署和省领导的指示精神，委派相关负责人到中国农民发展研究中心，共同商讨、制订了"千村故事"行动计划，并于 3 月 24 日呈送浙江省委、省政府。夏宝龙书记、李强省长、王辉忠副书记、黄旭明副省长分别对此做了重要指示：要把这件大事办好，全力创作"精品"。

浙江省委、省政府四位领导批示后，省农办相关负责人多次到浙江农林大学指导、对接和协调，讨论"千村故事"实施方案，部署和推进这项工作。浙江农林大学主要领导要求举全校之力抓好《千村故事》"五个一"行动计划，金佩华和王景新作为总负责和总主编。浙江农林大学中国农民发展研究中心按照上述要求，联络"中国名村变迁与农民发展协同创新中心"及省内外专家，成立了"千村故事"专家委员会，组建了"千村故事"研究团队和工作室，启动了"五个一"行动计划。

二　任务

浙江省提出的"历史文化村落"概念，涵盖了浙江省域内的中国历史文化名村、中国传统村落和古建筑村落、自然生态村落与民俗风情村落。中国历史文化名村是指保存文物特别丰富且具有重大历史价值或纪念意义的，能较完整地反映一些历史时期传统风貌和地方民族特色的村，由住建部和国家文物局共同组织评选。2003 年 10 月至 2014 年 3 月，分六批公布了 276 个历史文化名村，其中浙江 28 个，占总数的 10.1%。中国传统村落过去称"古村落",2012 年,住建部、文化部、国家文物局、财政部,联合组成了"传统村落保护和发展专家委员会",此后用"传统村落"替代了"古村落"概念。传统村落是指 1911 年辛亥革命以前建村,保留了较多传统建筑环境、建筑风貌,村落选址未有大的变动,具有独特民俗民风,虽经历久远年代,但至今仍为人们服务的村落。2012 年至 2014 年 12 月,该委员会分三批公布了"中国传统村落"2555 个,浙江入选 176 个,占总数的 6.9%。2012 年,浙委办〔2012〕38 号文件界定:"历史文化村落包括古建筑村落、自然生态村落和民俗风情村落等。"这份文件把现存古建筑等历史文化实物和非物质文化遗产比较丰富的村落,村落建筑与自然生态相和谐、历史建筑保护较好的村落,传统民俗风情等非物质文化遗产丰富、民俗文化延续至今、活动频繁的村落,都纳入了"历史文化村落"范畴。

"千村故事"主要针对纳入《浙江省历史文化村落保有数量和名单库》(以下简称"库内村")的 1237 个村,开展"寻访传统故事——编撰一套丛书,触摸历史脉搏——形成一个成果,定格乡土印象——摄制一碟影像,回味乡愁记忆——推出一馆展示,构建精神家园——培育一批基地"。

"编撰一套丛书",共 9 卷,其中,《千村概览卷》是为"库内村"立档。《千村故事:礼仪道德卷》收集和编撰"库内村"在仁义、慈爱、孝道、勤俭、和睦、善行、清白、诚信、情谊(包括兄弟邻里情谊及民族和谐等)方面的典故。《千村故事:清廉大义卷》收集和编撰"库内村"宗族督导其入仕子孙为官清正廉洁、热爱国家、坚守民族大义的典故。《千村故事:生态人居卷》收集和编撰"库内村"经典的堪舆布局,合理的聚落结构,巧妙的给排水系统,精致的建筑园林,优美的自然景观及其传承、保护等方面的故事。《千村故事·劝农劝学卷》收集和编撰"库内村"戒子戒规、劝农劝学、耕读传家的那人、那事、那典范,弘扬勤奋苦读、乐于农耕,崇勤倡简、勤俭持家,以及自强不息、勤勉坚韧、艰苦奋斗的乡土文化。《千村故事:名人名流卷》收集和编撰"库内村"学而优则仕、则商,学而不优则耕读传家等名仕、名商、名师、名学、名绅的故事,弘扬干一行、爱一行,行行出状元,造福乡梓的优秀文化。《千村故事:民风民俗卷》收集和编撰"库内村"祭祀、婚嫁、丧葬、节庆、季节与农耕、族规乡约、邻里互助等方面的经典故事,弘扬村落民风、民俗、民习，以及村落秩序与基层治理的优秀文化。《千村故事：手技手艺卷》收集和编撰"库内村"独特的工匠技术，石雕、砖雕、木雕、竹雕、竹编、绘画、书法、剪纸、刺绣、女红、戏曲、民歌、武术等乡土非物质文化遗产及其传人的故事，传承乡土手艺、技术和民间艺术。《千村故事：特产特品卷》收集和编撰"库内村"著名农产品、林果蔬产品、畜产品、"老字号"手工产品和特产、名吃及其背后的故事。

"形成一个成果"，就是利用"编撰一套丛书"的调查资料和数据，研究和总结江南历史文化村落变迁（兴衰更替或持续发展）的历史脉络、发展条件、阶段性特征和一般规律，以及文化遗产保护、传承、利用的浙江特色、中国经验。出版《浙江历史文化村落社会经济变迁研究》（专著），提出"浙江历史文化村落保护利用现状和持续发展调研报告"及其"政策建议"，编制"浙江省2016—2020年历史文化村落保护利用规划"。

"摄制一碟影像"，其目的在于用影像手段记忆乡愁，记录"库内村"保护利用现状，收集和保存"库内村"原有影像资料，宣传千村故事。任务包括：一是收集、整理"库内村"以往的纪录片、宣传片、新闻片，储备"千村故事"之"一馆展示"的馆藏影像资料；二是拍摄"库内村"的人居环境，记录"库内村"民居、宗祠、廊桥等历史建筑修复、保护、利用现状，复活"库内村"民风民俗、手技手艺等非物质文化遗产；三是按照"千村故事"一套丛书的8卷分类，挑选经典、精彩的故事，组织亲历者、传承人和典型代表人物讲述本村、本家和自己的故事，编辑成8集宣传性故事片。

"推出一馆展示"，是以浙江农林大学"浙江名村博物馆"建设为载体，设立浙江历史文化村落变迁展示馆。展示内容包括：一是农耕生产工具、手工业器具、传统生活用具、民间艺术作品等方面的实物；二是历史文化村落的村史、村志，名士、名人、名流传记和作品，档案及散落民间的契约文书等文献资料；三是村庄布局及其变迁的历史图片、碑刻拓片和影像资料；四是农村发展的对比材料，如村落景观变化对比、村域自然环境变化对比、农民居住条件对比、农户经济收入对比、生活质量和公共服务水平提升对比等，采集历史文化村落有记载的历史数据、图片、统计年报、记账农户资料、老照片、村集体经济组织所受的表彰及荣誉称号证件等数据、资料和图片。最终形成浙江历史文化村落数据库。

"培育一批基地"，是结合"库内村"保护利用重点村项目的实施，分"乡土历史文化保护传承示范村""时代印记文化保护传承示范村"两种类型，培育"看得见山、望得见水、记得住乡愁"的示范基地。

上述任务是一个整体，其中，编撰一套丛书既是形成一个成果的资料源泉、摄制一碟影像的脚本、推出一馆展示的脉络和线条，又是培育一批基地的重要依据。一套丛书、一个成果、一碟影像、一馆展示和一批基地相互支撑，共同托起浙江历史文化村落物质和非物质文化遗存保护利用的历史殿堂。

三　价值

"千村故事"是浙江省在历史文化村落物质文化遗存修复、保护和利用的基础上，对非物质文化遗产抢救性挖掘、整理、记忆和传承的乡土文化建设的重大任务。"千村故事"将为千秋万代留下一份诗意情怀的传统村落变迁史料，将为现代农业中如何继承中华传统农业精华发挥启迪作用，将为世界留下一份悠扬的，具有人文底蕴的中国江南鱼米之乡的乡愁记忆。

中国农村变迁发展以村庄为载体。农村变迁史本质上是村庄变迁史。历史文化村落是中国乡土文化遗产的博物馆，是乡愁记忆的百科全书，也是中国国学的思想宝库。历史文化村落镌刻着古代中国农业、农村和农民发展的历史印记，承载着近现代中国共产党领导新民主主义革命、社会主义革命和建设、改革开放和社会主义现代化建设的伟大功勋，展示着中国农业、农村和农民现代化的巨大业绩，凝结着无数农民精英的历史贡献。我们从历史文化村落走过，仿佛走进了中国农耕文明、乡土文化及国学精髓的博物馆，走进了中国共产党领导农民革命和社会主义建设的纪念馆，走进了农业、农村和农民现代化的业绩馆，走进了祖宗先辈、农民精英和名人名流的传记馆。但是，"快速发展的工业文明正在疯狂地吞噬着农耕文明，乡村社会正在成片地急剧消失，作为整个人类摇篮的、绵延了数千年的带有中古韵味的原始村落正一个个地被五光十色的现代建筑群所取代"①。中国历史文化村落保护时不我待，中国历史文化村落社会经济变迁研究时不我待，中国历史文化村落影像资料摄制和农耕文明博物馆建设时不我待！

---

① 王先明：《从东方杂志看近代乡村社会变迁——近代中国乡村史研究的视角及其他》，《史学研究》2004 年第 12 期。

浙江省历来高度重视历史文化村落的保护、利用工作，一直将其作为农村经济社会发展的重要支撑，作为美丽乡村建设的重要内容。2003 年浙江省启动"千村示范、万村整治"工程时，时任省委书记习近平就强调："要正确处理保护历史文化与村庄建设的关系，对有价值的古村落、古民居和山水风光进行保护、整治和科学合理的开发利用。"① 2012 年，浙江省开全国传统村落保护、利用之先河，在一个省级区域内，有组织、有计划、大规模展开历史文化村落保护、利用。自 2012 年始，浙江省委、省政府每年召开一次"全省历史文化村落保护利用工作推进会"，每年投入近 10 亿元资金②，连续三年（三批）对全省历史文化村落"库内村"中的 130 个重点村、649 个一般村开展了修缮和保护工作。浙江省各级党委、政府做了许许多多的好事、善事，提供了许许多多的新做法、新经验，功在当代，惠及子孙，得到了浙江农村干部和广大农民的肯定、赞扬和积极响应。而今浙委办［2012］38 号文件提出的关于"……到 2015 年，全省历史文化村落保有集中县规划全覆盖，历史文化村落得到基本修复和保护……的总目标"已经基本实现。

四　方法

"千村故事"是浙江省"政、学、研、民"合作、大规模调研、大团队协同调研的有益尝试。按照上级要求，"千村故事"由浙江省农办组织协调，省财政厅保障相关经费，浙江农林大学联合"中国名村变迁与农民发展协同创新中心"的力量组织实施。

浙江省农办与浙江农林大学研究团队密切合作，将"千村故事"的研究对象、故事收集撰写方法、要求与范本、工作进度等，通过省农办文件形式传达到各地。2015 年，省农办为"千村故事"发文、发函就有《关于组织开展"〈千村故事〉'五个一'行动计划"的通知》（浙村整建办［2015］11 号）、《关于核对和完善"千村故事"千个历史文化村落名单的通知》（浙村整建办［2015］14 号）、《关于组织开展〈千村故事〉

---

① 转引自吴坚《箫鼓牵情古风淳——浙江历史文化村落保护利用工作纪实》，《今日浙江》2014 年第 16 期。

② 2013 年，浙江省、市、县三级共投入资金 9.29 亿元，其中省级下拨 2.3 亿元。参见王辉忠（浙江省委副书记）《在全省历史文化村落保护利用工作现场会上的讲话》（2014 年 7 月 1 日）。

丛书基础材料收集、整理编撰工作的通知》（浙村整建办［2015］18 号）等。这些文件成为协同各方的重要依据。省农办要求：历史文化村落保有量大、入选"库内村"数量多的县（市、区）也要成立相应的指导委员会。要从县（市、区）文化局（文化馆）、方志办和档案馆等单位抽调专业人员，组成专门工作班子，负责有关乡镇（街道）、村的组织协调以及基础材料、经典故事、影像图片等的收集、整理、撰写、审读、修改和报送等工作。

定点定村是"千村故事"研究和编撰工作展开的基础。省农办以 2012 年六部门联合普查确定的历史文化村落"库内村"（971 村）为基础，按照"有价值、有形态、有文脉、有故事、有人脉"的标准，对各地历史文化村落的保有数量和名单进行核实、退出或补充。截至 2015 年年末，全省普查纳入历史文化村落"库内村"1237 个①。

浙江农林大学研究团队于 2015 年 4 月上旬召开"千村故事"培训会，统一研究思路、方法，随即组织农村经济、建筑、规划、历史、文化、旅游、民俗等方面的专家，两次深入"库内村"开展预调研。其目的：一是通过预调研拟定"一套丛书"总框架，以及《千村概览》和 8 卷故事的章、节和故事范本，方便基层参与者在收集、整理、编撰千村故事基础材料时参照；二是摸索"政、学、研、民"合作联动的方法，以及研究团队联合攻关机制。至 2015 年 6 月下旬，上述目标全部达成，并形成了关于"千村故事"一套丛书编撰总要求、体例和方法等方面的共识。

第一，编撰总要求。一套丛书编撰要按照省政府领导批准的"千村故事"行动计划所列框架破题，展现历史文化村落"那村、那人、那故事"，最终形成一部故事与史志结合的系列编著。一套丛书编撰要坚持三性并重原则：故事挖掘、整理和编撰要具有史实性，是历史文化村落里事实存在、广为流传的故事；要体现知识性，可读、可藏、可传；要发挥教育性，弘扬和传承历史文化村落的优秀文化。

第二，编撰对象。"千村故事"研究和编撰对象为浙江历史文化村落"库内村"，非"库内村"的但若确有经典故事，亦可选编，但数量要严格控制。凡以人物为中心的故事，必须遵循"生不立传，顺应时代与表现

---

① 浙江历史文化村落"库内村"数量不断调整，三个阶段的数据分别为 971 个、1123 个和 1237 个，因此，在"千村故事"研究过程中，不同时段撰写的研究成果中，其"库内村"数量不同，特予说明。

‘正能量’，大人物写小事、小人物写大事”等基本原则，如果几个村落撰写同一个人物的故事，要合并为一个故事，但要体现这个人物在多个村庄的活动印记。以人物为中心的故事，不能异化为个人传记而见人不见村。

2015年6月25日，省农办根据上述共识，下发《关于组织开展〈千村故事〉基础材料收集、整理编撰工作的通知》，要求各县（市、区）农办要会同文化、广电、史志、档案等部门，抽调相关专业人员，组成专门工作班子，按照上述要求扎实做好基础材料、影像图片等的收集、整理、编撰、审读、上报工作，于2015年8月1日前，分别上报省农办社会发展处与浙江农林大学“千村故事”工作室。

7月8日，浙江省农办社会发展处牵头，项目研究团队协助，召开了省、市、县农办分管领导和“千村故事”基础材料编撰业务骨干培训会（400余人参加）。一套丛书各卷主编，以及一个成果、一碟影像、一馆展示的主持人，分别宣讲各卷和各项目的主旨、框架、要求、范本、方法及注意事项，省农办分管领导、浙江农林大学分管副校长先后提出要求。省培训会议后，各地用不同方式逐级传达落实。一时间，“千村故事”讲述、编撰、求证等，在浙江历史文化村落里蔚成风气，家喻户晓。

2015年暑假期间，浙江农林大学研究团队组织11个联络组带领百名大学生分赴浙江省11个地级市“寻访千村故事”①、调查研究和巡回指导。其具体任务包括：一是选择典型村落，配合各地开展调查研究，寻访历史故事；二是接受邀请，为收集、编撰故事有困难的特别需要帮助的村落提供援助；三是在编撰一套丛书的同时，收集一个成果、一碟影像、一馆展示和一批基地的资料和实物。

截至2015年8月25日，“千村故事”工作室共收到“历史文化村落信息采集表”1244份，其中有效信息1158个村；故事基础材料1227篇，其中《礼仪道德卷》136篇，《清廉大义卷》130篇，《生态人居卷》287篇，《劝农劝学卷》84篇，《名人名流卷》228篇，《民风民俗卷》179篇，《手技手艺卷》99篇，《特产特品卷》84篇。8月26日，浙江农林大学研究团队举行了“千村故事”暑期调研汇报交流会，进一步讨论了历史文化村落保护、利用现状及对策，部署各组统计分析历史文化村落本底

---

① 浙江农林大学“寻访千村故事”暑期社会实践团，获中宣部、中央文明办、教育部、共青团中央、全国学联组织开展的“2015年全国大中专学生志愿者暑期‘三下乡’社会实践活动优秀团队”荣誉称号。

数据，阅读筛选故事基础材料并提出修改意见。

"千村故事"研究团队调研和巡回指导村落，覆盖全省 11 个地级市、57 个县（市、区）、163 个村落，协助各（地）市修改或重写的故事 259 篇。2015 年年末和 2016 年年初，8 卷故事初稿基本完成。2016 年春节（寒假）前后，浙江农林大学研究团队再次进村入户调研，进一步修改、补充和完善历史文化村落的历史故事。2016 年 4 月 8—10 日，浙江农林大学研究团队在湖州市南浔区荻港村召开了"千村故事"统稿会，"千村故事"专家委员会部分成员，中国社会科学出版社领导和相关编辑人员，以及"千村故事"一套丛书各卷主编和其他"四个一"的项目负责人齐聚一堂，审读一套丛书初稿，统一编撰要求，按照"表述精准、真正达到了史实性、知识性和教育性的作品，同时突出重点村，反映浙江区域特色"的原则，遴选《〈千村故事〉精选》（卷一、卷二、卷三）三卷样稿。至此"千村故事"一套丛书调研和编撰工作基本完成。接下来，"一套丛书"交由中国社会科学出版社进入辛苦而繁复的出版程序。

五　梗概

《千村概览卷》厘清了浙江历史文化村落物质文明遗存及其保护利用现状。据历史文化村落基础信息有效采集的 1158 个村统计数据显示，浙江历史文化村落主要集中在浙西、浙南、浙中的山区、丘陵地区，而杭嘉湖平原、宁绍平原地区、海岛地区相对较少，其中丽水市 228 个村、台州市 170 个村、衢州市 159 个村、温州市 150 个村。浙江传统村落历史悠久，唐代及以前始建的村落 160 个，占 13.82%，其中舟山市定海区马岙村被誉为"海上河姆渡"[①]、"海岛第一村"，嘉兴平湖市曹桥街办马厩村至迟在春秋齐景公时期（前 547—前 489）便有村落；嵊州市华堂村金庭王氏始迁祖王羲之东晋永和十一年（355）三月称病弃官，"携子操之由无锡徙居金庭"[②]；宋代始建的村落居多，共有 367 个村，占总数的 31.69%，元代始建的 103 个村，占 8.89%，明代始建的 297 个村，占 25.65%，清代始建的 149 个村，占 12.87%。民国及以后始建的 82 个村，占 7.08%。村落中所有古建筑等物质文化遗存中，有文物保护级别的共

---

①　1973 年，发现于浙江余姚河姆渡。它主要分布在杭州湾南岸的宁绍平原及舟山岛，经测定，它的年代为公元前 5000—前 3300 年，是新石器时代母系氏族公社时期的氏族村落遗址。

②　参见华堂村《金庭王氏族谱》。

有 4357 处，其中国家级文物有 375 处，省级文物有 699 处，市级文物有 400 处，县级文物有 2877 处，216 个村文物保护单位是古建筑群。各类古建筑数量主要统计各村的古民宅、古祠堂、古戏台、古牌坊、古桥、古道、古渠、古堰坝、古井泉、古街巷、古城墙、古塔、古寺庙、古墓十四类信息，汇总其数量达 3.6 万多处，其中最多的是古民宅，共 23071 处，古祠堂 1624 处，古城墙 91 处，古塔 69 处。有 1022 个村保存族谱，占"库内村"总数的 82.15%，一村多部族谱也是常见现象，本次调查统计大约有 4505 部族谱。有 295 个村落保存有古书、名人手稿、字画等文物资源。906 个村有古树名木，占村总数的 73%，有的村拥有古树名木群。据不完全统计，这些村落中 1000 年以上的古树有 135 棵，如丽水莲都区路湾村有 1600 年的香樟，建德石泉村有 1400 多年的樟树 7 棵，建德乌祥村有 1500 多年树龄的古香榧，余杭山沟沟村汤坑汤氏宗祠前有 1200 多年树龄的红豆杉和银杏，景宁畲族自治县大漈乡西一村有 1500 多年树龄的柳杉王……在村落的非物质文化遗产中，国家级有 89 个，省级有 187 个，市级有 172 个，县级有 237 个。浙江省重视历史文化村落保护和利用，2012 年至今，先后三期批准历史文化村落保护、利用重点建设村和一般村达到 779 个，占"库内村"总数的 62.6%。

《礼仪道德卷》述说浙江历史文化村落的价值追求。浙江历史文化村落里的人们，对礼仪道德的重视主要展现在三个方面：第一，有形载体众多，农村礼仪道德故事并不仅仅停留在村民的口耳相传之中，往往化身为物质载体，承载着村民的共同记忆。第二，注重传承，许多农村礼仪道德故事对于村民而言并不仅仅是一个传说，而是化身为族规家训，通过教育在子孙后代中传承。第三，影响深远，农村礼仪道德故事对于村民而言并非是遥远的往事，而是真实地存在于村民的生活之中，影响着其中的每一个人。浙江历史文化村落礼仪道德故事中，以下几个方面显得尤为丰富：一是慈爱孝悌。浙江历史文化村落有大量父慈子孝的故事，许多村庄将"孝"作为立村之本。慈孝故事可分为严父慈母的故事、寸草春晖的故事、慈孝传家的故事、节孝流芳的故事四类。慈孝故事在传统农村社会最为丰富，影响也最为深远，对民风的端正起到了极大的作用。二是贵和尚中。浙江历史文化村落里的和谐故事大致可分三类：第一类为家和事兴；第二类为乌鹊通巢；第三类为民族和睦。三是见利思义。浙江历史文化村落的见利思义的故事也可分三类：第一类为勤俭诚信的故事；第二类为公而忘私的故事；第三类为积善得报的故事。四是乐善好施。乐善好施是浙江历史文化村落美德故事的重大主题，总体可分为三类：第一类为回报桑梓的故事；第二类为扶危济困的故事；第三类为造福一方的故事。中国传统农村社会典型地体现了对礼仪道德的注重，这些传统美德与农村社会生活密切相连，它们是农民创造的宝贵精神财富，是农村社会持续发展的不竭精神动力。

《清廉大义卷》传颂浙江"忠义廉正、光昭史策"的如林贤哲。忠诚爱国，廉洁奉公，心系天下是他们为官从政的基本价值取向，也是他们为官做宰的基本要求。他们在其位谋其政，勤于政事，为民请命，爱民如子，以民众和国家利益为先；他们志行修洁，清廉刚正，讲求以身任天下，把个人的安身立命与天下兴亡、百姓福祉联系在一起，得志时则兼善天下，不得志时则独善其身。在一乡则有益于一乡，在一邑则有益于一邑，在天下则有益于天下。每当国家兴盛时，士大夫多以廉洁自重，刻意砥砺德行；每当社稷衰颓之时，正是"义夫愤叹之日，烈士忘身之秋"（《晋书·慕容德载记》），竭忠效命、临难捐躯者指不胜屈。这充分显示："腐败"乃是贯穿历史败亡的一条基线。故事主人公们在道德实践上主要依靠内省、自律去克制欲望，抵制诱惑，诉诸的是主体向内用力的道德自觉，而不完全依靠外在他律的规范和约束，养廉多于治廉。他们的政治实践则主要体现在：责君之过，以正君臣；律己之行，以严公私；爱民如子，以和官民；进思尽忠，退思补过；先忧后乐，用舍皆行；等等。他们的政治诉求则是一个"天—君—民"三位一体的政治架构，在这个传统的政治架构中，臣民可忠于君主，也可忠于社稷天下。忠于君主者，以君主利益为第一位，唯君主马首是瞻；忠于社稷天下者，以民众和国家利益为先。在官与民、权与理、君与国的矛盾前面，站在民、理、国这方面，"苟利国家生死以，岂因祸福趋避之"。而伴随着近代"国家""民族"概念的传入，政统与道统、君主与国家区分更为明显。杀身成仁，舍生取义，近代以来，浙江无数的仁人志士为了革命理想信仰、为了救亡图存、为了至高无上的道义精神，他们大义凛然，慷慨就义。

《生态人居卷》集萃浙江先民人居环境建设的智慧。"人居环境的灵魂即在于它能够调动人们的心灵"，各村落因地形地貌、水土植被、经济发展程度的不同，形成富具地域特色的个性。浙江历史文化村落大多数是有着宗族体系的血缘村落，宗族伦理观念强烈地影响着村落的空间布局和建筑形态，村落布局形态讲究道德伦理关系，重视等级制度和长幼之分。出现了以宗祠为核心，以主要商业街、道路或河流为发展轴，根据地形因地制宜的布局模式。浙中地区特别讲究形成山水环抱、聚气藏风的"风水"格局，甚至不惜人力、物力改造风水，比较典型的如武义郭洞村。浙江历史文化村落的历史建筑营造匠心独具，除建筑艺术精美之外，还体现了浓郁的人文理念。建筑群体组合往往有着严谨的秩序，祠堂大多设置在传统村落的中心位置，而亭、廊、桥等风景建筑则体现"天人合一"与"文以载道"的思想观念，巧妙结合地形地貌，承载伦理道德和美好的愿望。浙江水系众多，形成了清新、淡雅、古朴的历史文化村落风貌，村落中合理科学的水系规划，不仅调节了小气候，满足了日常饮用、灌溉、排污、消防等功能，同时又形成了优美的人居环境。浙江历史文化村落大多是望得见山、看得见水的"山水田园村落"，植根于周围山水自然环境，因地制宜进行家园建设，并辅以恰当的人文景观，形成质朴自然而又如诗如画的乡村风景园林。浙江自古以来人文鼎盛，历史文化村落中多有诗词歌咏、楹联题刻、文化典故等人文景观。在这些人文景观中，有的记录村落发展的重要历史事件，有的记录传说故事或歌颂风景名胜，彰显着村落的人文内涵之美。

《劝农劝学卷》夯实浙江历史文化村落兴村根基。耕读传统是浙江历史文化的重要传统之一，它的产生是与古代中国"劝农劝学"观念的内在要求和政策制度相契合的。浙江耕读传统产生于农本经济（物质基础）、科举入仕（制度保障）、兴家旺族（直接动力）、隐逸文化（思想渊源）、人口迁徙（促成因素）五大基石，其中农本经济、科举入仕和兴家旺族是浙江耕读传统产生的一般要素，隐逸文化和人口迁徙则是浙江耕读传统产生的特殊要素。在中国农业社会的历史长河中，耕读并重作为农民的生活模式，是一种可保进退自如的持家方略，二者相辅相成、相得益彰。源于此，"耕读传家"作为宗法制的历史文化村落根深蒂固的生活理想，是宗族（家庭）事务的头等大事，每个宗族都期望自己的族人可以中举进士，入朝为官，光耀门楣。因此，族规家训都极为强调耕读之首要性；士绅乡贤则扮演着文化教育的继承者和推动者的双重角色；而庙祠牌坊既是族人对其丰功伟绩的一种铭记，也是对族中后人的一种鞭策；兴教办学则是文脉传承背后的助推力。耕读传统使得浙江地区人才辈出，尤显家族代传性特征。如温州瑞安曹村自南宋高宗绍兴二十七年（1157）至明成祖永乐二年（1404），200多年一共出了82名进士，是全国闻名的"中华进士第一村"；永嘉屿北村的"一门三进士，父子两尚书"；江山广渡村的"四代十登科，六子七进士"；绍兴州山村的"父子两尚书""祖孙四进士""十八进士"等。近代以来，则有"状元村"之美誉的宁海梅枝田村和"博士村"之美誉的缙云姓潘村。劝农劝学观念的化身则是耕读传统在中国农耕社会中形成、发展和行将消亡的思想轨迹，鲜明地揭示了封建社会中富裕农家和仕宦之家对于家族（家庭）文化教育前景的企求实态，它表明，耕读传家观念不仅源远流长，而且深远地影响了农业中国的乡村社会。

《名人名流卷》镶嵌浙江历史文化村落一颗颗璀璨明珠。浙江历史文化村落名人故事丰富多彩，所述人物故事涉及名儒名臣、名贾名商、诗画艺人、乡贤民硕、侠客义士等。名人故事都寄托了村民的情感，反映了时代心理，有一定史料研究意义。浙江历史文化村落的名人名流，明代到近现代的居多。这与浙江省历史文化名村形成的历史相适应。从时代变迁看，中国文化经济重心不断南移，与浙江名人辈出是顺向同步的。浙江由于地处东南，战争较少，经济和文化得到长足发展。南宋定都临安，给浙江带来前所未有的发展机遇，从而使浙江成为全国举足轻重的经济和文化重镇，造就了一批批优秀儿女，其中不乏这些历史文化村落走出的。地理对文化、对名人名流分布的影响显著。从地理类型上看，浙江历史文化村落名人名流的分布大致代表了西南山地文化、浙北平原文化、海洋文化三种类型。山区名人名流的特点是崇文尚武、武术医家、义士将军等；平原地区多半为鱼米之乡，交通发达，文化基础本身较好，多出巧匠、商人、科学家、文艺人士等；沿海名人名流具有开放冒险、抵御外侮、漂洋经商的生活经历。浙江人祖先多半是中原移民，经过几次大规模南迁运动，很多北方家族南下，到浙江重新聚居，形成历史文化村落。新移民将北方的文明与本地特色结合，将优秀的中原文化传统延续下来，而传统意义上的吴越土著文化实际上自秦灭越之后特点不突出，浙江文化与中原汉文化实现了自然接轨。如朱熹与郭村、包山书院，陆羽与余杭、吴兴、长兴等，赵孟頫与下昂村等，他们的活动丰富了历史文化内涵。

《民风民俗卷》延续浙江历史文化村落鲜活历史。浙江历史文化村落保留的民俗不仅多种多样，而且具有深厚的人文底蕴和独特的地域色彩。比如，素有"鱼米之乡"、"丝绸之府"之称的杭嘉湖地区，流传于该地区的蚕桑文化民俗即与将民间喜闻乐见的范蠡与西施的传说亦融合在内，使原本是单纯的生产习俗增加了浓郁的人文色彩。浙江地域面积不大，但依山濒海，江河纵流，自然环境复杂，地形地貌丰富。因此坐落于不同地区村落的村民，生产、生活习俗也各个不一，又都与其所生活的区域自然环境息息相关。浙西多山，山地村落流行的生产、生活风俗，即与村民千百年所依赖的山地环境关系密切，如流传于衢州洋坑村的"喝山节"——喝山祈福习俗即为典型一例。浙北多平原水乡，流行的民俗不少即与水上活动有关，如嘉兴地区民主村的水上庙会习俗。浙东南濒海、多岛屿，因之生活在滨海地区和离岛上的村落居民，其民俗就带有浓厚的海洋气息，如浙南洞头县东沙村祭祀妈祖（海神）习俗。浙江是畲族的主要聚居地区，景宁是中国第一个也是唯一一个畲族自治县，有"中国畲乡"之称，在景宁及周边的几个畲族分布的县域村落内，流传着畲族独有的生产、生活风俗，成为浙江历史文化村落民俗中极具鲜明地域风格的代表。浙江历史文化村落的民俗大体归为：一是传统的岁时节令类；二是人生历程中的婚嫁、生育、寿庆、丧葬类；三是反映家族文化的祭祖、修谱、族规类；四是农事生产类；五是乡村美食与风物特产（指手工制作的，与自然生产的不同）类。此外，还有一些涉及居住建筑、传统体育、游戏娱乐和口头文学等。民俗是过去生活的记忆与缩影，也是村落民落在千百年的生产、生活中积淀的文化遗产，随着社会经济的高速发展和城镇化的快速推进，不少良风美俗也都面临着湮没之危。我们希望"千村故事"能够让这些乡村记忆传之久远。

《手技手艺卷》展示浙江历史文化村落里百姓与"这方水土"相互厮守的故事。浙江省历史文化村落手技手艺体现于生产、生活的方方面面，比如，将传统的绘画与雕刻工艺应用于传统建筑与装潢，竹编或草编则在保持手工艺品基本特征的基础上，使其成为乡村旅游的一个品牌；剪纸、陶艺依然维系着一方水土的温馨记忆。浙江省的手技手艺是"一方水土"的百姓与这片山、这片水相互厮守的故事。从远古走来的浙江人民世世代代与这片土地同呼吸、共命运，并由此衍生了具有浓厚区域色彩的手技、手艺，这些手技、手艺曾经是普通百姓的重要经济手段，尤其是在农耕社会时期，生产力水平不发达，交通闭塞，对一个家庭乃至一个家族而言，一门手艺的掌握将给他们带来相对稳定的收入，由此贴补家用，贴补再生产，当然也贴补愿望。由于区域的相通性，即使有多达上千的历史文化村落，手技、手艺在许多村落间都是共通的，同时也展现出地域乡土性。传统技艺存在于生活之中，只要有适宜的环境，手工艺就会得到传承。比如，木作、雕琢、烧造、冶炼、纺织、印染、编织、彩扎、装潢、造纸、制笔、烹饪、酿造、印刷等，在当代社会的现实生活中仍然有着广阔的生存空间。费孝通先生曾说过，非物质文化遗产"之所以传下来就因为它们能满足当前人们的生活需要。既然能满足当前人的生活需要，它们也就是当前生活的一部分，它们就还是活着。这也等于说一个器物一种行为方式，之所以成为今日文化中的传统，是在它还发生'功能'，能满足当前的人们的需要"。

《特产特品卷》印制浙江历史文化村落亮丽的名片。浙江历史文化村落的特产特品文化深厚，各地的每一种特产，都不是简单的自然馈赠品，而是各地居民在千百年的生产、生活中积淀下来的文化遗产，每一种产品都有其独特的种养、加工技巧和工艺流程，许多产品还有一套与其生产过程相配套的地方习俗和文化故事。浙江历史文化村落农特产品具有鲜明的地域差异性。比如，浙北杭嘉湖平原地区是种、养、加特产集中区，农特产品主要以种植产品、淡水养殖品及加工制品为主，传统种植产品以蚕桑种植最具特色，现代种植产品则主要以瓜果蔬菜为特色，如橞李、湖菱、大头菜、莼菜、雪藕等特色果蔬在区域内均有一定的分布；浙中金衢盆地地区是瓜果、药材、粮油肉加工产品集中区，如兰溪杨梅和枇杷、常山胡柚，磐安元胡、玄参和白芍等，金华火腿、金华两头乌猪、龙游乌猪、衢江三元猪、金华酥饼、龙游发糕、江山铜锣糕、常山山茶油等；浙西丘陵山地地区则是茶叶、竹木产品集中区……；浙南山地地区是林木、山石产品集中区……；浙东丘陵地区是特产多样性地区……；浙东沿海平原地区则是蔬果、海产集中区……；东南滨海岛屿地区则是海洋捕捞产品集中区，陆地特产相对较为贫乏。浙江历史文化村落的特产特品注入了深刻的文化印记，其中许多农特产品从一个村落发源，经过历代村民精心呵护与反复打磨，已经走出村落、走向世界，成为历史文化村落的名片。

（执笔：王景新，浙江农林大学中国农民发展研究中心暨浙江省农民发展研究中心常务副主任，中国名村变迁与农民发展协同创新中心首席专家；文中"梗概"由各卷主编撰写。）

目　录

概　述

　　"手技手艺"是浙江省"千村故事"的有机组成部分。与其他各卷不同的是，它不是通过情节或者仪式活动，而更多的是通过"记忆"重现来进行。由于区域的相通性，即使有多达上千数量的古村落，就手技手艺而言，在许多村落间也都是共通的，因为历史上之江大地上的百姓正是在同一片天空下繁衍生息，分享了共同的生活方式。与此同时，作为非物质文化遗产的浙江省历史文化村落手技手艺仍然体现于其生产生活的方方面面，如将传统的绘画与雕刻工艺应用于传统建筑与装潢，竹编或草编则在保持手工艺品基本特征的基础上，使其成为乡村旅游的一个品牌。再如剪纸、陶艺，依然维系着一方水土的温馨记忆。

　　本卷的基本认知是，浙江省的手技手艺是有"乡愁"韵味的，是"一方水土"的百姓与之江这片山、之江这片水相互厮守的故事。从远古走来的浙江人民世世代代与这片土地同呼吸、共命运并由此创制、衍生了具有浓郁区域色彩的手技手艺，这些手技手艺曾经是普通百姓的重要经济手段，尤其是在农耕社会时期，生产力水平不发达，交通闭塞，对一个家庭乃至一个家族而言，一门手艺的掌握将给他们带来相对稳定的收入，由此贴补家用，贴补生产，当然也贴补愿望。就这样，手技手艺与浙江的山山水水融合在了一起，与浙江的百姓生活融合在了一起，与浙江文化融合在了一起。

　　手技手艺的文化特征具有天然的地域乡土性，手技手艺在现代社会的兴衰，有其文化背景转化的复杂性。从浙江省的情况来看，手技手艺中的许多方面，比如木作、雕刻、烧造、冶炼、纺织、印染、编结、彩扎、装潢、造纸、制笔、烹饪、酿造、印刷等，在当代社会的现实生活中仍然有着广阔的生存空间，费孝通先生曾说过，"非物质文化遗产之所以传下来就因为它们能满足当前人们的生活需要。既然能满足当前人的生活需要，它们也就是当前生活的一部分，它们就还是活着。这也等于说一个器物一种行为方式，之所以成为今日文化中的传统是在它还发生'功能'，即能满足当前的人们的需要"。

　　传统技艺存在于生活之中，只要有适宜的环境，手工艺就会得到传承。时代的进步必然影响着手技手艺的发展，也带来民间手工艺技术的更新，对传统手工技艺进行生产性方式保护，不愧为一条适宜中国特色的非物质文化遗产保护的道路。而对传统技艺的保护，其着眼点应更加重视对传承人的管理、关怀、保护，而不仅仅是对"物"的关注。如帮助民间手工艺人拓展销售渠道，建立经济流通的平台；建立特殊技艺及人才的认定制度；建立特殊技艺人才的职业教育机制，普及专业基础人才的培养；建立"非遗"大师工作室，开展多层次交流等。其核心必须是围绕"尊重人才"来做文章，也只有解决了传承"人"的问题，对传统手工技艺的保护才会长远和有希望。

大汤坞印纹陶

茅湾里印纹陶窑在大汤坞村与席家村之间。经考古挖掘，有两个浙江省最大的古窑址群：新江岭窑址群和茅湾里窑址群。关于这两个窑址群的由来，有一个古老的传说。

相传，进化镇曾经是一片汪洋，因瘟疫传播，人们为寻找治疗瘟疫的药草而得仙人指点，发现从水泊中长出一座青化山。瘟疫治愈，仙人在驾鹤离去之时，见青化山一带的人们虽已治愈了瘟疫，但因为粮食缺乏，总是吃一些鱼虾荤腥，难免再度传染。故而特意留下一个白面馒头，这个馒头就在今天的新江岭一带。后来，那个馒头变成了现在的馒头山，四周还出现了一些高高低低的山丘和平地。馒头山上的白泥质地细腻柔软，吸引了众多村民。每当有人家造新房，就会用这种白泥粉刷墙壁，房子就变得更加亮堂簇新；有人家垒灶，就用白泥砌架敷面，灶面就变得更加整洁清爽。白泥在村民的生活中应用得越来越多。

一次偶然的机会，孙姓人家的一位小媳妇在灶膛里生火做饭时，不小心用烧柴棍把灶膛里的一块白泥给戳了下来。小媳妇生怕被家人责骂，悄悄将白泥块藏在灰堆里，等家人出门以后，自己再将白泥糊上。可是左糊右糊就是糊不牢。因为新鲜的白泥又黏又软，可是在灶膛里的白泥被火烧过后，却硬得像石头。小媳妇计上心来，便偷偷用白泥做了一个小盆，趁烧火做饭的时候放在灶膛用火烧，果然就烧成了一件质地坚硬方便好用的器具。小媳妇顿时喜出望外，便将这个事告诉了丈夫。丈夫是个脑筋活络的木匠师傅，听说后，顿觉有趣，不禁开始琢磨制作各种器皿的模具。

各种准备就绪，夫妻俩便请人在馒头山脚下搭建了一个窑，窑炉沿山坡而建，远望去，细细长长的，俨然一条巨龙，故称之为"龙窑"。夫妻两个用白泥日夜赶制了一些最简单的器皿，诸如锅碗瓢盆之类，用以烧制，烧制出来后，颜色洁白细腻，质地坚硬，不仅美观而且好用。这就是白陶。为了把这些器皿做得更精致，让品种更丰富，聪明的丈夫在模具里雕刻上花纹,心灵手巧的小媳妇在器皿的内外涂上各种颜色,甚至还绘上一些花草鱼虫等图案,做出来的物件果然是件件颜色艳丽,纹路多样,精巧美观。

随着生产的扩大,夫妻俩招收了很多徒弟和帮工,把自己琢磨出来的技术毫无保留地传授给大家:

第一,备土。常选用可塑性和操作性较好的黏土或以黏土、长石、石英等为主的混合物,经过淘洗和沉滤后成为较纯较细的原料。

第二,制坯。制陶坯的方法,有捏塑法、贴敷法、泥条盘筑法、陶车轮制成型法。制陶坯最初大多是手制。小型器皿是直接捏塑而成的;较大的陶器,其体部坯子,一般采用车轮制成型法,然后通过木槌来完成,如水缸的制作就是通过这两步制成。

第三,施釉。釉以石英、长石、硼砂、黏土等为原料,磨成粉末,加水调制而成。将陶坯晾干后放入调好的釉缸中,让它披上一层均匀的釉彩。

最后一步,烧窑。陶窑主要有竖穴窑、横穴窑和龙窑。在这里主要是龙窑。

烧窑时又分几步:

首先,把陶坯装在窑炕上,从炕面一直摞到窑顶。其次,把干松枝放进窑炕里,点完火之后马上封紧窑门。接着再添火时,就打开窑门上的小门往里边扔木材。

烧窑时，人们站在窑外就能看得出坯烧得怎么样。一开始，烟囱冒的是黑烟，再后来，火大时，烟囱里就往外蹿红火，等到变成了酒火，即像酒点着时那种绿莹莹的小火苗，窑就烧好了。

这些徒弟和帮工学到技术后，也纷纷跟着在四周选择合适的位置，自起炉灶。没过几年，这里就是烟囱林立的窑群了。时间长了，出产的陶器名气也越来越大。

但是，大家渐渐发现，用于作原料的白泥似乎越来越少，而平原上的黑泥在烧制工艺上又有很大差别。这样一来可难坏了当时的窑主们。

在夫妻俩的徒弟中，有一个汤姓青年特别睿智，老早便有先见之明。所以他未雨绸缪，平时就有意尝试用黑胶泥、黄胶泥做泥胚，虽然样品难看，但在不断失败后，终于独辟蹊径找到了新的方法。

学满出师，汤姓青年就回到自己村——大汤坞村。他在村对面叫茅湾里的一个山坳里，筑造了窑址，在师父的技艺上更加潜心研究，专心研制新品种。历经千辛万苦，终于将新品种研制了出来，这个新品种就是印纹陶。

因为用黑胶泥、黄胶泥的缘故，不能像白胶泥那样做成薄胎，他便索性做成厚胎，反而使陶器更加坚固耐用；在颜色上不能像白胶泥那样天然素净，他索性就用釉色调制颜色深浓，胎色呈赭褐色、深黄色、深灰色，反而使陶器显得更加古朴粗犷。

印纹陶坚硬耐用，上面的纹饰又是花样繁多，更加受到了人们的喜爱。

历史上江南百越人有一个众人皆知的习俗，那就是断发文身。而这些印纹陶上的纹饰想必也是吸收了当时百姓生活的习俗，将文身的样式应用于印纹陶之上，故而形成了各种各样的纹饰，主要有米字纹、网格纹、方格纹、云雷纹、曲折纹、菱形纹、波浪纹、夔纹和回纹等。这样的纹饰系拍印而成，用泥条盘筑或是捏塑敷贴等方法，然后将其拍捏成型并用陶车慢轮修整，待到陶土半干再用陶拍按印，这样陶器上就有了各种的纹饰。现在通过对陶器的仔细观察，依然能够找到大多数陶器的印纹周边有着纹饰交叠的现象，便可以遥想当年的人们在陶器上拍印纹饰的场景了。

印纹陶的质地坚硬，叩之作金石之声，其音铿锵有力，且有的印纹陶表面还有着透明的釉状体。由于制作印纹陶所用的原料中含有三氧化二铁，其含铁量就比较高，因此烧成的陶器大多呈现出紫褐色、红褐色、黄褐色和灰褐色。

印纹陶的器具更是各种各样，主要有罐、壜、鼎、釜、碗、盘、杯、盅、鼎、盉等，绝大多数是储盛器，用来储存各式各样的物品。其中鼎的口微敛，是卷沿、浅腹、略故、圜底，并且是三锥状足的。釜则多分为两种，一是敛口、深腹、圆鼓、平底的釜，一是直口、卷沿、浅腹、圜底的釜。陶鼎和陶釜两种器具极具地方特色。这些器具之中，食器主要有碗、盘和杯。盘又分两种，分别是大口、折沿的平底盘和大口、圜底的加圈足盘。盛储器主要有瓮、盆、罐等。瓮为小口、卷沿、短颈、深腹、圆鼓、平底的。盆为侈口、卷沿、圆腹的或者折腹、平底的。而罐则为小口、卷沿、短颈、扁圆腹、小平底的，其中部分肩部还带有双鼻，且另有大口器和带着握手器的盖。

印纹陶的烧成温度在 1100—1200℃，而白陶的烧成温度在 1000℃，烧制印纹陶比原来的技术要求高上许多。有的印纹陶甚至已经烧结，其胎质原料根据现在的化学组成来分析的话，和原始青瓷的化学组成基本接近，故说印纹硬陶是陶与瓷的连接点，或者说是印纹硬陶的产生和兴盛孕育了之后的中国瓷器。故后世便把茅湾里窑址称为浙江印纹硬陶的发源地。

印纹陶发展的兴盛时期是西周。古诗有云：周朝天子八百年，座座山头冒青烟。这说的就是印纹陶。青烟是当时烧陶过程的标志，而这句话形象生动又恰到好处地描述在先秦时期就已臻繁荣的制陶业，以及印纹陶的缘起。

捧起一件印纹陶器，摩挲着它表面上拍印而成的纹饰，指节轻叩，便有宛若金石碎玉的声音。印纹陶虽然历史悠久，可并没有从现在的生活中消失，迄今为止的一些器具仍然保留着印纹陶的制作方式，诸如一些盛储器，像水缸、瓮之类，不仅留存着印纹陶工艺的痕迹，有一些器物上面的纹饰甚至都还保留着印纹陶纹饰拍印的传统。这些都显示了印纹陶技艺在千百年之中，随着历史的深厚积淀，已经成为代代传承的文化精神。

（萧山区农办）

篾匠传艺

俗语称：良田千顷，不如一技半艺在手。大店口考坑溪有个小有名气的篾匠叫周雪其，原本是兰溪水亭人，从 10 岁起就开始跟随父亲和两个叔叔学竹匠行当，是个地地道道的乡村匠人。

旧时带徒，规矩重，家法严，破竹拉丝稍有不均就会遭责骂，甚至挨打，一天到晚只有埋头干活。"那时候，我时常坐在一边看着父亲做活，从山上背下的新鲜楠竹，父亲挥刀整理，用篾刀将整根整根的竹破成篾坯，竹子破伐爆响声声，屋子里都是噼噼噼的声音。随后，一条一条的竹坯又撕扯成一条条薄薄的有些透明的篾片，就单单撕篾片这活，我就学了半年多。"周雪其老人回忆道。

"所有的工匠里，篾匠最辛苦。周雪其 23 岁做工找活来到大店口，当时就驼了背，因为篾匠天天弯腰做工，不能走动，其他工匠下雨不干活，活干完就可以休息，可篾匠不行。做得不好，主人不满意。当时农村每家毛竹器都很多，很容易比较手艺的精良。"退休教师刘银德感叹说。

手上有技艺的人是最为村民们所爱戴的。由于手艺出众，给周雪其介绍对象的人也不少，不久周雪其就在考坑溪成家落户了。周雪其做过的竹器用具，大致有竹箩、竹席、竹筛、簸箕、火镟等，大凡农村生产生活中常见的篾制用具，他都能够编制，只要出自周雪其之手的竹制器具都很精致，手头的每件活他都当作一件艺术品来制作，虽然周雪其还不明白什么叫工艺品，但他每一件都用心去做，做到物有所值。

"东西应做得值这个价钱，让人家觉得值得，我才会安心。"周雪其说。村民要做篾器，一般周雪其都上门做活，每次他很早就扛着工具箱上门，到了饭点，东家都会喊周雪其吃饭好几回，他总是说"还早呢，干一阵再用吧。"手艺好，人勤快，村里人并没有把他当"外地人"，有活都会找他来做。他编织的竹器不仅出篾均匀，宽窄厚薄适中，更重要的是结实、美观，用起来轻便爽手。

那时农村里流行鞋盒（本地人叫"鞋篓"。为妇女做针线活时用的盛具），是姑娘出嫁时必不可少的一份嫁妆。姑娘对鞋盒的规格要求是新颖、精致，周雪其从未做过鞋盒，好学的周雪其在得知本村有个叫周元庆的竹匠擅长做鞋盒，他便从东家那借来鞋盒，兴致勃勃地研究起来。经过一番创新，周雪其做的鞋盒无论是做工还是款式都是一流的，很受姑娘的青睐。从此，周篾匠的名气大振，远近几十里的农户，但凡女儿出嫁，都会上门请他编鞋盒。

"用楠竹性硬，编织晒席、篓蔸最好；水竹性柔，编织睡席非它莫属；金竹刚柔兼具，编织簸箕、筛子再好不过。再如，编篓蔸，篓身非得用楠竹，而挽口，则非得用棚竹，并且是新生的嫩竹，又得是刚脱壳没生枝丫的，还得划好后用水煮。"除了从不乱用竹子，周雪其对不同竹、不同时段的不同特性都有一定的研究，春天的竹子正值复苏期，这时编织的竹器是不耐用的，易生虫，此时请他，就是给再优厚的待遇也不去，做活得为主人家负责；夏秋的竹子硬度大，却无韧性，易折断，这时他也是拒请的；冬天的竹子最好，无论用来编织什么，编制时用来顺手，成形的器具轻巧耐用"尽管天气寒冷，村民请他，他也是有请必到。

"一条好竹席颜色越睡越深，修修补补能用上六七十年，传子传孙，天热的晚上睡在上面都不用开风扇。"说起手编竹席的好处，老周一脸的骄傲。据了解，竹器用具鼎盛时，航头一带的手工艺人也有上百人，先前周雪其还有几个徒弟跟着学手艺，因为辛苦，几个徒弟早就歇手不干另择其业了。

一到暑假，孩子们都喜欢跑周雪其家，在这摆弄竹器，过家家，老周从不对孩子们发脾气，甚至还会分糖给孩子们吃。老周喜欢用撕篾的手摸孩子们的脸蛋，孩子们都会叫起来，摸着老周刚摸过的地方叫"痛咧"。听见孩子喊，周雪其便哈哈大笑，伸出手，将掌心亮给孩子们看：掌心厚厚的茧，手指有一道道已结疤的伤痕，粗糙得像麻石。

在七十多年的篾片飞舞岁月里，周雪其度过了青年和中年时代，渐渐的老了，手心不是老茧就是口子，背脊也就慢慢地长弯着再也伸不直，额头上、眼角上有着深深的皱纹，瞳仁发黄，很是浑浊，有着稀疏而白色的胡茬子，做工的速度也不如从前快了。他的两个儿子当过他的助手，学过撕篾，但是没有将做篾作为营生的手艺，周雪其对此有些遗憾，"年轻人，怕是不愿吃这个苦头咯，和我们那个时代不一样了。"已是耄耋之年的老周，虽然驼着脊背，但对于手艺精巧的追求仍然表现出年青人的盛气。

"我这辈子已经用了五把了，这是第六把。"周雪其扬了扬手中的篾刀，喃喃地说。那篾刀，有着短短的把，握在手里正合适。弯弯的刀，经年累月的使用，已经被竹子磨成了月牙形，非常的锋利，发着寒光，原先基本平口的刀，已经只剩下刀背了。

"年纪大了，眼睛不方便，现在也就是帮村里修竹器。用竹器的人家还有很多，特别是村里的老人家，总得有个人帮他们修修补补。"周雪其笑着说，"村里的老人喜欢用火镢，尽管天寒地冻，只要围裙兜里装个供暖的火镢，那么再冷的天都不怕了。说话间，老周拿出几捆批好的篾条和简单的工具，坐在门口，将新篾条嵌进破簸箕中，翻起横的、竖的两组竹篾，纵横交错编织了起来。年纪大的村民来修竹席边、补洞，老周都不收钱，村民一定要给钱，他也是收一小部分，十几年下来，经老周的手也修补了大大小小近千件竹具。

（郑永根、陈芳）

南坞土纸

许贤手工土纸制造历史久远，自成一家。明万历二十八年（1600 年）前后，许贤南坞的土纸生产已相当繁荣，成为山民们主要的经济收入来源。据民国《萧山县志稿》记载，"明末，南坞村人邵勤春、邵之镡所制黄元书纸最为细洁，驰骋遐迩。"南、北坞是许贤土纸的主要产地。

许贤生产的土纸有两种，一种是白料制成的元书纸，以其色白名叫白纸，是当时墨笔书写用纸；另一种以糙料制成的黄色土纸，名为黄纸，用于冥纸冥钱，也用于引火烧饭、点灯的媒头纸。许贤土纸，历史上曾销往浙江各地以及江苏、上海等地。1952 年，北坞村的土纸还曾远销内蒙古地区。

许贤土纸制作方法，以当年生仔竹为原料，通过削竹、办料、制纸等三个复杂的手工劳作阶段制作而成。

第一道工序：削竹

在农历小满时节，称之青竹的当年生新毛竹放桠梢时，即可上山砍竹。把上好的嫩竹作为做纸用的原料，先是选料，俗称"斩白料"，把竹皮作为草料，可做黄纸；竹肉作为白料，可做白纸。

然后是落段，在选择嫩竹后锯成段，然后缚成捆，放在水里浸上几天，选好后进行煮竹。

据了解，要砍 2.5 万斤青竹，可做一锅料，一般要用 8 天时间把这些青竹削好，每段 30 厘米左右，削好青竹后，把青竹放在料潭里浸上一个星期。在这一过程中，需要用石灰对青竹进行"呛"，在一个约 2 米长、1 米宽、1.5 米深的料潭里，把石灰放在料潭里，让青竹在潭里呛，并用铁钯对青竹进行翻掘，让其全部浸上石灰水。然后打好料包，再放上15 天。

一般来说，用石灰呛过的青竹直接也可做纸，这叫生碱料，做纸后存放时间不能很久，容易蛀掉。而要经石灰呛过，再进行烧煮的竹做的纸，才是好纸，可藏一百多年。

削竹阶段，一般要持续一个月，农历芒种后，青竹渐老，削竹便告停止。

第二道程序是：办料

土纸的生产制作过程很复杂。办料一般要经过浸料、浆料、煮料、跌料、淘尿等过程。浸料，把用石灰呛过的竹打成件，放到一个宽2.5米、高3米，用砖头砌成的纸竹锅里煮竹，先在纸竹锅上面放一只用杉木做的大木桶。要在锅里垒叠放上七层白料，放一层，要用人力踩一层，一定要踩结实，叠放好竹后，上面放上草和泥，并且糊好，开始煮竹，要烧三天四夜，这个烧的过程不能间断，人员要轮流看着，烧好后，焖上3天，方可出锅，再放入另外一个清水料潭。

在这个料潭里，主要是把料里的石灰水进行跌清，漂洗石灰水，要天天翻清白料，一边加水一边跌清。直到把石灰水全部漂洗干净。

煮竹过程中，有一道不可少的程序"淘尿"，跌清后的白料，拿到人尿中浸一浸，称为"淘尿"。要用1000多斤人尿进行淘洗，淘过尿的白料堆成蓬进行发酵，叫"蒸尿蓬"。7天后成了可造纸的熟料。跌清的糙料却要重新放回洗干净的煮竹镬中，整齐排成一圈后泼上人尿，如此几层直到镬满，注上水进行第二次煮烧3天，焖7天，也成了可造纸的熟料。这些糙、白熟料分别堆在料坑中，上清水后备用。办料煮料阶段即告结束。

　　第三道工序：制纸

　　制纸是土纸生产的最后阶段，此阶段有春料、抄纸、晒纸、包装4道工序。

　　"春料"是劳动强度最大工作，料坑一般高3米，宽2.5米，把白料放在料坑注里，春料工从料坑中挖起造纸的熟料，挑进纸坊后，将熟料榨去水分掰碎放入石臼中，春料工一脚踩碓，一手持棒拨料，手脚并用，碓石将熟料粉碎，谓之"脚碓"，为减轻春料工的劳动强度，可在春工身后再加上一个与春料工同步踩碓的辅助工称为"点料"。

　　若溪水流量大而急的地区可有用水作动力谓之"水碓"，并在此基础上，要用一个叫"大榨"（类似于千金顶）的工具进行压水，把白料中的水分全部挤压出。许贤山区有如此水资源地方不多，水碓甚少。20世纪70年代后期，春料采用"电碓"，笨重的"脚碓"得以解放。

　　"抄纸"，把春碎的白料放入长方体的水槽之中，槽户用竹筒引溪水入槽，这个水最好是用头槽水，溪水的第一道水，最为干净，适合做造纸用的水。同时，要使白纸质量好，最好掺一些石竹料，这样做出来的纸质地十分细腻光洁。舂料师傅用竹竿在水槽中不停地搅拌，使料和水溶为一体，拌成了纸浆水，然后抄纸师傅把竹帘（竹帘有直隔，生产原书纸用二格，生产黄土纸用三格）插入纸浆水中，然后摇头提起竹帘，竹帘上就结上了一层薄薄的纸浆，然后把纸浆帘提起来反按在身边板上，再用手摸遍竹帘背面，使纸浆脱落在板上，如此往复，纸堆渐高，到中午或傍晚和舂料者会用纸榨榨去纸堆中水分，使纸堆中间开裂成了二个或三个纸筒。

抄纸是制纸过程中技术含量最高的话，抄纸工凭感觉从浆水中捞纸，直接关系到纸的厚薄和均匀度。

"晒纸"，晒纸工是一项技术要求高的工种，一般晒纸工要从小开始学起，手感要好，俗称有软工，要用嘴吹纸，主要是凭感觉做活。晒纸是在低矮的平房里称为"别弄"的地方进行，平房中间有一道夹墙弄，两边用砖头打起一道墙，中间空的要进行烧火，一般能晒 14 面纸，长度在6 米左右，俗称之为"别弄"，每天早晨先由晒纸师傅把榨干的纸贴在别弄墙上，用刷帚刷平上面的纸，然后进行烧烘，烧烘者不停往夹墙中权进点燃的茅柴，进行烧烘，让别弄的两边的墙热起来，后晒纸师傅便把纸筒上纸以 3 张为一帖，掀下来用晒帚把其贴在热墙上，片刻纸干后，小学徒便把干纸从墙上扯下来，再把它撕成单张，以每百张为一刀叠起，20 刀后便成一件送出一弄。

"包装"，纸晒好后，基本上是成品了，就要进行包装。这样后期的工作主要就是请磨纸师傅对纸进行磨光，用专业的磨纸刀进行磨纸，达到光洁的程度，然后分成一刀刀纸，打成包装件，再敲上槽户老板的印章。每个槽户老板都有自己的印章，也是现在的商标一样的标记，在南坞村，那个时候最有名的是有宽槽户、沈勤槽户、才祥槽户、望云槽户，他们的白纸在四邻三方很有名气，凭他们的印章在货栈上都是免通货。

南坞村今年 84 岁的邵兴桥是一位有着 60 年经历的制纸工。他从 11岁开始学做制纸，主要从事削竹、煮料、抄纸、晒纸等工作，有着丰富的制纸经验。他说，南坞土纸最有名的是有宽槽户，有宽槽户对制纸的要求十分严格，他主要是在用水上选用头槽水，即有溪水的最上端接上水，引入纸槽，这样以确保用水质量；其次是在做纸过程中，加入石竹料，由于

细软，所以做出来的纸质特别光洁。因此有宽槽户的纸在萧绍一带特别有名。如果出现破纸，要如何区分是抄纸工的责任，还是晒纸工的责任，他们也有分辨的办法。主要是看这张破纸的地方，由经验丰富的人员进行会审合验。如果那张纸破的地方是团头的，说明是抄纸工弄破的，如果纸边是类头的，说明是晒纸工弄破的。所以最后判定，也是让大家都心服口服的。

（萧山区农办）

金竺纸伞工艺

伞是中华民族最了不起的发明之一，至今已有四千多年的历史。传说最早的伞是由春秋鲁班和他的妻子云氏共同创造。不过，有文字可考的是西汉时期的《史记·五帝纪》，其中便有关于伞的记载。汉代之前的伞大都以羽毛、丝绸等原料制作而成，成本高，价格贵，使用不便，非达官显贵、帝王将相者用不起也不能用。汉代以后，因造纸工艺达到成熟，纸不仅成为了书写载体，也为制伞业开拓了新天地——纸伞应运而生。从此，伞也普及为平民百姓常用之物。

江南地区，雨水充沛，可以说一年中有一半的时间需要在雨帘中穿梭度过。杭州作为江南最具代表的城市之一，自然也是如此。据调查，杭州市富阳区大规模的纸伞制作开始于清末民初，距今已有 100 多年历史，分布于新登、新义、赤松等地。解放前，是当地的主要手工产业，畅销于富春大地。随着社会发展，20 世纪 60 年代末期，油布钢质伞出现，其成本低廉，价格更加便宜，导致了富阳纸伞的生产量逐年减少。似乎，富阳纸伞即将功成身退，消失在历史的长河里了。

庆幸的是，这蕴含着千百年民间智慧与文化的结晶——纸伞，终究让人恋恋不舍，许多民间艺匠仍然传承着纸伞的传统制作工艺。20 世纪 80 年代，扎根在富阳偏远地域的导岭自然村部分村民恢复了传统纸伞的生产。截至目前，整个富阳地区，唯有导岭自然村的部分村民精通纸伞全套制作技艺，并于 2012 年入选第四批省级"非遗"名录。富阳区滕欣工艺伞厂厂长于 90 年代初，借参加杭州·日本友好城市代表团的机会，结识了日本纸伞传统手艺继承人，与其交流制作工艺。其实，若是追溯到唐朝，日本的纸伞手艺便是源于中国。此次交流后，导岭的纸伞制作过程中添加了一道源自中日文化融合后的产物"夹片工艺"。

导岭自然村坐落在临安、余杭、富阳的交界处，隶属银湖街道金竺村。金竺村依山傍水，植被覆盖率高达 90%，盛产竹木，为纸伞制作提供了大量的原料资源。导岭一年四季，不分严寒与酷暑，均宜制作纸伞。据整理，整套手工纸伞制作流程需经过70多道工序，才能制成纸伞。

其中最主要的16道工序如下：

选料。即选竹和选纸。竹取生长期在七八年内的毛竹，这个年龄的毛竹更易制作出优质的伞架——伞的骨架。纸是从手工造纸企业订制的，主要以桃花纸和皮纸为主。

锯竹。伞的规格不同，所需的伞骨长度不等。一把伞的所有伞骨均是出自同一段竹子，增一分、减一分都是不可的，得按照一定的尺寸来，将其锯成多段。

刨皮。把每段竹子的青色竹皮刨掉，使其露出原有的肤色便可。

晒竹。刨皮之后，需要在阳光下暴晒，去水分，防止成品伞架霉变、腐烂。在梅雨季节，连日降雨，寒冬季节，整日低温，这些天气都会影响伞的制作速度。

劈骨。把暴晒过的竹子劈成伞骨。一段竹子只够做一把大伞（直径70—80厘米），却能做2—3把小伞（直径15厘米）。

钻骨。一把伞的伞骨有两种类别，称为上盘和下盘。上盘是伞面骨架。下盘是支撑上盘的伞下骨架。显然，上盘要比下盘长出许多。因此，上盘穿3个洞，下盘按穿线的复杂程度穿5—7个洞不等。洞越多，下盘穿线越复杂，使得纸伞越精致和牢固。

钻斗。此斗为伞斗。一把伞两个斗，分为上伞斗和下伞斗。上伞斗置于伞顶，下伞斗置于伞跳上方。伞斗取材杂木，当地人称和木或木和树。经历刨皮，锯木，日晒，才至钻斗。伞斗的作用是为了固定伞架。

拗骨。由于伞骨并不是天生平整均匀，不利于伞架的制作，因此需要后续运用技术使其平整可用。将伞骨高温加热，然后用拗骨工具（两根方形木棍）上下夹住伞骨趁热加工。操作手法有点类似古时妇人织布的动作，都是使其平整有序。加温工具从原先的煤饼炉变为现在的电烤炉，简化了操作步骤，提高了操作效率。

装柄。手柄由竹或者木制作。安装时，将它穿过下伞斗止于上伞斗。导岭的手柄下方1/3处有旋转接口，方便拆解，便于携带。手柄上缠绕一段10厘米的白藤，手握住，可防滑，既实用又美观。

夹片。此为金竺纸伞制作所特有，中日文化交流之结晶，导岭创新之处，除此无他处。伞骨的开槽便是采用"夹片工艺"，即在伞骨的竹节部位用刀刻出鼻子型，在上部再开长 1.5—2.5 厘米的 2 片夹片。夹片极大地提升了伞架的稳固性，增加了伞骨的使用数量。

穿线。线主要是棉纺线，颜色繁多。线主要是起稳固作用，同时也起到增加美观的作用。钻骨留下的可爱骨洞，就是为穿线做准备的。下盘骨洞越多，穿的线越多，看上去越发复杂。若选用不同颜色的线，那便会是色彩纷呈的。

裱面。使用自制的黏性相当不错的木薯淀粉胶水，将其均匀涂抹在摆放好的纸或者丝绸上。走了裱面的工序万不可再走映花了，这两样是为制作不同性质的伞面而分别存在的。经过裱面的纸或是丝绸，接下来直接走糊面工序便可。各种单色大绸伞，便是如此得来的。

映花。也称印刷，主要指导岭丝网印刷，此法需先在纸上铺上丝网，然后再进行人工印制。印制效果较为不错，色彩鲜明，图案清晰。丝网印刷只限于纸伞可以使用的制作步骤。如果伞面是丝绸的，不能使用这个方法的话，也可以采用手绘。用导岭湖笔或将美人，或将物什，或将飞禽走兽，或将自然美景，或将新颖别致的现代风景勾勒于纸面上，便可留下不一样的艺术传奇。

糊面。不管伞面走的是映花还是裱面工序，最后都得走糊面过程。糊面便是将准备好的纸或者丝绸贴在伞架上，也就是上盘。糊面也非常讲究技巧，糊面的效果直接影响第一观感。

桐油。若要雨天悠闲出行，这给伞上桐油是不得不用的。导岭自制桐油不仅能使纸伞达到防水的关键作用，而且会散发出自然的芳香味，虽不同于墨香，却亦会勾起人们脑海里对烟雨江南、古典美人、白墙黑瓦的历史记忆。

检验。这是纸伞制作的最后一步，需眼观伞炳油漆是否均匀，伞骨是否出现断裂，伞面图案是否清晰，伞骨间距误差必须控制在 2—3 毫米内。可用手轻轻触摸伞面，其手感应当是光滑圆润的。

导岭纸伞品种繁多，主要包括油纸伞、丝绸伞、舞蹈纸伞、圣诞伞、野立伞等。油纸伞主要作为日常雨具使用。丝绸伞、舞蹈纸伞因其具有高观赏性常用于艺术创作辅助和舞蹈配饰。圣诞伞则极具圣诞气氛，故可作为圣诞送礼佳品。

导岭的纸伞，其伞面图案可印刷也可手绘，花样繁多，美丽雅致，从古典到个性，应有尽有，其制作可谓技术含量很高，也因此得以走出国门，迈向世界。纸伞的制作工序里有 10 道均需练至 2 年以上方可掌握。可见纸伞的制作技术繁复难度较大，练习时间较长，经济效益见效缓慢，难以吸引年轻人踏入这个行业。

　　不过，令人激动的是纸伞技艺已被列入省级非遗名录。各种纸伞原料，包括淡竹、宣纸、木斗、涂料等，以及工艺伞、沙滩伞、玩具伞、跳舞伞等各种规格的纸伞成品，分别展示在金竺村文化陈列室内。金竺纸伞似乎在向人们细细地诉说着它曾经有过的辉煌历史，也许在默默地召唤着人们一定要把导岭这独一无二的一整套纸伞制作工艺永远地传承下去。

（富阳区农办　何玲璐）

导岭湖笔

导岭自然村，隶属银湖街道金竺村，位于临安、余杭和富阳交界处。金竺村下属三个自然村，分别是导岭、喻家湾及双浒自然村。导岭闻、吴姓，喻家湾杨、郭姓，双浒张姓居多。全村共 15 个村民小组，计 439 户，1506 人，其中常住人口约 1500 人。金竺村远离城市的喧嚣，安然地扎根在风景独好的群山之中。

毛笔，是一种源于中国的传统书写、绘画工具，被列为中国的文房四宝之一。我国最有名的毛笔是出自浙江湖州善琏的湖笔。传说秦大将蒙恬"用枯木为管，鹿毛为柱，羊毛为被（外衣）"发明了毛笔。后蒙恬曾居湖州善琏改良毛笔，采兔羊之毫，"纳颖于管"，制成后人所称"湖笔"。蒙恬改制湖笔成功后，便将技艺传给善琏百姓，于是有了善琏湖笔。

20 世纪 60 年代初，导岭村有一位以制作和销售毛笔笔杆为生的村民，被传说中的善琏湖笔制作工艺所吸引。他利用笔杆厂积攒的资金从湖州善琏镇高薪聘请到了一位湖笔工艺传人，拜其为师，专心学习湖笔制法。几年过后，这位村民学有所成，回家成立了导岭湖笔厂，开创了导岭湖笔制作工艺的先河。在该村民的带领下，村里的人几乎全都学会了湖笔制作工艺，渐渐地家家户户都有了自己的湖笔手工作坊。

导岭湖笔虽源于善琏湖笔，然创新之处，则青出于蓝而胜于蓝。20世纪 80 年代，该村民及其家人、朋友经过多番尝试、观察、研究、讨论等，终于制作出一种堪称"笔中之王"的齐头笔。即便是现在，找遍整个中国大陆，也寻不出第二个能制作导岭齐头笔的湖笔工艺传承人。这是专属导岭的特色，是导岭湖笔的标志之一。

其实，齐头笔与其他湖笔的制作步骤大同小异。据整理，该笔整套制作工艺流程共分十二道大工序，从中又可细分为一百二十多道小工序。由于制作工艺相当复杂，现就对部分大工序描述如下：

择料。此料指的是兽类的毛发。导岭湖笔有狼毫、兼毫、羊毫、兔毫、马鬃、猪鬃等多个品种。齐头笔用料是最高档的山羊毛，约 20 厘米长，价格昂贵，因其量少，常常有价无市。这也是齐头笔价高的原因之一。

水盆。这道工序，简单点说，就是理毛。若想把这毛理好，少则得花三年，多则十载的光阴。善琏有句形容事情难做的俗语："毛笔一把毛，神仙摸不着。"说的便是这个。"千万毛中拣一毫"，难度可想而知。理毛之所以要在水盆里进行，也是为了方便理顺羊毛，去掉羊皮和羊绒毛。水温很重要，须是冷水，在冬天，怕冷而加热水是万万不可的。再来说说水质，这是导岭齐头笔一直被模仿却从未被超越的根本原因之一。导岭的水是石灰水，非常适合制作齐头笔。具体来说先将毛料在水盆中反复梳洗、逐根挑选，按色泽、锋颖、软硬等不同级别一根根分类、组合，做成刀片状的刀头毛，然后再放在水里缕析毫分，把断头的、无锋的、曲而不直的、扁而不圆的毛剔除，整个过程非常精细。

加温。这步相较其他工序显得容易些，却不可忽略。将电烤炉加热到适宜的温度后，置理顺的羊毛于其上烫热。时间控制很重要，过长过短都会起反作用。

结头。将晒干的半成品羊毛笔进行结扎，故结笔头也叫扎毫。要将千毛万毫的笔头紧致地捆结在一起，使之不掉一根毛，对笔的使用起着至关重要的作用。所以结头时必须做到笔头底平整，线箍深浅适当。

蒲墩。通俗地讲，也就是理笔杆。导岭现今不再自产笔杆，均是向别家订制。齐头笔一般使用山竹的笔杆。挑选笔杆，需把出现干裂、虫蛀、粗细不匀或者色泽深浅不一的笔杆剔除，以色泽、粗细、杆长一致为宜。

装套。即装笔头。先是对经过蒲墩的笔杆进行挖孔，然后将结扎好的笔头置于其中。

镶嵌。亦称连接笔杆和笔头。

择笔。即调整"尖、齐、圆、健"。与水盆一样，这一步亦非常关键。择笔也是分拣毫毛的一道工序，非常精细复杂，需借着光线将笔毫从笔尖到笔末不符合标准的杂毛全部择掉。水盆和择笔两道工序对于坐姿都有特殊的要求，是为了让笔头处于自然光线的照射下。因为毛毫的锋颖只有在自然光线下才能达到最佳可视效果。

刻字。就是在笔杆上留下笔或是厂家的名字等。整套湖笔制作工艺的工序繁复，技术难度大，要熟练掌握并非易事。想要制作出一支质量上乘的笔，需要一份认真、严谨的态度。书上记载湖笔的成名与元朝大书画家赵孟頫有关，他对当地的湖笔制作技艺十分关心和重视。另据《湖州府志》记载：他曾让人替他制笔，假使一支不如意，即令拆裂重制，要求非常严格，这种严格的质量要求一直流传至今。可见，要想完整地继承湖笔工艺之人，便该如赵孟頫这般去做。

导岭湖笔的特色产品有象牙珍藏笔、春江山水美（五支装套笔）、黄公望神笔（三支装套笔）、富春龙凤笔（两支装套笔）、齐头笔等多个品种。笔头选材不一，有狼毫、羊毫、兼毫、兔毫等。初学者，一般适宜使用有加健的笔头。截至目前，导岭自然村仍在运转的作坊或者厂房，已从过去的六十余家减少至现今的十余家。庆幸的是，村委非常重视导岭湖笔的传承，为此而建成了文化陈列室。陈列室有两个展厅。

其一便是湖笔展厅，分为三部分：

1. 材料陈列厅。用于陈列各种毛笔原材料，包括羊毫、狼毫、马鬃、猪鬃等毫类材料；竹制、木制、象牙制等笔杆类材料；红木礼盒等外包装材料。

2. 毛笔成品陈列厅。用于陈列各种规格的毛笔成品。如书画笔等传统笔类；礼品笔、装饰笔、套笔等艺术笔类。

3. 艺术陈列厅。用于陈列古代及当代一些书画大家的名作以及文房四宝类周边产品。陈列室结合展览和销售于一体，在创造经济效益和社会效益的同时，也是对手工技艺的有力传承。金竺村委立足于为村民创收的目的，运用"互联网+"的思维，支持各位手工技艺继承人广泛使用各种电子商务平台外，如淘宝网、阿里巴巴等，还将建立金竺村自己的网上销售平台，将陈列室实体经济与网络直销结合起来，尽可能减少中间环节，提高利润点，增加村民收入。

相信有了村集体的支持，国家的保护，导岭湖笔，尤其是"齐头笔"的整套制作工艺还将大放异彩。

（富阳农办）

菖蒲纸

"京都状元富阳纸，十件元书考进士"。富阳手工纸一度誉满京都，源远流长。其主产地以小源山、大源山、壶源山等地为主。小源山是富春江的源头之一，因其山坞浅一些，水源小一些，故曰小源山。在小源山的源头上，有一个菖蒲村，东西南三面环山，北面为坑口，东西有十湾九坞，有名的、没名的山连着山，湾连着湾，一湾一坑，坑里水流清澈激湍，终年流淌不断。坑边皆长满菖蒲草，菖蒲坑村名亦由此而来。菖蒲村是小源山里一个较大的古村落，整个村庄地域面积不大，约为5.5平方公里，而毛竹山面积却有6300多亩，全村共有农户430户，常住人口1139人，主要为丁姓和李姓两大族人。2014年被浙江省人民政府立为历史文化村落。

据丁、李两姓家谱记载，菖蒲村已有七百多年历史。因为菖蒲村除了拥有丰富的竹资源和高质量的水资源，这两大做手工纸的必备条件之外，无一亩田可种，没有一分地可耕，只能种些瓜果蔬菜之类的东西，所以祖祖辈辈、代代相传，都以纸为业，以此为生。菖蒲村手工做纸的历史，大致可分为三阶段。

第一阶段（1950年之前）。所有竹山为少数几户"槽户"所有。大槽户五、六厂槽，有竹山几百万斤；小槽户一、二厂槽，有竹山几十万斤。由少数人组织生产销售，绝大部分村民做长工，打短工，挣工度日。那时的纸产品种类甚多，主要有元书纸、超级元书纸、昌山纸、折标纸、84黄纸、部配纸、海方纸、本报纸、标黄纸、绿报纸、产黄纸、佛标纸、46平纸等，其中昌山纸、部配纸、超级元书纸是优质书写纸，是明清两朝科举用纸，享誉华夏，销售渠道顺畅。

第二阶段（1950—1978年）。菖蒲坑的竹山为集体所有，当时分为七个生产队，每个生产队有四五厂槽，常年组织生产，每厂社员为集体打工挣工分。生产队每过10天，就按每10个工分发放7角人民币预支工钱。

到了年底，要等到所有的纸运到供销社卖掉了，生产队才根据总收入进行年终算。

第三阶段（1978年至20世纪80年代中期）。那时的竹山按人头分到各家各户，山、竹由私人管理，这叫承包。这是菖蒲坑手工纸的鼎盛时期。虽时间不长，但槽厂之多是历史之最。家家户户办槽厂，男男女女，老老少少齐"参战"。可谓千槽百厂，"千军万马"，热闹非凡。一旦天气晴朗，土纸漫山遍野；如果遇上一阵风，或一阵雨，那将弄得全村人人手忙脚乱，抢收纸头，场面甚是壮观。

随着现代纸业对传统做纸的冲击，过去的槽厂焙垅、场宕漾滩大都已荡平，其上面盖起了新房子，那种喧闹的场景也已经一去不复返了。幸运的是，如今还有1户老小仍在做着祭祀用黄纸，使得菖蒲村手工纸的制作技艺没有失传。要知道，做一张手工纸并不容易，其工艺十分繁杂，技术要求也很高。就拿做一张纯竹浆的手工纸来说，它的工艺流程一般就要分为以下几个环节。

一是砍竹：每年小满以后黄梅时节，待到嫩竹放枝，笠壳脱尽，竹叶未放，开始砍竹。先把部分嫩竹写好字号，叫捏釉。把没有字号的嫩竹砍倒，竹梢朝下捆紧，每捆300斤左右，拖下山来，叫"放竹榻"，拖到"马场"堆齐。

二是削竹：先是"钉马"，然后四人配合，一个砍青，把嫩竹砍成2米一段，堆齐；一个把竹段削白，皮青1厘米左右，把白竹筒交另一人甩破敲细，叫敲白；第四个人把白坯、皮青、竹梢分类堆放或晒干。削竹师傅俗称第一桩头。

三是办料：把削白嫩竹办成白料，竹梢、皮青办成抄料。办料工艺更复杂：

砍料：把白坯从场宕内撩起，把2米长的白坯砍成6段，一个妇女递料，一个人用段刀砍断，放在四脚朝天的砍料凳上，满了捆好，成为一页白坯，砍料师傅俗称为第二桩。砍好的白坯挑到皮喔边上。

淹料：浓度要掌握，先根据灰镬的大小，将石灰按页料的多少配比倒入灰镬，用水化开，遇化学反应，放出大量热量，且温度之高，灰浆浓度淘推均匀，浸下的页白料表面鲑沾涸，又能自然流入页料中，然后堆放好"灰竹蓬"，灰竹蓬堆放整齐包好。避免受风吹雨淋，防止太阳暴晒，保持湿润使石灰的化学起到作用。

入镬：虽是烧煮前的工序，但它的操作要领是独有的，也是富阳造纸文化技艺宝贵之处，特别是大盘心入镬。这是运用古代建筑学工艺中的静态结构，改变成动态原理生产作业，入镬的紧密度与经济利益有关，所以入镬师傅技术要高，入得紧可多入页料，少注水，可省柴。入好要烧三天三夜煮沸，还要焖上几天。

出镬：把煮熟的页料一页一页拿出来，抛入漾滩漂池里。

翻滩：翻滩是完成洗净原料上的残存灰浆，漂去石灰的碱性苦汁，达到弱碱性目的过程，因为漂洗净与不净，关系到原料的质量。翻滩要用勺不断用水浇冲直立的页料，经四五天的轮番浇冲漂净。

淋尿堆蓬：本工序关系到原料成熟度的均匀和发酵速度，用一只较大的木桶，先倒入人尿，再把洗净的页料放入浸泡一下，拿起立干，然后堆好蓬，以前用干草毛盖好，以便快速发酵。

入场宕：入场是进入仓储，虽说是仓储，但相当独特，是在水中储存，在清水中不但料储存时间可长，同时还能将发热转色的液渍在水中淡化，可提供纸张颜色。

最后是做纸：做纸的工艺主要有雙料、抄纸、晒纸三道工艺。

1. 双料：先把原料从场宕中撩起然后放在木榨上，把水榨出，用手掰成三四段，放入"桥堆"里（桥堆是古人用木杵舂击石臼或白臼，加工谷物的器具，建造时因掘地安放木臼架上木杠，杠端安装石杵，用脚踏木杠，使杵起落舂击谷物），两个人用脚称起称下，把料双细。双料在手工造纸工艺技术中位置相当重要，有"三分做纸七分双料"之说，料双的细腻均匀关系到纸张的内在质量。"堆头清，拨碓匀，四角净，脚头足"，脚头越足，纸张面越光亮，留墨性越好。

2. 抄纸：先把舂好的料倒入槽桶，用槽耙淘匀，然后可开始抄纸，抄纸师傅技术好与差对抄出来的纸厚薄，均称，好不好晒关系密切。"落水"深度力度要到好处，推水翻滚，使纤维不易快速沉淀，不能一边慢一边快，起帘放到纸桩要手脚协调，帘与纸接触纸桩前，碰梢先碰上定桩，榨出水分，榨纸要十分小心，不能过急，这就是第三桩。

3. 晒纸：以前是在焙垅里晒纸，把纸烘干，焙垅有泥焙垅，铁焙垅。泥焙垅在20世纪60年代开始被淘汰，改为铁焙垅。一厂槽有两个晒纸师傅，一条焙垅有两面，各人一面。烧焙者每天很早把焙垅烧热，温度在60至70度，把火焖在焙垅里，可延迟温度下降，然后可把纸晒焙上去晒干，晒纸师傅的脾气要好，不能急躁，心要细，对每一张纸都要小心翼翼完整地牵离纸仝。熔上干燥后揭下装齐收好，100 张为一刀，元书纸 50 刀为一件，捆好，表面磨光，敲上字号，如此，方可出售。

　　菖蒲村的手工造纸代代相传，虽如今濒临灭绝，但在各级政府与部门的高度重视下，菖蒲村利用农村文化礼堂建设之际，积极组织和协调有关专业之士，着手选择遗存的老槽厂、皮喔、场宕等造纸场址，以及一些古井古建筑，收集和修复一些传统造纸工具，恢复和展示其制作流程，古老的手工纸这一"非遗"技艺将得到进一步的保护和传承。

（富阳农办）

泥金彩漆

位居山隅海角之地的宁海竹林村，自古以来"七山二水一分田山"，人多地少，农闲时节乡人多凭手上技艺走南闯北"讨生活"。前童竹林村即是宁海五匠之乡的一个缩影。前童镇《童氏宗谱》记载：亦农亦匠，耕读传家。

"木匠怕漆匠，漆匠怕灯亮"，这是流传在竹林村一带的谚语，虽是戏谑木匠和漆匠的质量，却道出了木匠与漆匠之间的密切关系。其实竹林村辈出一批独具匠心的能工巧匠。《宁海县志》载：解放初期，竹林木匠王"不动寺内大梁"巧妙维修宁波保国寺，和擅长制作"千工眠床"故事流传弥久。据说，竹林的乡里人家往往储备有大量的木头，准备在嫁女或娶媳妇时，派上用场。男方家父母在娶媳妇前要做一张大木眠床给儿子；女方家则要置办红装家具做陪嫁。两家做的都是竹木器活，完工之后，就要进行外表装饰，大及眠床、衣橱和被柜等内房家具，小到果桶、提盒和子盘等日常用品，无一遗漏。

为使器具外表绚丽多彩，往往会选择工艺方式，在木胎漆胚上堆塑、沥粉、泥金彩绘，使之更显金碧辉煌、绚丽多彩，平添一分热烈、喜庆和吉祥的气氛。且器物图饰层次清晰、立体感强，有亭台楼阁、吉祥图案、戏曲人物等多种题材。又因其不易磨损、经久耐用，在旧时的宁海乡间很受热捧。这就是"泥金彩漆"在竹林村一带流行的原因。现时宁海十里红装博物馆收藏有大量的龙凤红板箱、大眠床等民间泥金彩漆家具，亦是很好的佐证。

但在十年浩劫中，泥金彩漆的工艺被划入了封、资、修和香花毒草的行列，迫使从艺人员弃艺从耕，泥金彩漆工艺技法面临着濒危时刻。2005年，宁海县民间艺人黄才良老人重拾旧艺，汲取传统工艺精髓，反复钻研，掌握了泥金彩漆工艺配方和制作工艺流程。他的坚持得到了政府的鼓励和支持，在宁海县第一职业学校设立了泥金彩漆培训基地，如今已陆续培养出一批泥金彩漆传人，这门古老的工艺重焕生机，于 2010 年被列入国家第三批非物质文化遗产名录。

泥金彩漆有着悠久的历史。从留存下来的明代泥金彩漆工艺品和描金漆器工艺品的制作风格来看，与《韩非子》中所云"禹作祭器，墨染其外，朱画其内"的格式类同，与 7000 年前的河姆渡遗址出土的红色木胎漆碗有相似之处。《浙江通志》载"大明宣德年间宁波泥金彩漆、描金漆器闻名中外"，这是泥金彩漆的鼎盛时期，距今已有 500 多年。现仅宁波市辖县宁海传承着此项传统工艺，竹林村少数家庭拥有此项工艺制品，因此尤显珍贵。

金彩漆有一套独特复杂的工艺流程，对气候与环境条件要求极高，全是手工技艺，明代之前没有文字记载，靠师徒口传手授，代代相传。泥金彩漆制作工艺手法主要有平花、沉花、浮花三大类。制作的主要原材料有生漆、柚油、金箔、香灰、瓦灰、蛎灰、朱砂、云母、螺甸等十余种天然矿物质。

其工艺技法流程各有特色：

1. 平花——髹涂朱漆、黑漆后器物表面上再进行描绘，《髹漆录》中表述"描金画漆，即纯金花文也，朱地黑质共宜焉"。技法过程有两种：一是先拷贝底稿后再上彩，然后再勾金线或贴金；另是先贴金后再上彩。花纹与底漆相平，称"平花"，亦称"漆上彩"或"金上彩"。一般应用在床、橱、柜、花轿平面结构上，人们很少触摸的地方，因为人手经常触摸很容易掉色。

2. 沉花——又称"暗花"或"漆下彩"。在髹漆后的器物上进行打磨抛光，清理干净后拷贝图稿，用泥金（碾金）、贴金或水拖金的技法制作，待完全干燥后用墨勾出人物的面部、手足、衣饰及景物的细部，再在金上绘上部分颜色，然后在器物表面上罩漆（亦称罩金髹）。其优点明澈如水，久用不会磨损。除大件家具外，沉花工艺还应用在无盖桶、盆、盘的内部，如洗面盆、洗脚盆、梳妆盒、果祭盘等。

3. 浮花——即花纹高高凸起，又叫堆漆，《髹漆录》中所谓"隐起"的做法。它有浅浮堆、高浮堆、线堆几种工艺。用净生漆、熟桐油、瓦灰、蛎灰、香灰严格按配方比例进行捏、揉、捣而成的漆泥，以手揉不粘、压而不散为佳，堆塑后经数月逐渐干燥，坚硬如石而不开裂，再贴金上彩（上彩可分"追金""开金"两大手法），表面髹涂明光漆（即罩金漆），然后铺贴云母、螺甸，再分天色、地色、修边、挖朱等工序。完成后的器具色彩对比强烈，绚丽华美，赏心悦目，经久耐用，为人们所喜好。它的应用范围广泛。如床、花轿、橱柜、提桶、粉桶、帽桶、饭桶、茶桶、鼓桶、祭盒及果盒等。

如今的泥金彩漆传承了我国古代漆器工艺的优秀传统，在新一代匠人手里有了改进和创新，经过媒体的宣扬和人们的口口相传，又走进了竹林村百姓的生活。竹林村的角落又摆上了璀璨的泥金彩漆制品——不是作为生活用品，而是作为精美的工艺品摆件，村民以家有泥金彩漆传人为傲，以家有泥金彩漆作品为荣。

随着现代人生活观念和生活方式的转变，泥金彩漆制品失去了原有的广阔市场。但在竹林人眼里，泥金彩漆可广泛应用于家居建筑、日常生活器具等表面装饰，亦可用作厅堂艺术品的陈列。题材选择灵活，艺术的可塑性强，不管是历史人物，或是鱼虫鸟兽或是花卉草木，不管是群堆或是单体堆塑，不管器形的复杂简易，都可因地制宜，随意发挥。其经久耐用，历千年不坏，历史价值和艺术价值远远高出了实用价值，因此竹林人坚信其价值必将被重新认识，泥金彩漆的艺术生命必将得到延伸。

（娄美琴）

翻簧竹雕

奉化市锦屏街道西锦村地处奉化城区锦屏街道西南端，属于城中村。西锦村古名西锦里，村内有西锦溪、西锦楼等名胜古迹。全村 380 户，875 口；耕地面积 279 亩，山林面积 528 亩。西锦村，1957—1958 年属奉中农业社，1961 年以地近西锦楼，定名西锦大队，1983 年改西锦行政村。

西锦村民以王姓、俞姓村民居多。据王氏宗谱记载：王姓宋熙宁年间由黄岩迁本县尚田双溪，越四世迁西锦村。俞姓先祖据史载，迁自邻县新昌。西锦村名人辈出，明代北京道监察御史王子沂，明代大画家王谔，从城内西锦村走向紫禁深城，这位"明代马远"擅长画古木、怪石、惊湍，以其精熟的山水画，被明朝两代君王恩泽。奉化市翻簧竹雕名家俞啸霞、黄孝钧也是西锦村人。

西锦村与奉化翻簧竹雕有很深的渊源，翻簧竹雕亦称翻簧竹刻、翻簧竹器，是竹刻之一种，也叫"贴簧""竹簧""反簧"和"文竹"。据传奉化翻簧竹雕在清代中叶已现端倪。1906 年奉化城内平民习艺所设竹白课（翻簧竹器制作），免费招收平民子弟入所，聘请能工巧匠教授翻簧竹器制作。之后，西锦村人俞啸霞、王仁荪合办竹器店"挹素斋"，1915年，俞啸霞制作的翻簧竹雕制品《果盒》《虾屏》，在旧金山参加巴拿马太平洋博览会展出并获奖。此间，奉化翻簧竹器艺人层出不穷，合力扛鼎。如大桥西岸绰号"金黑炭"的艺人，擅雕鱼蟹，当地有"金家金黑炭、雕雕老毛蟹"之谚。1934 年，奉化成立翻簧竹雕同业公会，会员 33人，有"挹素斋"等专业翻簧竹器店 4 家。另有奉化孤儿院与平民习艺所进行翻簧竹器生产，这些产品销往上海及美国、日本、东南亚等地。民国年间，奉化翻簧竹雕与东阳木雕、青田石雕合称"浙江三雕"。1941年，奉化县城沦于日寇后，翻簧竹器产业相继停顿，至 1948 年仅存"挹素斋"一家。

西锦村人俞啸霞、王仁荪合办"挹素斋"是民国时期奉化最大的一家翻簧竹雕店，有员工 18 人，注册资金 600 银元。"挹素斋"的翻簧竹雕作品曾多次获巴拿马博览会及农商部国货展览会嘉奖，年营业额达 6000 银元。俞啸霞本人擅长丹青，他的花卉、羽毛及山水作品在浙东美术界享有声誉，这为翻簧竹雕打下扎实艺术功底，俞啸霞对西锦村翻簧竹雕来说是领路人；之后西锦村黄孝钧则担当了承前启后的重任。

黄孝钧生于 1905 年，世居西锦村陈家弄，青少年时期在奉化平民习艺所学习翻簧竹雕制作，后一直在"挹素斋"从事翻簧竹雕。新中国成立后，百废待举，黄孝钧在西锦村县前街组织成立翻簧竹器生产小组。1956 年，翻簧竹器生产小组改名为奉中翻簧合作社。1957 年，黄孝均创制的翻簧竹雕《蟹屏》参加全国工艺美展，黄孝钧进京参加全国工艺美术老艺人代表大会。黄孝钧曾受到刘少奇主席、朱德委员长接见，并同朱德握手。此后，黄孝钧在奉化工艺美术厂负责翻簧竹雕制作，同时培养了一批翻簧竹雕制作人，现在奉化市翻簧竹雕传承人丁传钵就是黄孝钧的徒弟。同时，有江西、宁波工艺美术厂、宁波市劳改农场、鄞县云龙等地派人前来奉化工艺美术厂学习技术。1968 年，奉化工艺美术厂创作的《毛主席接见红卫兵》翻簧竹艺屏风，选送北京向国庆献礼并参加展出。

翻簧竹雕制作，将毛竹锯成竹筒，去节去青，留下一层竹簧，经煮、晒、压平、胶合镶嵌在木胎、竹片上，然后磨光，再在上面雕刻纹样。题材有人物、山水、花鸟、书法等。

具体制作步骤如下：

1. 选材：需选取口径大、竹节长的新鲜大毛竹，去竹节和青皮，取里层 2 毫米厚的竹簧。

2. 蒸煮：把选取的竹簧放在大锅内用沸水蒸煮 2 小时。

3. 压平：把蒸煮后的竹簧用重物压平。

4. 胶合：将压平的竹簧再用胶将其胶合在木板或竹片制成的半成品上，拼接时做到无缝无隙。

5. 刨光：成型后，用各种刨具进行刨光。

6. 雕刻或绘画：刨光成形后，再施雕刻或绘画装饰工艺。翻簧竹器多在很薄的竹簧表面进行，以阴纹浅刻、薄雕为主，兼有绘画、浮雕、镶嵌、烙画、着色、彩绘、压烫、腐蚀等方法。

7. 喷漆上蜡：由于翻簧色彩自然洁净，嫩黄如同象牙，再经喷漆上蜡，更显得鲜艳悦目，可与玉雕、漆器媲美。

　　翻簧竹雕与奉化西锦村结缘，离不开人和物，奉化是大毛竹的主要产地，早在宋代奉化石门村就开始人工培育毛竹，到明代种出的大毛竹粗如屋柱。解放后，奉化大毛竹曾在 1957 年和 1964 年，两次在北京全国农业展览会展出。浙东一带盛产毛竹，就地取材极为方便，加之名手大家辈出，翻簧竹雕与奉化西锦村结缘也就顺理成章了。

　　起源于西锦村的奉中翻簧合作社是奉化工艺美术厂的前身。奉化工艺美术厂在翻簧竹器的制作工艺上不断推陈出新，突破了竹簧质地硬脆，不能弯曲，特种造型比较困难的缺陷，运用多块竹簧拼接的办法，改变了简单的直线造型，制成各种几何形状的工艺品，表现力大大增强。工艺美术还改进胶合材料，用高温压制等新工艺，较好地解决了起皮、开裂、防虫、防霉等问题。雕刻技法上，除了传统的阴刻外，还创造了镂雕、浮雕、镶嵌、烙画、着色、彩绘、压烫、腐蚀等方法。一时奉化工艺美术厂生产翻簧竹器有 100 多个品种，如镜箱、提篮、花瓶、台灯、棋盘、茶盒、动物玩具、大型屏风等，刻有人物、花鸟，形象逼真，栩栩如生。雕刻的作品，既有中国画传统的白描，又有篆刻古朴苍劲的金石刻风味，融观赏与实用于一体，深受海内外人士的欢迎。奉化工艺美术厂制作的翻簧竹器由浙江省和上海市两家工艺品进出口公司经销，远销欧美、东南亚等国。1988 年，奉化翻簧竹雕入编《中国工艺美术大辞典》（江苏美术出版社）。

　　风流总被雨打风吹去。1990 年前后，翻簧竹器厂因多种原因停产倒闭，大批量的翻簧竹雕生产就此中断。究其原因，这种费时费力的工艺和许多行将逝去的老行当一样，终究敌不过现代工业品的冲击，被塑料制品、纸制品等所取代。

　　如今，奉化西锦村的翻簧竹雕已被列入宁波市级非物质文化遗产保护项目名录，并有一批老艺人丁传钵、胡云华、王水清等为翻簧竹雕传承而坚守。期盼着奉化西锦村的翻簧竹雕能够老树发新芽，又迎来一个春天。

（蒋明波）

条宅布龙

条宅村，位于奉化江上游的小山村，村南苕溪，村北公路，原村名为苕雪，以溪得名。约950年前，陈氏祖先从奉化三石村迁移至此，落脚发展，故本村名为条宅村，相传至今已繁衍16代。宋朝时祖先官至兵部侍郎，民国时，陈宗熙、陈宗列曾至民国高官。

条宅龙舞是奉化布龙的代表，是奉化布龙的摇篮，龙舞是由敬神、娱神而逐步发展形成的一种独特的民间舞蹈，《奉化志》记载，早在800多年前的南宋时期条宅村已有龙舞，俗称滚龙灯、盘龙灯，初为谷龙、稻草龙，后在草龙上盖上青色或黄色的龙衣布，逐渐演变成竹篾扎龙头、龙节、龙尾，裹以色布的布龙，龙舞活动通常从农历十二月二十日始至正月元宵节结束，每当干旱，田地龟裂，禾苗枯萎之时，农民们随着龙舞队，敲锣打鼓，成群结队去龙潭祈祷，向龙王求雨。潭中的蛇、鳗、蛙等水生动物视为龙的化身，尊称为龙王，请而归之，如神供奉，待到旱情解除，再把它送回原潭。送回时要举行"送龙行会"，期间有龙舞表演，久而久之就形成了龙舞这个民间习俗。

条宅村自古就有舞龙的传统，据专家推测，已有800多年，甚至更长时间的历史。条宅龙舞，以九节龙为固有程式，均由男子群舞，人数一般与龙的节数相当，有时配龙头手2个，以备中途替换。舞龙队员各个技艺娴熟，动作干净利落、灵活敏捷，再加以热烈与奔放，舞起来只见一条活生生的神龙在飞腾，人在翻舞，龙身迎风，呼呼有声，煞似蛟龙出海，令人屏气凝神，目不暇接。条宅龙舞的舞姿变化多端，原有50多个不同的动作套路，表演时一气呵成，使人眼花缭乱，整个舞蹈动作有盘、滚、游、翻、跳、戏等套路和小游龙、大游龙、龙钻尾三个过渡动作。

具体舞蹈动作有盘龙、龙抓身、挨背龙、龙搁脚、左右跳、套头龙、龙脱壳、龙翻身、双节龙、背摇船、圆跳龙、满天龙、游龙跳、靠足快龙、弓背龙、龙戏尾、龙出首、快游龙、直伸龙、快跳龙、滚沙龙、大游龙、小游龙和龙钻尾等国家规定套路 22 个障碍舞龙与竞速舞龙。其中许多不同的跳跃动作和躺在地上滚舞的技巧，都是民间艺人通过丰富的想象力创造出来并在实践中不断充实、提高和完善。条宅龙舞的舞蹈动作都在龙的游动中进行，舞动时做到"人紧龙也圆，龙飞人亦舞"，"形变龙不停，龙走套路生"，舞得"狂"，舞得"活"，龙身"圆"，形态"神"。动作间的衔接和递进十分紧凑，有一种翻江倒海的磅礴气势。

布龙是我国民间舞蹈的一颗璀璨明珠，渊源深厚，深为广大群众所喜闻乐见。条宅布龙就是奉化布龙的突出代表。1946 年元宵节，为庆祝抗日战争胜利，奉化举办了全县龙舞大赛，参加的舞龙队有 108 个之多，争奇斗艳，一比高低。以陈世雄为龙头手的条宅布龙技压群雄，夺得了标有"活龙活现"四字的锦旗一面。1947 年正月初二，条宅村舞龙队在陈世雄带领下到溪口舞龙，适逢蒋介石和蒋经国在溪口老家度假，蒋介石自幼喜欢龙舞，听到这一消息后，便派人邀请条宅村舞龙队到自己祖居"丰镐房"进行表演，由蒋经国夫人蒋方良给了赏钱。龙舞在奉化流传之广泛，群众基础之深厚，可见一斑。

1955 年 2 月，条宅龙舞参加浙江省第一届民间音乐舞蹈会演，在杭州登台献艺就一鸣惊人，轰动省城。同年 3 月，作为省民间舞蹈的杰出代表赴京出席全国会演，一龙倾倒京城，获优秀演出奖，接着到中南海为中央首长和国外著名人士表演，得到刘少奇、周恩来、朱德等老一辈领导人和国际友人的赞许。周总理还高兴地说："这条龙可以出国。"我国著名京剧表演艺术家盖叫天观后赞叹不已："我看了你们这条龙，真是大吃一惊，使我大开眼界，练就你们现在的功夫非 30 年工夫不可"。随后由中国青年艺术团带此节目参加了第五届世界青年联欢节，获铜奖。

在条宅村，有一位知名度极高的舞龙高手叫陈行国，是奉化布龙的第五代传人。他喜龙、舞龙、制龙已有 35 个年头。陈行国 1961 年 4 月出生于奉化尚田镇条宅村，出生于舞龙世家的他，从小耳濡目染，受到父辈们的艺术熏陶和言传身教。1977 年，16 岁的他投师舞龙大师陈世雄门下，执掌村少年舞龙队的龙头。条宅布龙向来以"游、盘、滚、翻、跳"为舞蹈主线，张弛有序，节奏明快。实践中，陈行国年少无畏，在保持快船龙、摇船龙、操身龙、左右跳等优秀舞姿的基础上，创新推出半起伏、蝴蝶式、水落花、高塔盘等 20 余个新颖的造型动作，以静衬动，更具魅力。

1976 年 6 月，以陈行国为龙头的条宅布龙队，首次赴杭参加全省龙舞大赛，一举夺魁。此后陈行国率队伍赴北京，六赴省外参加全国级龙舞大赛和全国一至五届农运会，多次喜捧奖杯而归。2008 年他荣获奉化首位国家级"非遗"布龙传人。在舞龙的同时，陈行国还在家里开设神龙制作坊。20 余年来，他亲手制作出 1200 多条高质量的各种布龙，2008 年制作了一条长 100 多米的 24 节巨龙，2000 年精制一条白龙，并首次出国到比利时。同时，陈行国还身兼省内外 30 多支舞龙队的教练，热心传授舞龙技艺，让条宅布龙发扬光大。

自古奉化产生过多少布龙，没人能说清楚。有多少人承担起传承的职责，也没人统计过。条宅舞龙需要传承，传承还需要更多双手。

（郑丽敏）

母子龙

宁波象山民间盛行着一支特殊的龙舞——丹西街道珠水溪村的"母子龙"。关于母子龙的渊源,还有一个美丽的传说。

相传东海边上有一村庄,名为"三香地",由马塘、里夹岙、谢家三个居民点组成,一共住着四百户人家。马塘原本有一百余户人家,每家姑娘都长得十分漂亮。马塘南面隔山有普明寺,寺内僧人对马塘姑娘图谋不轨,经常从黄土岭绕道来到马塘骚扰姑娘。由于绕道麻烦,后来,僧人们就近在乌龟山上辟路。路劈好后,马上下了三天三夜大雨,流失了大量黄泥,破了风水。

谢家也住着一百多户人家,曾有人在朝中任尚书。谢尚书高傲地说:"江西人一筛糠芝麻官,不及我谢尚书一支羊毫笔。"此话激怒了江西官员,他们暗中派人去谢尚书家乡破坏风水。江西人来到谢家,找到谢尚书家的祖坟,扒平坟头泥。可是第二天早上,坟头泥竟恢复了原状。江西人不甘心,第二天晚上又偷偷扒坟头泥,结果又恢复了原状。连续三天都是如此。第四天晚上,江西人埋伏在坟墓附近观察。凌晨一点,发现土地公和土地婆来到坟前。土地婆说:"老头子,我们每晚这样干,累煞啦!"土地公说:"他们也是枉费力气,若要破坏风水,除非狗血喷犁头铁,埋进坟头。"江西人听后,就按照土地公的话去做,结果谢家的风水破了。

里夹岙也有一百多户人家,那时,该村每三年都要发生两次火灾,而且着火时,火苗总是从这边突然跳到那边,中间几处不着火,导致救火十分困难。百姓苦不堪言,纷纷逃离该地。

有一年三月初三,身怀六甲的东海龙王之女闻知三香地百姓的疾苦,动了恻隐之心,她化作一只白蟹前来人间了解实情。不巧刚一出海,就被渔民捕获,挑至县城出售。渔民路经三香地村边的一座四板桥,想点一支烟休息一会儿。在渔民点烟之际,白蟹趁机逃至山脚下的水潭潜伏下来。当晚,龙女托梦给三香地族长老:"若要摆脱疾苦,必须择地形而居,并更改村名。"族长老照办,将三香地百姓集中到一地形较好处居住,村名改为"珠水溪",村后建造了一座迴龙桥(目前还在)。从此百姓过着平安的日子,很少发生火灾。

翌年三月初三日,龙王的女儿又托梦给族长老,说已在水潭产下一龙子。族长老发动村民组织舞龙队感谢龙女恩情、庆贺龙子降生,并命名该水潭为白蟹潭,两条龙为白蟹潭龙。由于母子两条龙的帮助,珠水溪村风调雨顺,百姓过上了太平日子。

很多年后,这里发生了特大旱情,传称大地龟裂,颗粒无收。周围村庄百姓,组织3队人马,敲锣打鼓到白蟹潭求龙女降甘露相救。队伍走到山脚边,忽然窜出众多妖魔。霎时间,狂风大作,飞沙走石,天昏地暗。正在这时,白蟹潭中腾起水柱,冲上九天,彩云中立刻出现银色母龙和金色小龙,它们奋勇扑向众妖魔。只见天空中电闪雷鸣,地动山摇。经过几十回合的战斗,母子龙将众妖魔镇压在老鹰山下。从此,珠水溪和周边村庄风调雨顺,年年丰收,岁岁平安。

珠水溪百姓一直对母子龙十分敬仰。口耳相传,经过千百年,母子龙的形象更加鲜明:黄泥丘山的两个山头是母子俩亲昵地依偎在一起;黄土岭上普福寺是龙珠,东面田横山是子龙上山,西面斧头山则是母龙下山,南面一块地称为龙舌……普福寺西边一口龙喷水井,大旱不干,冬暖夏凉,清甜可口,清凉解暑,有治病之功效。

为了纪念母子龙为这片土地带来的福音,村民们每年三月初三扎起五彩缤纷的母子龙龙灯,以盛大节日的形式,举行舞龙活动。

全村老少都喜舞龙,平时在庙宇前、晒谷场、农家天井里,经常有模拟舞龙的少儿队伍。原传承人吴大林、朱根才说,1946年为了提高舞龙技术,本村舞龙骨干吴家增、邬岳祥,请来当时南庄村的舞龙能手张克峰来村指导,使"白蟹潭龙"的表演水平有了进一步提高。每年正月初一至十四,舞龙队都要到各乡各岙去舞龙,直到"文化大革命"时期才停止。1975年村里重组了珠水溪舞龙队,当时主要传承人有吴大林、朱根才、吴兴祥、周余本、吴小林、邬方定。

他们这样考虑:历代以来,龙舞村村有,都是强悍男性的专利,我们可否破旧立新,让妇女和儿童也能参与?在这种创新思想的催动下,温柔、美丽、动人,又饱含人情味的"母子龙"诞生了,从此,"白蟹潭龙"退休,由母子两条龙"出征",称为"珠水溪母子龙"。参与人数从

19人增加到45人，从原只能男性舞龙转化为女性和男童舞龙。每条龙7节，母龙由30至50岁的妇女操舞，子龙由13至16岁的儿童盘舞。舞龙的服饰和道具有：彩旗、龙鳞衣、彩衣、大锣、小鼓、小锣、长号等。舞龙时，龙珠先导，高照引路，龙珠后尾随1人，手持长号边走边吹，声音洪亮，悠扬生动。长号后面为鼓、铙钹、大锣、小锣和狗叫锣等打击乐器。行进时，大锣敲一下，间以小锣一两下，俗称"三五七"龙舞曲牌。在打击乐"三五七"曲牌的伴奏下舞龙，现场气氛十分活跃。伴随着曲牌音乐，母子龙队伍通过盘、绕、退、进等套路进行盘舞，其名称有"如意""葵花""龙门""龙节""蛟巴""乾粒""滚沙""舞龙"等。

母子龙舞蹈结合民间传说，寓意深刻，代表性强，每逢重大传统节日、庙会和重大节庆活动，都应邀参加演出。这支队伍在1988年参加宁波市舞龙比赛时荣获"二品龙"奖；2001年，被宁波市命名为"一村一品"；2003年，荣获象山县"一品龙"奖。这些成绩，鼓舞了一批新舞龙队员的加入。2009年，该村在"母子龙"原有面貌的基础上，从造型到色彩作了系列改良。同时，请来专业舞蹈演员开设舞龙培训班，对妇女舞龙队和儿童舞龙队进行舞蹈表演的辅导。对乐队也进行了全新包装，从音乐、乐器到乐队演员着装和演奏，每一个环节都请专家进行指导。

珠水溪村现有杨秀红、王爱娥、周亚萍、俞爱梅、张彩华、蒋赛芸等10多名妇女精通盘舞技艺，并有赵海、陈海彪、朱永琴、邬丹敏等一批青少年，继承并掌握了盘舞技巧。这使"母子龙"这一宝贵的民间舞蹈，得到了较好传承。

（象山农办）

棠岙造纸

奉化多竹，竹纸生产源远流长。《宁波市志》记载："至 1931 年，槽户 182 户，纸槽 269 只，资本 23727 元，从业人员 1418 人。产鹿鸣、溪屏纸、爱国皮纸……产值 17.38 万元。"而据 1994 年版《奉化市志》记载，1418 名造纸业者，有 1046 名是奉化人。且《宁波市志》也说："（宁波纸品）十之八九产于奉化"，足见奉化造纸业的兴旺发达。

奉化造纸作坊大多集中在山区，如大堰、董李、岩头、棠岙等。其中棠岙造纸业源远流长，声名远播，已入选奉化市非物质文化遗产名录，是其中最为著名的竹纸生产地。棠岙四周山峦环围，翠竹满坡，溪谷狭长，清溪长流。绵绵不尽的竹山和流经村庄的溪水，为造纸业提供了取之不尽、用之不竭的原料。勤劳而富有智慧的棠岙村民很早就靠山吃山，利用竹箬、嫩竹等生产纸张。据明嘉靖《奉化县图志·土产》记载，棠岙在明正德九年（1514 年），有人从江西引进竹纸生产技术，开始生产竹纸。至今已有五百年历史。造纸业成为棠岙人维系种族延续、村民生计的一项主业。《棠溪江氏宗谱》卷十一收录有"出品"（即特产）类目，首项记载的就是"纸"，宗谱里说："（纸）种目甚多，大半取材于竹，亦有用箬用桑皮者。西江惟黄纸；东江出则俱白纸，品类较多。"有徐青纸、大盖纸、盘纸、心纸、马青纸（又有次青）、亭下纸、百料纸、唐川纸、重参纸、鹿鸣纸（一名镴箔纸）、纯一小桑皮纸（一名毛边纸）等纸品。后面还附有一首小诗，由清末时一个名叫江观澜的县学生所作：

> 劳逸原来异此身，
> 区区席上枉怀珍。
> 早知儒业终难就，
> 悔不当年师蔡伦。

诗的大意是读书难有成就，不如早早学做造纸养家糊口。

民国时期的棠岙文人江廷灿在所作《造纸忙行》诗序里也有类似说法："自春徂夏至秋冬，四时皆有纸，盖以棠之地多山而少田也。习其劳以代耕耨，亨其利以免饥寒，虽不为农，而终岁之勤劳实倍于农。此所以自养而以养君子也。予悯其忙而幸其利，因赋。"说棠岙人因山多田少，祖辈以造纸代替农耕，虽然不比农作清闲，但手艺获利也能养家糊口。

而其所赋诗中更是详细描述了棠岙人造纸的情形：

> 春晚采茶方逐逐，采茶之后笋穿屋。
> 笋长茅檐绿箨抛，邻人劝我收箬速。
> 我说收箬尚未完，儿童告我收新竹。
> 箬兮竹兮皆纸料，收之不足空碌碌。
> 收来箬竹入方塘，洗练工夫异样忙。
> 才拌石灰次第煨，又烹活火煮以汤。
> 出水淘来粗细判，细者洁白粗者黄。
> 粗细捣烂借碓力，捣烂造出纸千张。
> 君不见，造纸之人要株守，暂歇手时便无救。
> 不以身软稍偷闲，不以久立稍行走。
> 时估水花恐厚浇，时补帘痕恐罅漏。

旦复旦兮昏又昏，夜归灯下功加凑。

一手造时一手分，晒干始有好价售。

若得好价便当行，胜耕南亩禾麦秀。

造纸之祖是蔡侯，封侯之家世华胄。

我劝纸家无汔休，即不封侯亦殷富。

由诗中可见，棠岙竹纸以嫩竹为主料，选料讲究，做工精细，需经过腌料、清洗、烧煮、捣料、打浆、抄纸、晒纸等十多道工序精制而成。

在500年的漫长岁月里，棠岙村民祖祖辈辈就这样周而复始地从事着手工造纸。清朝末年民国初期是棠岙造纸最鼎盛时期，从业人员有近千人，光抄纸槽就有三百多个，几乎家家户户门前屋后都有纸槽。每天清晨，"噼噼啪啪"的捣浆声此起彼伏，回荡在宁静的山谷上空，成为村里独有的一道风景。

这里有一则棠岙人江涌青在《纸笋木柴水果蛳子等免捐始末记》里叙述的故事，更能说明棠岙造纸的兴旺，以及村民对造纸业的呵护。故事发生在民国时期，当时，奉化县财政局发出布告，要求"凡经过外濠河之纸与柴、笋、水果、蛳子等物，向未抽捐者，自一月一日起，一律报捐"。这项规定，对棠岙造纸业冲击极大。竹纸不同于笋、水果、蛳子等物，不可食用，又不会自己消费，必须得外售。因而，每逢市日，宁绍一带商人常会来进纸。棠岙纸品大多由埠头通过泉口市、大桥市等沿水路运到宁波、绍兴、上海等地出售。县财政局的规定那是要了棠岙人的命。

于是，棠岙村民奔走相告，聚众合计，上访请愿，直至抗议示威，最后迫使县政府专门颁布免税令，取消征税。江涌青在《免捐始末记》记载了谋事、起事的经过："盖吾乡大半以纸营生者也。是不可不谋抵制之策，于是再三熟商，公举族叔祖江、家燕为乡民领袖，江尚洲君司财政，江君敏卿与袁君民捷总其事。余往来拆冲于樽俎之间，而担任文墨事务。并令每堡各举二十人暨汪家村、箭岭下共约二百人有奇。择阴历二月初八日赴宁，议先吁禀会稽道尹转电省长收回成命，不获，则焚毁统捐局，以实行反抗计……"

棠岙造纸业直到解放初期仍十分兴旺，村民在政府领导下，曾组织有造纸社，为《浙江日报》《宁波大众》等新闻单位提供大量新闻纸。1958

年，造纸社改为奉化造纸厂。之后的三四十年里，棠岙竹纸业时兴时衰，总体趋于式微。如今，只有村民袁恒通还坚守这份传统产业。

袁恒通生于1936年10月。1951年，15岁的袁恒通拜棠岙东江村人江五根为师，学习造纸技艺。1961年开始置办造纸作坊，从事个体造纸。之后，随着儿女长大成人，袁恒通把造纸技艺传授给了儿子袁建岳、袁建方、袁建增，女儿袁建兰、袁建恩以及女婿江仁尧。如今，袁恒通从事造纸业已有60多个年头。这些年，他一直默默传承着这份传统手艺。据袁恒通老伴介绍，她刚嫁到这里时，村里几乎家家户户都有造纸作坊。到20世纪80年代，她家的作坊还有十几个小伙子在帮工，生产的纸品均由省土产公司统一收购。到80年代末、90年代初，随着机制纸业的加速兴起，手工竹纸市场受到挤压，经营难以为继，村民纷纷歇业。

如果不是因为一个机遇，袁恒通也许会像许多村民一样早已搁置手艺。1997年，当时的宁波天一阁图书馆为修补破损的古籍藏书，需要一批与明代古籍纸相同的竹纸。该图书馆管理员遍访全国各地求纸不得，后听说棠岙人精通造纸，便来到棠岙找到袁恒通，请他试制古籍用纸。袁恒通一口答应，然后全身心投入到古籍用纸的制作。他改良和创新传统工艺，尝试配制新用料，所用配料中，除有上好的苦竹、桑树皮、棉麻等传统原料外，还采用野生猕猴桃藤、冷饭包藤、豆腐渣树叶等辅料。经上百次试验，终于试制出第一批样纸。送南京博物馆测试后，证明这种竹纸是代替古籍纸最理想的纸张。

袁恒通研制的这种纸品细腻柔韧，厚薄均匀，味道苦涩，久存不蛀，非常适宜用来修复古籍和画画。南京博物院副院长、全国纸质类文物保护专家奚三彩以及南京图书馆副馆长宫爱东、美国普利斯顿大学东亚图书馆馆刊主编罗南熙等专家学者，对袁恒通生产的竹纸都给予了充分肯定和高度评价，并给袁恒通造的纸一个专属称谓——棠岙纸。"棠岙纸"理所当然成为国家图书馆、北京大学图书馆、江苏省图书馆、南京大学图书馆、上海图书馆、浙江省图书馆、武汉大学图书馆、宁波天一阁等单位定为古籍修补的专用纸。《宁波日报》《浙江日报》《中国新闻网》《凤凰网》天津电视台等媒体先后对袁恒通及其棠岙纸的历史渊源、相关工艺、独特用处以及传承状况作过详细宣传报道。

近年来，随着棠岙竹纸再度声名鹊起，棠岙竹纸制作技艺受到地方政府的重视和文化部门的关注。2005 年，在"全球生态五百佳"之一的滕头村设立"棠岙纸制作技艺"展示馆，由造纸传人袁国安向游客讲解、展示古老的造纸艺术；2007 年，"棠岙纸制作技艺"入选奉化市首批非物质文化遗产名录。棠岙造纸在新时期焕发出新的生机和活力。

（陈黎明）

大隐石雕

余姚市大隐是一个有 2500 年历史文化的古镇。据《光绪慈溪县志》记载："按《四明山志》,大隐以大里黄公墓所得名"。在宁波区域还只是滩涂时,大隐已掘起了浙东第一个先民聚居的初级城镇——古句章城。它是河姆渡文化的延续,是中华民族文明的发祥地之一。

大隐镇地处浙东宁波市余姚东南,三面环山,山地多为岩石类。大隐石山岩脉天然而成,质地优良,藏量丰富,开采方便。同时,境内水陆交通便捷。远在春秋时,这里就是中国九大古港口之一的句章港所在地。这些为大隐石业文化的兴起提供了优越的自然条件。

大隐石雕文化起步于河姆渡文化遗址同时代的新石器时代,从春秋战国时期开始,大隐石雕作为大隐石业文化的一朵奇葩逐步萌芽并发展,于唐朝时期走向成熟,到南宋时因宋都南迁最为兴盛,新中国成立后曾经一度衰落,20 世纪 80 年代以后再次崛起,声名远播海内外,成为浙东一个响当当的民间造型艺术品牌。

大隐宕山在鼎盛时期,石匠师傅,包括一般工人约有一千人,除宕主外,管理上分管长(负责开采技术指导),卖长(专管销售业务)。工人分工有高头师傅、石匠师傅、车石工、小工之别。高头师傅专门负责登高排险,石匠师傅每天肩背一只元宝锤篮,铁杆翘肩,上山打石。车石工搬运石料,搬运工具十分简陋,拉石头的木制独轮车用檀木结构做成,车子的车架轮子制作非常坚固,可运载石料轻者六七百斤,重者两三千斤。一把、一拉、一扶,三人从宕山运石到河口埠头。大车运石桥梁、大石板材,一般石头车只运小型石头。有诗人写道"几几铁锤凿开岩,担担宕渣堆成山。全凭先民一双手,千年陈迹留后代"。

余姚市大隐镇东南横着一座大山,史称"九龙山",俗称"长命山",它的南边还连着旱溪头的老龙山(稻桶山),合称十龙。"石壁丁丁山有骨,烟村澹澹树无风。主任留客开新酿,一醉陶然共自同。"这是清代诗人王渥颂大隐山的诗词。长命山石宕自明代开采至今,东西绵延约 2 公里,由英节宕、荷间宕、九层楼宕和蝙蝠宕组成。已废弃的采石遗存表面开宕凿石的痕迹清晰可辨。

相传唐朝时,有位皇帝身体不佳,长期有病。一天上朝,英国公奏道:"近日圣上龙体欠安,待为臣出去查明原因。"皇帝允许,英国公一路上过州越府,私行察访。有一天到达大隐,抬头望见九龙山,从山顶到山脚,长着大小不一的九个鼻峰,像卧着九条长龙。登上九龙山往北望去不远处即舒夹岙村地南山头,犹似一颗夜明珠,这真是一块绝妙的"九龙抢珠"的风水宝地。

英国公自认为找到了皇帝长期生病的原因,是大隐有出帝王之迹象,便下决心要破了这里的风水,以绝朝廷的后患。怎么破呢?英国公出钱财,组织人马,采用"上剃青丝,下解罗裙(上砍大树,下除竹木),前面挎(采石),后面烧(烧窑)"的办法,以致十龙九被杀,旱溪头的稻桶山老龙由于隐蔽才得以逃出,大隐九龙山从此被凿断了龙脉。

风水已破,还要查真命天子出自哪里。英国公就继续留在大隐进行细致察访。不久他就发现了九龙山斜对面有座凤凰山,凤凰山边有个叫金夹岙的小村庄,住着百十来户金姓居民,他断定这里是出帝王之地。

于是,英国公就每天骑马到金夹去暗访。有一天,他看到金夹岙有一位农民在种田,便问道:"种田郎,种田郎,一天要种几千几百十行?"一连几天,农夫都没有回答他。但农夫的儿子听后对爹说:"明天他来时,你就问他:骑马郎、骑马郎,一天要走几千几面几十步?看他怎么回答。"过三天,英国公果然又来了,农夫就照儿子的话反问他,并说出了这是他儿子教的。于是英国公用花言巧语把其子带走,暗地将其杀害,完成他察访东南部的使命。此后,大隐人们为纪念以前的风水宝地,把"九龙山"改名为"长命山",希望这块风水宝地能为大隐人们造福。而当地村民开始开宕取石,受技术和当时的生产力限制,取出的石板石块一般只用来搭房建桥,当地石匠偶尔有空闲才雕些狮子、花纹等物件。

有位江苏吴县人叫蒯祥的,生于明朝初年洪武年间江苏省吴县一个木匠家里,从小随父亲学习土木建筑等手艺,三十多岁时,就成了造诣很高的工匠。明朝永乐十五年,明成祖朱棣调集全国能工巧匠在北京兴建宫殿,蒯祥被选入京,成为皇宫工程的建筑师。他与另外几位著名匠师,对明朝宫殿进行了规划设计。天安门建筑完工后,受到京城上下一致称赞,人们称蒯祥为"蒯鲁班"。

蒯祥定居北京后，担任建筑宫室的官吏，直至工部左侍郎。在他任职期间，先后搞了不少修建工程。

相传明朝明英宗正统年间重建大三殿，他受命重建故宫大殿，他正在为如何让大殿更加壮丽而烦恼，一日他外出采集木材和石料，不知不觉来到了浙东余姚大隐这个地方，他隐约见到大隐的长命山犹如一道长屏，仿佛九龙腾飞、气贯长虹的壮丽景象，他不由得联想起正在重建的故宫大殿，如能添置九龙照壁，肯定会更加壮观雄伟，气势非凡，更加显示皇家威严。于是他刻画九龙图，遍寻当地石匠，高价征集九龙壁。当地石匠听说之后，纷纷赶制九龙壁，当地石雕产业由此兴旺起来。而蒯祥也如愿征集到了九龙壁。他回到北京后用琉璃装饰九龙壁，安放在北京故宫前，受到皇帝的赞赏。

如今交通条件大为改善，开采技术不断更新，人们对石料的需用观念逐渐改变。为了生态保护，镇政府专门安排生产石料场地，村民们有的上山采石，有的买机刨石。因材取料，因色妙用，因需生产。大隐产的石桌、石鼓、石狮子、石佛等工艺精湛，雕刻的飞鸟走兽，栩栩如生，图案十分精致与细腻，深受消费者的喜爱。

（余姚农办）

咸六村灰雕

宁波灰雕工艺的历史十分悠久,东钱湖南宋时期技艺相当精良的石牌坊,即采用了灰泥作填料来装饰,历经800年风雨仍坚固黏结。作为民间手工工艺,灰雕是与祠堂、庙宇、寺观、官宅、园林、楼阁等砖瓦建筑相结合的一种装饰形式,主要装饰在古建筑的山墙、墙头、屋脊、檐角、照壁、门楼、门窗上,既增强墙体的牢固度又有观赏价值,更有通风、采光、防盗的作用。

灰雕采用蜊灰按比例配上骨膏、明矾等原料调成黏性大、干后会硬结的灰泥,然后木头框架上雕塑人像,龙、凤等飞禽走兽,花草树木及山水的技艺。2008年,灰雕工艺被鄞州区、宁波市列为非物质文化遗产保护项目,2009年7月,灰雕技艺经过省级专家论证,又被列入了浙江省保护名录。

朱英度,1946年出生于一个书香门第家庭,祖上是贡生。祖父是咸祥有名的学者,与书法泰斗沙孟海既是亲戚又是同学,从事行医和教书。幼年时朱英度就喜欢画画,曾接受著名画师朱良骥、画家周忠指点,稍长又到杭州的中国美院附中进修一年。1967年遇"文革"回家,因家庭成分不好,在农村里什么活都干过,什么苦都吃过,后来师从漆匠师傅,漆画床边、衣柜、大橱等家具上的装饰图案。1978年,朱英度去天童寺油漆绘画,遇到了宁波工艺美术界掌门人曹厚德先生,曹先生见他图画功底不错,就教他泥塑、绘画。不久他又结识了从杭州市政园林公司的灰雕师傅朱贵发,贵发师傅也是咸祥人,与英度既是同乡又是同族,见朱英度聪明好学,就收他为徒,从此朱英度走上了灰雕艺术之路。1981年,在曹厚德先生扶持下,朱英度开办了鄞州第一家雕刻佛像的工艺厂,因为是乡镇企业,行政上又没有自主权,一年后就关闭了。朱英度就专门单干,承接一些寺庙、旅游景点等古建筑的灰雕业务,由于灰雕艺人极少,无人竞争,一直以来生意不错。

40余年来，朱英度奔波于全国各地，去过广东、湖南、内蒙古等省市自治区，宁波市属各区、县的仿古建筑都留下了他的身影。天童禅寺、阿育王寺、普陀山普济寺等宗教场所都有他辛勤的汗水；梁祝公园观音殿的圜窗、镇海文化广场上的"八仙过海"、镇海九龙湖旅游度假区"九龙壁"等，都是朱英度的杰作。

朱英度在灰雕

2013年1月，宁波北仑区新碶街道要雕塑著名画家贺友直先生"我从民间来"的连环壁画，壁画墙总长度98米、宽1.5米。新碶街道领导聘请了英度师傅雕塑制作，这种照原作依样画葫芦进行灰雕的做法对朱英度来说还是第一次。贺友直先生也不甚放心，雕塑期间，曾命家人前来观看。3月25日下午，贺友直先生偕同夫人来到朱英度灰雕现场，仔细观看了英度师傅雕塑的"新碶街景"等连环壁画，非常高兴，十分满意，同时鼓励朱师傅多多培养传人，把灰雕工艺传承下去。

贺友直先生与英度师傅在一起

说起传承，英度师傅一言难尽，他招过不少学徒，但都成了过客。有的愿意学，但是没有绘画基础，怎么学也学不会；大多数人因无法忍受爬墙面壁、风吹日晒的艰辛劳作而不能坚持，至目前，真正学到英度师傅灰雕技艺的还没有一个。

2010 年，朱英度被宁波市人民政府命名为市级非物质文化遗产传承人。

2013 年，朱英度被浙江省人民政府命名为省级非物质文化遗产传承人。

近年来，朱英度生意很忙，但是他从不放弃每星期三到灰雕教学传承基地鄞州石碶街道的冯家小学上课，那里有三十几个学生等着他，无论多忙他都安排时间去指导。2013 年底宁波职业技术学院老师也找上他，并聘请他去带灰雕社团的学生，他也欣然接受。2015 年，朱英度成立一个灰雕工艺研究会，他说：我都 66 岁了，真的很想有个传人能接我的班，让灰雕工艺一代一代传承下去，如果没有，有个学会研究、记录灰雕各种工艺，也算我报答政府命名我为传承人的知遇之恩了。

（鄞州农办）

黄鳝舞技

舞蹈起源于人与自然的相处。在浙江余姚东吴村便有一种民间舞蹈与黄鳝有关，当地人俗称"黄鳝舞"。它在姚西民间文化中独树一帜，从明代起流传至今，已有500多年历史了。

老黄鳝，当地人又称"黄龙"，全身呈黄色，它头上没有触角，嘴边没有龙须，全身上下也没有鳞片，平平滑滑，呈焦黄色；从头到尾几乎与人们常见的黄鳝一模一样，所不同的是全身分为九节。黄鳝舞中所用的"大黄鳝"就是以老黄鳝为原型，再赋予丰富的想象力，后人不断加工和改良才有了今日的形象。

"大黄鳝"头部用毛竹编扎成龙头的形状，再用绸布绷好，一双眼睛有碗口大小，内圈黑色，外圈白色，微突，会转；两只耳朵，与牛耳相仿，耳边有鳍各3支；嘴分两颌，上颌有利牙，下颌挂白须，如鲶鱼须，脑门绣有一个"王"字。大黄鳝的身段组合，每段用毛竹编扎成"纱筛"形的筒圈，直径约30厘米，可安装木柄，用3根棉纱绳将各段身躯牵连起来，然后穿上酱黄色的身衣，身躯全长约15米。黄鳝舞的舞姿与传统的舞龙有所不同，它舞起来迅速勇猛、动作快捷、遍地打滚，上三圈下三圈，左右盘转再三圈，一共是三三进九圈。

据当地老舞手讲述，在舞动"老黄鳝"时，应选择宽大的地盘，插上五杆旗帜，绣有金、木、水、火、土五个字，即一旗为中心，另四杆旗帜各据四角，形成四个三角形状。在舞动时，只有大锣、小锣、金钹与鼓4种乐器同时伴奏，各种乐器各有相应的节奏，都是根据黄鳝舞动时打滚、盘旋而配上鼓声、锣声。整条"老黄鳝"由九个身强力壮的青年分别擎头、尾和身段。擎头、尾者必须能灵活跑动，具有一定的灵巧。可根据场地大小，变换舞姿。在舞动时，要求舞者的衣着统一，颜色基调与"黄鳝"颜色相仿，富有浓厚的乡土气息，展现黄鳝舞的古色古韵。

在宁波余姚与绍兴上虞接壤的姚西地区，这条"老黄鳝"在几十里方圆内享有盛名。每逢农历庙会，或迎端阳、中秋、春节、元宵等重要节庆之时，乡间都有大批民间艺人上街出游起舞。有载歌载舞的划龙船，扮演各种历史人物的高跷队，令人捧腹的大头泥娃，还有甩酒甏、抛彩瓶、狮子滚绣球等民间杂耍节目。会场中间的"老黄鳝"是众多民间艺术中的精品，这"地龙"到来之际，整个庙会的气氛也随之达到高潮。

　　讲起这条"老黄鳝"，在牟山姚西地区还流传着一段鲜为人知的民间传说。当时，在牟山新东吴村与孙魏村交界处，有一个仅十几户人家的小村庄，与牟山湖隔着一条水深流急的湖塘江。村里的大多数农民，都是靠在牟山湖中捕鱼捉蟹、捞虾、摸田螺维持日常生计。宽阔的河江给人们生产生活带来诸多不便，于是村里人们商议，决定在这湖塘江上建造一座桥梁，方便人们往返过江劳作。于是村民们经过商议，挑选农历六月十九的"观音宝"这一黄道吉日作为破土动工日，希望能够顺利建造大桥。

　　众人在江水中开掘、打桩、做桥墩，场面十分热闹，当做到最后一个桥墩时，突然听到"吱、吱……"的几声，接着从河底泥层中竟冒出一缕缕鲜红的血注，直冲几尺高，众人正在惊愕之时，又是一阵"豁刺刺"的声响，随即钻出一条巨大的老黄鳝来，只见它上下翻滚三圈，搅得江水迎风起浪。它左右摇摆了近一个多时辰，最后直挺挺地横死在江面之上。村民们都被此景象吓得魂飞魄散，四处躲避。在江面平静许久之后，村民们这才回过了神，三三两两的又围拢过去观看，只见一条巨大的老黄鳝横贯在湖塘江上，犹如架起的一座龙桥。

　　村民们惊奇地发现，这条老黄鳝头尾分成九节，节节棱角分明。村民为了祭祀这条老黄鳝，按照当时眼见的情况和样子，建造起了一座"九洞桥"（现仍在），其末端是旱桥，另外八洞常年水通航运，成为了杭运河上的一道景观。据说这座桥的两端桥洞，河水深不可测。

此后，当地村民又把原来的小村落向北移动了二华里，重新建起了"里龙"（意为地下有龙的村）村。大家还在村口为这条"地龙"建造了一座石墓，每逢农历六月十九"观音宝"时，人们纷纷到"地龙"坟前上香祈祷，以保佑村里五谷丰登、六畜兴旺。为了形象地将"老黄鳝"留在人间，人们又仿照老黄鳝原形外貌，用丝绸编织出一条"地龙"，涂上焦黄色彩，分成头、身段、尾部九节，并训练村里的年轻人去舞弄。此后每逢庙会时节，人们就拿它去展现巡游，据传已有20多代了。

因为年代变迁、人员变动等种种原因，到了20世纪60年代中期，"老黄鳝"在扫"四旧"中几近失传了四十多年，2007年牟山镇政府和文化部门为了挖掘当地特色传统文化，通过前期走访、收集线索、整理资料等大量的前期准备工作，找到了仍健在的82岁何建桥老人，根据他口述的信息，又把搜集到的一些零零碎碎的资料进行了修复整合，经过一年多的努力，黄鳝舞这一民间技艺终于能较为完整地重新展示在世人面前，镇政府、村、学校又组织了一批文艺爱好者组建了大黄鳝舞队和小黄鳝舞队，并借此把黄鳝舞这一民间传统表演样式能很好地发扬和传承下去。

如今，"老黄鳝"已成为了牟山当地极富特色的文化项目，又焕发了新的活力，并在2009年被收录入余姚市第三批非物质文化遗产名录。

（余姚农办）

石门水碓

元顺帝至正年间（1340—1349），罗江罗甫（唐代大臣，官拜兵部尚书）第十二世孙，石门罗氏之始祖罗聪，感石门之绮丽，从罗江迁至石门，子孙世居于此已有六百七十余年。"石门"一名，据《余姚市地名志》中记载：今村后高八米之二巨石，仍左右屹立。村名即出于此。

黄宗羲《四明山志》有描述为证：石门山，石壁对峙，若门束流，于下可容一人而过之。门之外有崩湍数十道，为水帘，门之内有龙潭。崩湍即是瀑布，勤劳的石门先民早早就认识到了这一丰富的水利资源，利用这瀑布急流，建造了大量水碓，利用水碓加工树、竹根，生产棒香、电木粉。新中国成立前，石门的水碓共有七十二座之多，故老人有言："陆埠七十二臿，石门七十二碓。"

水碓，是古代劳动人民科学利用大自然水的巨大下冲作用力，来带动滚筒设备，继而再牵动石撬或石杵把要捣碎的东西舂成粉末的原始全自动机器。水碓的动力机械是来自一个大的立式水轮，轮上装有若干板叶，转轴上装有一些彼此错开的拨板，拨板是用来拨动碓杆的。每个碓用柱子架起一根木杆，杆的一端装一块圆锥形石头。下面的石臼里放上准备加工的稻谷等物。流水冲击水轮使它转动，轴上的拨板臼拨动碓杆的梢，使碓头一起一落地进行运动。

利用水碓，可以日夜工作，正是"虚窗熟睡谁惊觉，野碓无人夜自舂"。凡在溪流江河的岸边都可以设置水碓，还可根据水势大小设置多个水碓，设置两个以上的叫作连机碓，最常用的是设置四个碓。

根据考证，余姚河姆渡遗址出土的木杵就是水碓的前身。直到汉代发明第一架真正意义上的水碓，水碓存续了两千多年。山区特有的自然条件，山溪流速急，溪床浅而落差大，常年水量又很稳定，因此在唐代就已经有使用滚筒式水碓的记载了。而石门水碓就是冲击滚筒式水碓，它引水从滚筒上方冲动转轮产生动力，适合石门的地理水势特点。到了南宋，水

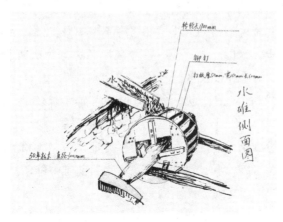

水碓侧面示意图

碓已是比较普及，一般佛寺和大家庭开始设水碓房。

石门水碓工作原理和一般水碓是一样的，都是利用水力的机械。水碓的动力机械是一个大的滚筒式水轮，直径两米左右，轮上装有若干板叶，转轴上装有一些彼此错开的拨板，拨板是用来拨动碓杆的。每个碓用柱子架起一根木杆，杆的一端装一块圆锥形石头。下面的石臼里放着准备加工的稻谷等物。流水冲击水轮使它转动，轴上的拨板臼拨动碓杆的梢，使碓头一起一落地进行舂米。水碓都在水车上方的水槽上安装临时手动水闸，以便临时停磨上下料。如此利用水碓可以日夜加工粮食。

石门原有的大小水碓，用修建在溪边的水渠串联成水碓链。也就是上一个水碓使用过的水再流到下一个水碓循环使用。就这样，一条四五公里长的引水渠，巧妙地串起一百多个水碓，如一串项链成为石门村一道独特的风景。

古人使用水碓加工上溯千年。有用来舂谷物、舂做年糕的；有为捣拜神求佛用的神香粉末；有为灌溉农田用的；有锻炼身体用的健碓，甚至还有发电的特大水碓。而石门水碓主要用途还是用于舂捣石门特产——香粉。石门的香粉生产历史长达三百年左右，香粉可分为柏木粉和竹木粉。前者取于柏木，其芳香扑鼻，久享盛名；后者取材于竹木枝杆用水碓捣烂即成。一般一个碓房至少有三个人干活，分别砍叶、起粉、筛粉，如遇溪水大的时候，料又充足，就需要多加人手，每个碓房一日可产出香粉二三百斤，道光年间已作为商品远销国内外。石门香粉最兴盛的时候，香港百分之四十的香粉就来自宁波石门。

当时，陆埠洋溪河畔是百官船停泊的河上世界，从象山、奉化、宁波及其他地方来的装运柏树的大小木船络绎不绝，凡到陆埠大桥后，就日夜地上柏木下香粉，繁忙一派。当时古洋溪河两边有"大森行""罗字号"香木粉行，均成为香粉商民的经营货行和"热地"。由此，"罗字号""黄字号""陈字号"的店铺，也纷纷在此打起店铺逐渐兴旺。石门村当时亦被称为"小上海"。石门村共有三大姓，分别是姜、罗、唐，各司其职，经营着石门香粉事业。姜姓是香粉商贩，见证了石门香粉的辉煌；罗姓是石门修建水碓手艺传承者，罗家罗思意也是目前唯一能够修建水碓的木匠师傅；而现在的石门香粉厂厂主则是唐姓。

建国后的几十年间，出于山区建设需要，山塘水库的修建使水源减少减弱，电力设备日益增多，加工厂为高效省本都换成电动机械。石门水碓逐渐被冷落淘汰，被闲置的水碓渐渐腐烂，雨水冲刷的只剩残迹可寻。水碓开始从人们的生活中消失，随之而去的是一个时代的消逝。目前石门唯一一部能正常运作的水碓是在 2007 年建造的，主要是用作制作水碓年糕，其观赏性也是重要的附带价值。

传统上石门人做年糕，一般都选在春节前夕。凌晨两三点钟，为能做出一笼好年糕，山民人家都要虔诚祭祀、放鞭炮，俗称"请菩萨"，足见石门人对制作年糕之重视。祭祀完紧接着水碓房里就摆开了架势，人进进出出，一片繁忙，各有分工：舂米、刷粉、蒸粉、舂糕花，掐团，压年糕。

要做出好的水碓年糕，选料和制作手法是关键。

首先是选大米。颗粒饱满、色泽晶莹、糯软适度的粳米是制作水碓年糕的极佳原料。这是因为粳米不仅味道甘淡、性平和，每日食用，百吃不厌，更是因其有其他米种所不具备的较强黏性。

其次就是繁杂而精细的制作过程。石门水碓年糕的制作过程可分为七个步骤：

粳米浸泡。根据用量的需要，将粳米置于缸中并注入水直至浸没，这浸米的水是有要求的，必须是取自石门虹龙潭的水。此潭水源自山间溪泉，无污染并富含矿物质，非常适合制作水碓年糕。浸米一般从冬至日开始浸泡一个月左右，直到米看起来又白又饱满，抓起一把可以把米碾碎，这样才算是泡好可以使用了。

舂米。将浸泡的米沥干后倒入石臼中，一般一个石臼可盛 50 斤的米。

然后利用石门水碓舂米，这是石门年糕与众不同的地方，它利用水的推动力，使水碓的碓杆下方的圆锥形舂头一上一下舂捣。这种舂捣方法在以前是很少见的，水碓的力量是人工所不能达到的，而舂捣粳米是否细、黏直接影响年糕的口感，故而石门水碓年糕口感上乘即是这个原因。舂捣需要有一人把零散在石臼周围的米或米粉重新拨回石臼中，同时把舂凿好的米粉放入直径为一米左右的竹匾内，这样算是舂捣完成了。

刷粉。将竹匾内的米粉倒在竹筛里筛，将块状的米粉不断用手捏碎，竹筛的眼子约在 0.5 厘米见方。过筛后的粉需达到大小均匀的标准，保证了蒸粉的质量。

蒸粉。是将筛过的米粉倒进蒸桶开蒸。蒸桶是用木板箍成的圆桶，桶底是蒸伞，蒸伞是用毛竹条制成伞状的底盘，其形似倒圆锥，这样设计有利于烫锅里的蒸气上升和扩大接触面，使米粉能充分均匀的受热。

舂糕花。舂糕花是个技术含量较高的步骤，舂得太过容易硬，舂得不足容易糊。首先将蒸熟后的糕花倒在石捣臼里，然后用水碓舂头进行舂捣，旁边一人需快速操作，将浸过水的手快速地将粘在石舂头上的粉揉下，将石臼里的粉迅速翻动并集中臼中，这样动作持续重复直至完成。

掐团。首先将已经在石臼里舂透的粉团捧到做年糕的台板上，台板上放好一碗菜油，用来做年糕时擦手擦台板用的，以防米粉粘手粘台板。然后将粉团进行揉、压、搓，以求粉团柔韧糯软。掐团时手劲需把握好，年糕团子分量要均匀，那样做出来的年糕才能大小适中。

压年糕。先把掐出来的年糕团子搓圆，然后再搓成年糕条，放入年糕模子里压，倒出来便是年糕的样子了。当然根据喜好和特殊需要，年糕印模子可以随需更换，年糕的样子也就千变万化了，有鲤鱼形、走兽形，元宝形等。最后为了便于存放，要趁年糕尚未变硬，需码成一摞一摞的。

石门水碓这一原始水能动力的机器凝聚了石门先人的超凡智慧，它在不同时期为石门的经济和生活发挥了巨大的作用。它的历史使命已经完成，它的珍贵文化价值正待新的开发并留于后人。

（余姚农办）

劈竹竞技

作为中国唯一的"古戏台文化之乡",宁海拥有了 120 多处古戏台,这些古戏台构造精巧、各具特色,大多原汁原味保存了当地的历史风貌,蕴含着深厚的人文底蕴与丰富的生命哲理。在琳琅满目的宁海古戏台中,首屈一指的当属位于梅林街道岙胡村的岙胡宗祠古戏台。

岙胡古戏台历史悠久,据族谱记载,清嘉庆二年,村内有位名为胡元实的秀才,以自己的文化感召力,带领族人集资兴建了胡氏宗祠,取堂号为"积庆堂",这志喜庆贺的寓意,寄托了乡人对美好生活的向往。正所谓人生如戏,戏如人生,几百年来,那饱怀沧桑的古戏台,将一代代世俗人情,凝练成不老的戏剧,演绎了一出出唱不完、道不尽的人生冷暖,世间百态。

胡氏家族迁入岙胡也将近 700 年了。原先,这儿还被唤作"项岙"。深藏在山岙里的项岙兼具四明和天台山脉的灵秀和雄浑,群山簇拥,又是明州(现宁波)至台州的交通枢纽,在世人眼里,可称得上是"风云宝地"。明初,祖居城内盛家街的胡文捧携家人迁入此地。因地处山岙,且又是胡姓为主居住,原先的"项岙"就改成了现在的"岙胡"。700 年来,借助着地理环境的优势,胡氏家族得以繁衍生息开枝散叶,从原先的一两户、十余口人,发展到现在的 240 余户,700 多人。

岙胡祠堂古戏台面阔 4.8 米,深 5 米,高 1.4 米,台口不围护栏。仰观古戏台,最令人称奇的,就是那三座连贯在一条纵轴中心上的藻井了,据说,岙胡祠堂的三连贯藻井是由不同帮派的工匠"劈竹竞技"制作而成,代表了当时手工艺制作的最高水平。

"藻井",俗称为"鸡笼顶",一般出现在宫殿、坛庙的室内顶棚内,之所以称为"藻井",其实含有五行"以水克火"之意。藻井通常为伞盖形,由细密的斗拱承托,主要用于宝座、佛坛上方最重要的部位。

传统戏台上大多只有一个藻井,而岙胡祠堂的古戏堂上却有三个藻井，这三个藻井依次排列，风格各异，每个藻井均有着不一样的含义。第一藻井口内，有16个龙头状的座斗相互重叠，盘旋而上，如同16条金龙在漩涡里翻江倒海，龙呈降龙状，暗寓"天降大任于斯人"的哲理，顶心嵌有象征天国的明镜一枚，又具拢音效果；第二藻井口是八龙八凤坐斗，八龙之尾归结于顶部，顶部悬有彩绘盘龙，彩色盘龙在八龙八凤的包围下，如众星捧月，又蕴含着"龙生九子"的美好祝愿；第三藻井又是另一般景象了，正中央的彩绘阴阳鱼取自道教太极图，含有"年年有余"以及"子孙后代生生不息"之意，大小井口分成两道，望之如浙南农村的铜盆帽，又似民国年间的南洋帽。这三个藻井相互独立又相互映衬，让人目不暇接，又遐想联翩。

藻井的价值不仅仅在于美观，更多的是拢音和扩音效果。在没有音响设备的年代，为了使舞台艺术更臻完美，宁海的古戏台几乎都建有藻井。只是此类拥有三连贯藻井的戏台却是极为少见，放眼整个江浙地区也是少得可怜，仅有的三座三连贯藻井均在宁海。

明清以来，凭借着山海优势，宁海的经济得到较快发展，兴建祠堂庙宇之风盛行，当时几乎村村建有祠堂。祠堂是祭祖怀宗之地，宁海原归台州府管辖，靠近具有戏剧传统的新昌、天台等地，因而戏台之风盛行，故每逢祭祖，总少不了演戏这一环节。戏剧兴，则戏台兴，这戏台也成为各祠堂必不可少的重要组成部分了。

宁海的古戏台大多建于清康熙至民国年间，集美学构思、雕刻、彩绘于一体，完好地保存着不同时期的历史风貌，也展现着宁海工匠精湛的建筑工艺。若要说建筑遗迹是历史的凝固，那么这宁海古戏台，就是千百来年宁海乡风民俗的定格了。

"停车细问民生事，半种山田半打鱼"。位居山隅海角的宁海，自古山多田少，靠农耕果腹尤嫌不足，而竹、木、石、铁砂等自然资源却应有尽有。聪明的宁海人在耕作之余，就地取材，靠手上技艺"讨生活"。劈下毛竹，可以做床、椅，也可以打蔑席，编竹笋；斫来梓树可以建造房屋，做家具；而银杏、樟树因其纹量紧密材质软，则成了最适合的雕刻木材，在宁海工匠的刀工巧手下，化为了亭台庙宇上的梁头阑干和床榻屏风上的朱金人物。

多少年来，一批批能工巧匠应运而生，给后人留下了无数不朽的杰作，也留下了一座座颇具历史底蕴的古戏台。

　　岁月更迭，如今宁海工匠的光环早已褪却，连同岙胡古戏台上工匠们精心绘制的彩绘，也蒙上了历史的斑驳。在十年浩劫中，为免使雕刻被砸烂，岙胡族人曾用白灰将部分雕刻涂刷，致使不少精致的画面和色彩受到一定损伤。但也全凭族人的精心呵护，这老祠堂才能在"文革"中幸免于难，给后人留下了一笔可贵的精神财富。时至今日，看那檐枋、额板上，无论是《三国》里的关云长，还是《封神榜》中的土行孙，仍然神情生动；墙壁上的雕画和宗祠匾额上的"积庆堂"字样，还依稀可见。

　　"积庆"两字，出于《周易》的"积善人家，必有余庆"，如今的岙胡村，也确是一个淳朴、富饶、和谐的社会主义新农村。岙胡人热情好客，岙胡村风景如画、环境整洁，就连岙胡人酿造的番薯烧，也是香飘千里，供不应求。据记载：20世纪80年代，岙胡村就是远近闻名的省级文明村、省级卫生村，近年来更是屡获殊荣，成为宁海新农村建设的个中翘楚。2006年5月，国务院公布第六批全国重点文物保护单位，宁海岙胡古戏台名列其中。时隔三百余年，这座充满了沧桑的古戏台又焕发了勃勃生机。

　　20世纪50年代，岙胡村曾拥有过自己的京剧团，在那物质贫瘠的年代里，古戏台一度成为他们精神的殿堂。时过境迁，现在可供选择的娱乐节目非常丰富，但岙胡人仍然延续着多年来的戏曲传统，每周都会在祠堂里举办票友节目。一方平台，演尽古今风流，数尺之基，走遍天南地北——正如古戏台内的对联所言，这座饱含沧桑的古戏台，不仅仅传递着过去的记忆，承载着历史的传统，还展现着新时代的风采！

（宁海农办）

余姚土布

一盏明灯，一位老人。机梭子在经好的棉线里来回穿梭，引入纬线，机杼上下翻腾，伴随着织机"唧唧"的响声。布帛像流水一般，从织机上涌流而出。这条布帛就是余姚土布，这位老人就是余姚土布的传承人王桂凤老人。

余姚市北部乡镇历来都是棉花主产区，余姚土布制作过去是当地传统的家庭手工技艺，家庭作坊遍布余姚的各个乡镇、街道，其中尤以姚北片的小曹娥、泗门、临山、黄家埠四镇和低塘、朗霞两街道以及原属余姚的慈北一带最为集中。在当地的产棉区，60 岁以上的妇女基本上从事过土布制作，如今仍在从事该行业的人已经少之又少，以小曹娥镇的王桂凤家庭作坊为代表。

王桂凤是余姚市小曹娥镇建民村人。15 岁时她跟着自己的母亲学织布，37 岁开始，她逐渐把擅长的织布技术传授给自己的大女儿周梅芳。2007 年，小曹娥镇举办当地非物质文化遗产成果展时，王桂凤老人主动上报了自己亲自制作的土布作为参选作品，并获得了参赛最佳作品奖。在当地政府和市文化主管部门的重视下，王桂凤母女三代重新建立了自己的土布作坊，王桂凤老人成为余姚市唯一一位能够现场制作余姚土布制作的传承人。

2008 年 9 月，王桂凤母女三代接受中央电视台《乡土》栏目组的采访拍摄，节目《从棉花到衣服》在央视 7 套播出了。2008 年 11 月，以王桂凤艺人为专题的《余姚土布》被余姚推荐为长三角地区新闻交流节目。2009 年，王桂凤被列为余姚市第二批非物质文化遗产项目土布制作的代表性传承人。

那么，王桂凤老人的独门绝技究竟是如何让人啧啧赞叹的呢？追根溯源，余姚地处浙东沿海，濒临杭州湾，过去一直是全国重要产棉基地，明徐光启《农政全书》中称"浙花出余姚"；20 世纪 30 年代，余姚棉花种植面积占了浙江省的 40%，当时在商业界称浙江出产的棉花为"姚花"，可见余姚产棉的地位。以此为原料的余姚土布也以历史悠久、工艺细致、花色美观、实用牢固而闻名，民国以来一直为外销之大宗。

余姚旧属绍兴越地，所以余姚土布又称"越布"，历史上还被称为"细布""小江布""余姚老布"。《后汉书》描述："闳美姿，着越布单衣，光武见而好之，自是敕会稽献越布。"意为东汉光武帝喜欢越布，并将它列为贡品，越布一时名贵。宋绍兴十六年余姚年产土布 7.7 万多匹。元朝时余姚产"小江布"风行全国。明清和民国时期，姚北乡村呈现"家家纺纱织布，村村机杼相闻"的景象。

余姚土布制作工艺极其复杂，分皮棉加工、棉絮加工、拖花锭、纺纱、调纱、染色、浆纱、调纱筯、经布、清洗等几大环节，上百道工序，需要用 20 多种织布工具。其主要步骤有：

1. 皮棉加工。棉花采摘当地一般在 9 月。采摘的棉花含有籽，又称

之为籽棉，因为比较潮湿，所以需要将籽棉晒干。籽棉不能直接加工成棉絮，需要经过脱籽的程序。

2. 棉絮加工。当地一般叫作弹棉花。一般把皮棉拿到当地的弹棉花作坊进行加工。弹絮棉是一项技术活，先把皮棉摊在竹笪上，然后用人字形的竹棒用力抽打皮棉，使皮棉蓬松。然后用弹花榔头有节奏地敲打一根大的木弓的弦，利用弓弦在皮棉里的振动使皮棉变得蓬松，通过弹棉花的工序，皮棉成为棉絮，体积明显变大，一般需要敲打1—2小时。

3. 拖花锭。搭块门板，把絮棉分成一条条一尺左右的条子平摊在木板上，分别用细长的竹棒压住，用拖花板拖花子推动竹棒旋转几周，拖成手指大小的花锭（一两需要20条左右）。然后把竹棒抽出，絮棉就拖成了花锭，一个花锭一般为手指粗细。为了便于携带，一般把10—20根花锭绞成一把，俗称花绞头。

4. 纺纱。纺纱需要用到纺纱车。纺纱车又叫小摇车，有大有小，小摇车直径半米左右，大摇车直径1米左右。纺纱车用木条制成，下面是固定支架，支架上竖起两根方木长条，长条顶端分别凿一孔和凹槽，中间插入转轴，转轴外末端置一可摇动的手柄，转轴内侧上各凿6个左右的孔，分别插入12根竹竿，相对两根竹竿的两头之间用绳子连接，形成不规则状的轮子状。然后再用棉丝搓成的引线，将纺纱车的绳轮和车头的鱼甲头（大小与萝卜差不多，两头小中间大，过大调起纱来要出乱纱）连接。纺纱前，鱼甲头上裹上一个箬壳，目的是便于把纺好的纱取下来。准备工作做好后，纺纱开始，纺纱的人坐在摇车前，一手摇动绳轮，一手捏着花锭。当绳轮转动时，鱼甲头在引线的牵引下一起转动，通过鱼甲头的转动把纱从花锭中纺出来，绕在鱼甲头的箬壳上，一个鱼甲头一般可绕一两左右的纱。

5. 调纱。把制作好的鱼甲头的纱用调头进行收集，调头的形状和摇车有点相同，有个木制的转轴，直径50—60厘米。首先把鱼甲头插在调头前端的铁钉上，纱头连在转轴上，当摇把带动转轴转动时，纱就一圈圈绕在转轴上了。当转轴上的纱绕到一定的数量时，就把它取下来，像麻花状地绞几下，纱就调好了。

6. 染色浆纱。染色就是把调好的一束束纱用染色粉染成各种颜色，然后在竹竿上晾晒。现在染色有化学染料，过去一般采用植物染料。浆纱是一道必需的环节。把纱放在锅里，和上稀薄米粥，加压并调和，使米浆渗透棉纱纱浆，然后在竹竿上晒干。

7. 调纱蔀。用调纱架把纱调到竹制的纱蔀里，纱蔀套在三脚竹竿里，用一只筷调，纱蔀的大小根据做布的长度来掌握，纱蔀调的过大不行，经起来要出乱纱，所有各种颜色纱都调到纱蔀里，准备经布。

8. 经布。经布前要准备好各种用具，最主要的是一台木制布机，布机的配件要齐全：纱搁筘、窗、小梁架、轴竿、耳朵、踏脚板、小布机、布机板、绞紧棍等；经布要用的东西：经头凳、经头杖、经桩、经条、穿筘针、筘、梭、纵线、大小各种杖、布白、幅撑、起机布、运布铣帚，鱼管、油搭等。

土布在一些当地民俗活动中运用非常广泛：据《姚江风情·异彩纷呈旧服饰》（中华书局2001年）中介绍：

1. 儿童"和尚衣"用余姚老布做成，在胸前做成和尚的交叉领。

2. 姚北海头有"余姚土布"制成的颜色鲜艳的棉纱袜。

3. 寿衣中，上衣选用色浅而软的士林布，余姚白色老布缝制，做成大襟短袄。

4. 目莲戏中的无常，上身穿余姚白土布制成的宽袖长袍。

5. 当地请"布神"时用到的布龙采用土布制作。

过去，余姚农家姑娘一般十六七岁就要学习纺纱织布，是评价一个姑娘是否心灵手巧的重要标准。余姚当地土布式样品种繁多，有紫花布、净白布、青花布、条子布等数十类，上百种花色，新颖美观，畅销省内外。

（苗嘉明）

凤凰装刺绣

畲族凤凰装（上衣大襟绣花衣）是畲族妇女最主要的装束。传说帝喾时代（公元前 2450 年），畲族始祖忠勇王龙麒出世，番兵犯境。皇帝出榜征将，"谁能平得番邦，愿将三公主嫁给他。"龙麒揭榜征番，斩断番王头，归朝奉献，功劳极大，招为驸马。皇帝为了不失言就将三公主嫁给他，成婚时皇后和侍女给公主戴上凤凰冠，穿上镶着珠宝的凤衣，祝福她像凤凰幸福吉祥。婚后三公主生了三男一女，把女儿打扮得像凤凰一样，当女儿婚嫁时有凤凰从广东凤凰山衔来凤凰装给她做嫁衣，从此以后畲族妇女便穿的是凤凰装。

传授刺绣手艺

凤凰装历史悠久，可谓源远流长。传统的凤凰装分为上衣、下装和头饰（银饰）。上衣俗称大襟绣花衣，又称钉花衫，制作十分精致。古时畲族大襟绣花衣的刺绣广泛流传于畲乡各个村落。苍南县是温州地区中畲族迁入最早、人口也最多的县，在明弘治十三年（公元 1500 年），祖先从福建连江迁入，大部分畲民住在山区。辛勤劳作，除了生产粮食以外还种苎和棉花、养蚕。勤劳的畲族妇女利用雨天和晚间及农闲时间来捻、土纺、土织、颜色自染的土布，有的苎布过"踏石"后再请裁缝师傅制作服装。

古人雷德生是本族制作"钉花衫"的刺绣能手，善于带徒传艺。后来有的徒弟成了畲族刺绣之家，世代相传。到了清朝光绪年间龙凤村（今并入富源村）仍有雷朝奂、雷招锵、兰景山等三人精通凤凰装上衣刺绣手工艺，后续传雷子位、兰成山、雷朝篇等人。

传统大襟绣花衣的刺绣手工艺在多地已经失传，现今浙闽两省传承人还有两位；福鼎有一位裁缝师雷朝浩年轻时候会刺绣，现已经七十多岁无法再去做刺绣这样的细活；富源村落现有蓝瑞桃女士是浙江省非物质文化"畲族刺绣"代表性传承人。她从小跟太祖父雷子位裁缝师傅学习刺绣，手工刺绣技法精致且工艺考究。现今带了几位青年女徒弟，传授刺绣手艺。近年来，相继有浙江大学、温州电视台等几十家民俗文化研究团体和新闻媒体单位对她进行了采访和报道。

凤凰装的刺绣工艺独特，刺绣分为"插花"和"挑花"两种。"插花"是在描好图案的衬底布上用绣花针穿引彩色线，穿插出半凸的各种实体形象。"挑花"是根据图案的颜色，用彩色线编织成彩色图案，这些图案具有构图严密、配色协调、手工精巧等特点。畲族的传统服饰色彩斑斓绚丽、尚青蓝色；衣料多为自织的苎、棉、蚕丝土布为主。畲族男女除了喜庆节日穿着民族独特的服饰外，平常的生活、劳动与汉族服饰无异。闽东、浙南的部分畲族妇女服饰具有鲜明的民族风格。制作刺绣凤凰装上衣领口襟边沿上卷镶的布料颜色要根据服装的布料来调配，如蓝配黑或红，特别美丽鲜艳。两袖口上用于上衣布料不同的五种特别引人注目的花边或用彩色线直接刺绣五环，传说五环代表畲族五个姓氏（盘、蓝、雷、钟、李）。每一环的宽度为1—3厘米，环数只能多不可少。

在环肩上的五行跟两袖口上的五环也表示相同的寓意。最精致的还是在右胸口上一块梯形似的画面，上下底和高分别为4、5市寸和8市寸，边沿有直、斜、弯形围绕的栏杆有"米芽儿"等三种刺绣装饰。画面内刺绣各种各样传说中的人物图像，如八仙、金童玉女、七仙女、老寿星等；还有动物图像：凤凰、梅花鹿、鸳鸯等；及牡丹、梅花、菊花、荷花等花草树木，还有云朵、小桥流水等吉祥物。配上绣有精美图案的飘带一条挂在右边襟，飘带长度和须与衣同长。各种图案都用彩色线插针刺绣的，颜色十分鲜艳，精彩夺目。一人刺绣一件完整的凤凰装上衣大约需要一个月的时间，完成一整套凤凰装大约需要两个月，一件普通上衣也要二十来天。

谁家女儿在出嫁前几个月，就得请几位裁缝师傅到自家制作新娘的凤凰装和几套陪嫁的服装。新娘出嫁的那天要选择最有特色的凤凰装上衣，通常会选择绣有八仙或者七仙女图案的上衣。仙的图案是表示逍遥、快乐、幸福；凤凰表示如意、吉祥；牡丹表示年轻美丽。

凤凰装上衣刺绣

畲族文化十分丰富，山歌是畲族文化的主要组成部分。畲族男女用歌唱的形式表达自己内心的情意，畲歌被国务院确认为国家级非物质文化遗产。每逢佳节，畲族青年妇女歌手就要穿上凤凰装上衣，戴上有特色的头饰登台演唱，表演形式有小组唱、对唱和独唱等。不是歌手的人们也要穿上凤凰装上衣，戴上头饰，打扮得漂漂亮亮去捧场。男歌手和现场工作人员也会穿上畲族特色的服装。

浙南闽东的畲族青年女子在出嫁时除了着凤凰装外还要围一件祖传下装——八幅罗裙。裙长 2.2 尺，加上包腰头横布 0.35 尺，总长 2.55 尺。横布颜色与裙面颜色有所不同。腰头长 3.5 尺，上沿缝着一条长 6 尺多的丝花彩带，用于缠腰固定。裙面分 4 幅围布，每幅围布宽 1.15 尺，每幅腰头对中折 0.25 尺缝成两层，再把每两幅缝连在一起两边对称，围布边沿用几种不同的花纹花边或者用彩色线刺绣。

最引人注目的是加缝在当中的那幅牌面，宽 0.8 尺，长 2.55 尺，用花边或刺绣隔分为 5 格大小不同的方形。每个方形内用彩色线刺绣着不同

的图案，如双喜、牡丹、凤凰等吉祥物。各吉祥物呈对称布局，表示 5 个姓氏的善良、勤劳、聪慧的畲族兄弟姐妹心连心共同创造美好的家园。牌面两边还配上刺绣着各种花鸟图案的飘带。

　　畲族妇女出嫁时脚穿绣花鞋，是各地畲族的共同风俗。绣花鞋的样式不尽相同，我们村落的女性以前穿的有方头、单鼻两种绣花鞋，畲民俗称"四角花鞋"和"龙船花鞋"，彩色鲜艳，工艺精美。鞋底白棉布是用土制苎麻线纳成"千层底"，下面数层是用白布包边，上面五层是用红布包边。鞋头正中缝绣一条中脊，鞋口镶有红色包边。一双鞋面刺绣花草、鸟类，是对称图案，后踵部位则绣云彩纹饰。

　　出嫁时穿凤凰装，头上除了凤冠等银饰，还有一项不可缺少的"红头盖"，刺绣的图案略有差别。但是畲族的新娘并不盖在头上，而是把它对折再对折，双手用拇指、食指和中指捏住两个角，平举在与自己眉毛差不多高的地方来遮脸。

（雷开勇）

大屯竹编墙

大屯村隶属平阳县山门镇，位于山门镇北侧半山腰，群山环抱，翠竹掩映，具有浓郁的浙南山村风光。在这里家家户户几乎都有人从事一门古老的职业——篾匠。通常，篾匠会把一根完整的竹子弄成筲箕、筛子、晒席、蒸笼、背篓、箩筐等各种各样、轻巧耐用的篾制品，这里的篾匠却将竹用于房屋建设，制作成"竹编墙"，堪称"建筑一绝"，就地取材，绿色环保。

至今，许多老房修缮或仿古木屋新建，还专门聘请这里的篾匠去建竹编墙。其工艺讲究、技法精湛，号称"竹中鲁班"。

据《郑氏宗谱》记载，清康熙年间，始祖郑士椿从福建安溪经凤卧迁居于此，带来了传统的生活习俗，同时也带来了祖传的"竹编墙"手艺。瓯南地区一带多水多竹，气候宜人，大屯人到了农闲之季，充分利用祖辈相传的手艺走乡入户给新建房屋"竹编墙"，"一传十，十传百"，"竹编墙"成了大屯闻名遐迩的金字招牌，最鼎盛时期，一百多位村民经年在外从事"竹编墙"。

现代化建筑业的发展给传统篾匠行业带来了巨大冲击，大屯逐渐消失往日家家户户以"竹编墙"为业，长年忙碌奔波在外的情景，但篾匠们依然沿用祖传的"竹编墙"手艺，修缮老屋及新建木屋。在大屯口耳相传这样的故事：清康熙年间，郑士椿和齐静王家小女相恋，郑士椿家庭贫寒，王家父母为了彻底打消小女与之成婚的念头，便提出如果郑士椿三年之内拥有一堂四屋的房子，便同意女儿下嫁士椿。

为此，士椿勤于农耕同时，积极营建房屋。转眼间三年之约要到了，房子只建了骨架，无钱购买更多的木材。正在手足无措时，他想到了山上种的毛竹。士椿用毛竹代替木材制作成"墙"，终于在规定限期内修建成了一堂四屋的房子，王家也便同意女儿下嫁士椿。这不仅给竹编墙手艺增添了无穷浪漫色彩，也为后人留下了"竹编墙是大屯小伙子的脸面"

的说法。

山道蜿蜒上行，青山环抱之中，开竹劈竹的声响由远而近，看到了一名依然亲自动手做竹编墙活的老人。老人叫郑经坤，年近七旬，正在庭院里娴熟地开竹劈竹，毛竹摆弄在老人的手中，显得异常"听话"。老人姿势如舞蹈般优美，看得我眼花缭乱。郑经坤老人告诉我，竹编墙活已经和他融为一体了，只要拿起竹片编成竹编墙，就好像拥有了无限的活力。老人两手的厚厚老茧见证了长年累月的劳作，虽然已经头发灰白，但在开竹劈竹的时候，仍显得神采奕奕。老人说："我从小就跟着父亲学习篾编手艺，并一直以此为生，与竹编墙打交道已有五十多年。虽然现在竹编墙的房子越来越少，但还是很喜欢这个工作。只要还有老房修缮要做竹编墙，我就有活干！"

竹编墙是一项很细致很辛苦的活，不是人人能做的，也绝不是一朝一夕就能学成的。要想势如破竹，就要人、刀、竹合一，需要岁月的积累。

据了解，大屯竹编墙流程共分选竹、劈篾、立柱、编篾、粉刷等五道工序，其中劈篾是篾匠最重要的基本功，要把一根完整的竹子弄成竹编墙所需的各种各样的篾条。以下便是主要的工序步骤：

选竹。一般选用三四年生长的毛竹，剔除枝叶，一根根抬回，避免拖行破坏毛竹的皮表，而且毛竹要专挑生长在高山向阳、远离民居的地方的。

据了解，选用这样的毛竹，容易剖片，而且不易生蛀虫，能长期使用，保持原有的韧性。大屯村篾匠老师傅拥有独特的"法眼"，通过观察毛竹纹理及颜色就能辨别毛竹优劣，一般选用纹理清晰、颜色翠绿的毛竹用于竹编墙。为了更好地保持竹编墙的质量，大屯篾匠们不顾山高路远坚持挑着竹料到户主家，他们常常说，"挑竹虽然辛苦，但是知根知底的竹料做竹编墙用着放心"。

劈篾。篾匠首先根据墙面大小的需要锯断毛竹，再用背厚刃薄而利的竹刀把毛竹劈开两半，并根据毛竹大小劈成约5厘米宽的竹条，接着选择质地更光滑细腻坚韧的竹条，用右手持竹刀，左手的拇指和食指按住竹条，再用手腕之力进行对剖再对剖……或剖成六七片篾条，有些手艺高超的篾匠师傅甚至可以剖成八片篾条。剖篾绝对是个细致活，技术要求很高，没有数年的道行是剖不来的，往往篾条不是中途断了，便是厚薄不均，故一般由师傅亲自操作。

立柱：首先选择质地坚韧的竹条，切成立柱，接着根据两根支撑木的

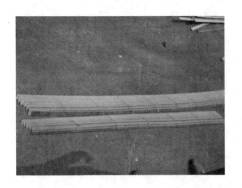

宽度，把立柱切成适合的高度，再把立柱两端的切成180度左右的弧形切口，然后，把立柱弯曲，利用立柱弹性，把立柱安装在两根支撑木之间。安装立柱还是特别有讲究，一般立柱只能安装为单数，两边必须各有一根。

编篾。编篾是竹编墙最重要的环节，将一根根约4厘米宽、薄薄的篾

条从左到右上下穿过一个个立柱，然后，用仔细检查，哪里做得不好，哪儿围得松了点，都要用手使劲挤按，调整打压，使篾条之间紧密贴近。如此反复地编织竹编墙，有些工程小的，只需数天即可完成；有些为了美观，讲究观赏性，那就得花数月时间，根据不同的墙面，制作出不同的图案，才能完成，可谓慢工出细活。

粉刷。用泥土、谷壳、稻草等原料浇灌成泥浆进行粉刷，最后用白石灰粉盖面，使竹编墙显得更牢固和白洁。这样既就地取材，节约建筑成本，又能防风、保暖、防震，减少伤亡。其防腐防蛀效果更为明显，可以使竹编墙百年不变。粉刷完毕后，户主即可入住，没有异味，绿色环保。

岁月悠悠，世代传承，勤劳智慧的大屯人用"靠山吃山，靠竹吃竹"的独特生产生活方式，创造独具特色的"竹编墙"。在我们的现代生活中，竹编墙多被人造隔板所取代，被现代建筑业所抛弃……老一辈们薪火相传的手艺正在逐渐失传，终将成为一种遥远的记忆。竹编墙这门手工艺迟早会消亡，但是大屯人身上辛勤劳作的精神却将恒久地存在。

（董文堵）

东源活字印刷

清末以来，泥活字印刷已经失传。近代，木活字印刷似乎也已不见踪迹。在瑞安市的东源村，由于印刷宗谱的需要，王超辉、林初寅等谱师通过家族口传心授，将木活字印刷手工技艺传承至今。

东源村位于浙南著名道教圣地圣井山山脚，隶属瑞安市高楼镇。据考证，1991 年在宁夏贺兰山一座古代佛塔遗址中出土的经书《吉祥遍至口和本续》，是距今为止发现最早的古代木活字印刷品。瑞安木活字印刷技术与其如出一辙。可以说，瑞安市东源村是目前国内唯一已知的仍在传承使用古老木活字印刷术印制宗谱书籍的集中地。中国是活字印刷术的发源地，活字印刷术的发明对推动世界文明的进程产生了重大的影响。2001 年中央电视台的《见证——发现之旅》到东源村拍摄了专题片后，声名迅速传遍海内外，东源村成为浙江知名的文化村。

活字印刷术由北宋布衣毕升发明。这在同时代的沈括《梦溪笔谈》中就有详细的记载。毕升用胶泥做成一个个规格一致的毛坯，在一端刻上反体单字，笔画突起的高度像铜钱边缘的厚度一样，用火烧硬，成为单个的胶泥活字，以便挑选排字。因其比雕版印刷术省工省力，从而大大降低了成本。东源村的活字印刷，则是采用木头制作字模。东源木活字印刷术的流传，维系于中国民间修编家谱族谱的传统。据《周礼》记载，4000 多年前的周朝，就有了掌"奠系世，辨昭穆"之职，即家族谱系的史官。

汉代以后，修谱之风遍及华夏。温州地区，寻根续谱的宗族观念相当强，一般隔 20 年左右，每个宗族都要续修族谱一次，因此，东源村谱牒梓辑的行当，就得以继承和流传。翻开温州城乡各地的族谱，会发现扉页几乎都有"平阳坑镇东源（东岙）村×××梓辑"。"梓辑"是东源谱师们对运用木活字印刷术编印族谱全部程序的概括性总称，包含了"编撰"的程序。由于谱牒讲究传统方式，从而使东源的木活字印刷术代代相传，应用至今。

东源村制作的印刷品有两大特点：一是刻、印用的是老宋体，字型古拙。自明朝以来，老宋体曾长时期作为官方字体，出现在严肃庄重的文字场合。二是用上好的宣纸印刷，装订全用线装，做工考究。用这样原汁原味、复古的风格制作出来的谱牒，古朴典雅，体现木活字印刷术和中国传统的民族文化的精髓。其关键的功夫在于：刻字有刀法，检字有口诀，排版有格式。

描字和刻字是木活字印刷工艺的真功夫。刻写老宋体字，必须选用又韧又硬、上好的棠梨木，不能马虎。其要点是：反手，先横、次直、后撇。先将要刻的字，用毛笔仔细地反写在平整光滑的字模上。老宋体字的特点是横细竖粗，笔画对比很大，字形方方正正，根基扎实。因此，书写时必须静心运气，功到字成。然后用刻刀逐步把所有的横笔画刻好，再刻直笔画，接着刻撇笔画，最后用刻刀将空白的边角全都挖去，一个反写的字就凸现在木模上了。

检字口诀是东源木活字印刷老祖宗的创意，代代相传，也是新徒入行的基础课。师徒行过见面礼，师傅口授入行三心——留心、小心、坚心，然后教授检字秘诀：君王立殿堂，朝辅尽纯良。庶民如律礼，平大净封弥。折梅逢驿使，寄与陇头人。江南无所有，聊赠数支春。疾风知劲草，世乱识忠臣。士穷节见义，国破列坚贞。台史登金阙，将帅拜单墠。日光先户牖，月色响屏巾。山叠猿声啸，云飞鸟影斜。林丛威虎豹，旗炽走龙鱼。卷食虽多厚，翼韵韬略精。井尔甸周豫，特事参军兵。饮酌罗暨畅，瓦缺及丰承。玄黄赤白目，毛齿骨革角。发老身手足，叔孙孝父母。这150字的口诀，囊括绝大部分汉字的部首，用方言诵读，有平有仄，极为入韵，便于记忆和应用。

字模按照检字顺序排列在一屉方形的字盒中，接下去就是排版了。东源村主要做谱牒，因而，谱牒排版要掌握两种格式：一是序、跋、志等通用文体，按普通古籍的版式排版。二是正页，分为单开的3裁和4开两种版式，竖排，5大格，每格3裁6字，4开5字，每格为一代，意为五世同堂。正页有固定的版式，边检字边排版，排好一版，仔细校对一遍，勘误补漏，然后用一柄约1厘米的薄钢片，古时称"鬯"（chàng）插进去，一行行挤紧，就可以开始手工印刷了。几十上百页的纸印好后，谱师们就去打圈、划支、打洞孔、下纸捻、裁边、上封面、订外线……一册古色古香的木活字印刷品就完成了。

　　概括起来，它的工序是这样的：采用棠梨木刻制单字，按照文本的要求，开工（采访）→誊清（理稿）→检字→排版→校对→刷印→打圈→划支→填字→分谱→草订→切谱→装线→封面→装订等十几道工序，最后印刷成品。公元 1298 年，元代学者王桢在安徽旌德就任县尹时，曾刻制木活字，主持印制了 600 部《旌德县志》，这是历史上最早对木活字印刷术的历史记载。他在一本叫《农书》的书中详细记载了这一技艺。而东源村的木活字印刷工序与之相吻合。

　　据《太原郡王氏宗谱》记载，王氏先祖原居于河南。五代末，王潮、王审知兄弟迁居福建。明正德（1506—1521）年间，王思勋五兄弟从福建安溪迁徙到浙江平阳翔源。清乾隆元年（1736），王思勋第四代孙王应忠率子孙由平阳翔源迁入瑞安东源，并把木活字印刷术带入东源村，由此在东源村落地生根，并历代相承。据考证，木活字印刷术在该村已传承 14 代，计 800 多年了。瑞安木活字印刷术完整地再现了中国古代活字印刷的传统工艺，原汁原味，具有极高的历史人文价值。

　　在东源村的"中国木活字印刷文化村展示馆"——这是一座有数百年历史的老宅院子，一跨进大门，就会在湿润的空气中闻到一股墨汁特有的芳香。在大门的右边，专门有一间木活字印刷制作室。制作室的中央有一张长方形的大木桌，上面摆放着水盂、墨汁、刷子、木尺等工具。引人瞩目的是排版用的字盘，上面密密麻麻地排列着一个个棠梨木字模。这些字模经过墨的长久浸润，如炭一般熠熠发光。这里可以亲眼目睹国家级非遗传承人王超辉的现场操作：只见他把排好的印版先用清水刷洗一次，稍晾一会，就用一把粗棕刷轻轻地蘸上墨汁，在印板上反复刷涂，这是要让印版吃墨均匀，然后用手指捏住宣纸两角，对准印版慢慢平放，接着用一把干净的棕刷由下而上刷，直至版框内正文凸起的字体吃匀墨水，随后慢慢揭起宣纸，一张清秀的木活字印刷成品就展现在人们面前。

　　这样的现场展示是东源村"展示馆"的一项重要内容。如果运气特别好，还会碰到国家级非遗传承人王超辉老人亲自演示。这个展示馆，每天有专人指导游客进行木活字印刷，有兴趣的游客都可以亲自动手制作一张。这个项目，显然受到了小朋友的欢迎。在游玩中，我们深刻感受到中华文化的精深与古代劳动人民的智慧。

　　东源村，是我国唯一保留下来且仍在使用的木活字印刷技艺，堪称世界印刷术活化石。该村木活字印刷完全继承了中国古代的传统工艺，完整地再现了古代四大发明之一——活字印刷的作业场景，是活字印刷源于我国的最好实物证明，2008年6月14日被国务院确定为国家级非物质文化遗产，2010年11月15日被联合国教科文组织列入"急需保护的非物质文化遗产名录"。除了活字印刷，村里还有南山农家乐，游客们可以一起做葡萄酒、弹棉花、打年糕、磨豆浆、做稻草人，体验农家生活的乐趣。

（瑞安农办）

圆州放排手艺

飞云江上游有一个很小的村落，江水从村庄中央川流而过，左岸是美丽而古老的圆州古民居，右岸是年轻而有朝气的台边。因其地形比较平缓开阔，溪流经此汇成一潭，潭边开满紫色的花朵而得名紫花潭。人们的房子在溪边依山而建，形成村落，取名潭边，后改为台边。

圆州村原名员州，地处司前畲族镇里光溪畔，清朝时期，黄氏、吴氏先后入迁圆州，圆州黄氏先祖博十原籍江西南昌府丰城县斗溪。据《黄氏宗谱》记载，因南昌府丰城地方动乱，博十便挟青囊以遨游，为避乱之计。旅途中，博十闻知浙瓯山水名胜，只身入瓯，泰邑人士邀他进泰择地。博十入泰后见所择之地多为吉地，遂长留泰顺。后江西黄氏六如、三如追寻博十至泰，博十等人遂择员州之地而居；而吴氏则系新山吴畦之后，在迁居员州之前，吴氏分支已迁徙多处，明永乐年间（1403—1424年）至明末，吴氏新山所居遭战乱破坏，吴氏岳公于康熙庚申年（1680年）与其弟君嘉一起迁居罗阳洋心。之后，吴氏岳公又由罗阳洋心迁居员州，经百余年的发展建设，逐渐形成现如今的圆州古村落。

圆州后有靠山，前有案山，左右为护砂，中间堂局分明，地势宽敞，且有"玉带水"曲流环抱，形成了一个前方略显宽敞而又相对封闭的环境。这种地理模式风水中称为"四灵地"。此种地理位置被古人视为风水宝地，《黄氏宗谱》"景物序"中也有对圆州地理位置的一段描写，"山无仙不名，水无龙不灵，罗阳，东瓯名胜地也，北去五十里，地名员洲，景尤独著。山发括苍之脉，水演浙东之源，前案有乌纱挺秀，后壁有锦屏拔奇，一溪中流两峰翠立，金榜悬峙于天门，华表岿然于地轴，亭造赤壁可凭春暖观鱼，寺建西峰更助秋高听鹿，山川孕灵英贤辈出"，从这些文字介绍中不难发现古人利用风水学寻宝地而居的做法。

这里的人民勤劳质朴，过着日出而作、日落而息的田园农耕生活。通省公路穿过村中心，司黄线从此分岔，是景宁、黄桥、乌岩岭、温洋、里光、上地、叶山、竹里等周边的乡村，通往县城的必经之地。虽交通发达，但当时国穷人穷几乎看不到汽车，人们都管着自己的山头和脚下的半分田，很少离开家。

泰顺素有"九山半水半分田"的传说，这里的山盛产毛竹。这里的先民便利用地形和资源优势及传说中的风水宝地大做竹子文章。如何把竹子运往山外便成了头等大事。于是便有以吴万友、吴兆康、董丙吉、黄永宣、郑子松、朱岩寿、杨立起等为首的圆州人自发组成的水上运输队，靠着手中仅有的放排工具"撑杆"，撑起毛竹走出大山销往外地的传奇。

他们精通水性，是水中的蛟龙，他们选台边紫花潭为码头，潭的右岸与水面落差三丈有余，崖面是土产站的堆场，大量的毛竹沿崖壁倾倒而下，毛竹有天然的浮力，在广阔的潭内形成天然的筑排靶场。他们要在水中把竹子组成竹排，筑头排比较讲究，首选粗大长短相近的竹子，把尾部第一个竹筒破皮穿洞，用一条两米多长、五厘米宽的竹板条从洞中横穿而过，串起排身用竹皮做成的薄薄篾条称之"令篾"。天然的绳索坚韧而耐用，用之捆绑竹身和竹板条使之坚固。排身腰部用一竹尾或直径5—10厘米的木棒横于整齐的排面，用令篾上下与每条竹子固定，人站在排面非常结实。后排制作相近，每排反复，把后排叠于前排尾部，做进一步固定，最后设一桨于排头用于把舵方向。十几二十多排连在一起放置水面，犹如水中蛟龙，场面壮观。

撑钩就是手中唯一的工具，做撑钩选料讲究，要用老、细、修长、竹筒与竹筒之间要密的毛竹，一般一丈多长，去竹节之粗环，晒干使之好握于手中运用。用一卜形铁钩套于杆底，再用木头或竹子往上扣紧。撑钩的用处很多，它是排身的发动机，往水底一顶，排借着人力快速前进。它又是舵手，排头往左偏离，只要往右边溪底一点，排就自然顺畅。有时排遇浅滩搁浅，撑钩又能利用杠杆原理，把杆插入排底撬起排身，使之脱离险境。如果排遇水稳的长潭水流缓慢，就可以靠岸，撑入水中人握住杆身轻轻一跃跳上岸来，用底部铁钩钩住排身喊着统一的口号拖排出潭。

排组准备妥当，万事俱备只欠东风，江南多雨，只等水位上涨，雨过天晴，排工便告别家人跳上排面，分工明确，各负其责。十几二十多排犹如火车奔走水面，守排头者主管头桨，对沿途地形地貌了如指掌，后面几人司职左右，随波逐流，沿溪而下，一路经过百丈埠头、文成、苍南、平阳、瑞安中，把毛竹送入宽阔的江河，送往更远的目的地。排夫们凭借聪明的头脑和过人的胆识，周而复始，把山里的毛竹源源不断地运出大山。

竹排的贸易带动了整村的经济，台边的人口多了，房子也多了，流动人口更多了，村里的老街慢慢形成。供销社里摆满了商品，琳琅满目，买布的、买米的、买盐的来来往往，非常热闹。裁缝铺、补鞋摊、点心店、客栈一应俱全，竹制工具、凉帽、竹席、竹椅、竹扇、扫把，摆满整条老街。中心校也出了名，周边乡村的子弟都汇聚这里求学。古村前的台边码头，一片繁荣昌盛的景象。

随着国家现代化进程的不断提速，汽车运输渐渐代替了放排贸易，放排渐渐退出了历史的舞台，排夫们也渐渐老去，所剩无几。但这些古老的老街和古民居依然屹立于古村中，等待着八方游客来欣赏她的真容。那江边码头芳草依依，古老的渡口，小小的竹排独自浮在水面，静静的江水似乎诉说着历历往事。

正如古诗所言：独怜幽草涧边生，上有黄鹂深树鸣。春潮带雨晚来急，野渡无人舟自横。

（包登峰、邓国庆、江南雨）

朱川农艺

朱川，因为村里大多数人都是朱姓，加上村内有两条溪流交汇于村口，所以在朱后加一个川字而得名，珊溪人又称朱川为朱坑头。朱川村位于珊溪镇西南侧 7 公里处，文泰公路贯穿全村，交通便利。村内林木茂密，植被丰富，有着良好的森林生态景观。明嘉靖年间朱氏先祖由黄坦稽垟村迁此建村居住，至今已有 500 年历史。村内有古建筑 15 处、五世同堂牌坊一座，建于清道光九年（公元 1829 年，道光皇帝为表彰坑底太公太婆五世同堂的和谐、孝道家庭特下圣旨修建）；朱川村水口自然形成的百年古树群是文成全县较为少见的景观，其中两株 500 年的红豆杉是文成县最古老的南方红豆杉，其中一株称为落雨树，天久晴时，会飘洒细雨，故名之，极为珍贵。在这个村内手艺人也特别多，一个村 300 多户人家，有 200 多户都是以手艺为生，只不过受到现代工业冲击，很多手艺已经濒临失传。

旋抛梁馒头。

住在水口的 77 岁的朱隆月老人跟我讲，村里旋抛梁馒头手艺在清朝就有了，当时村里很多人都会做，现在会这个手艺的村里只剩下 4 个人，最大的已经 83 岁，最小的 50 岁，小的那个手艺人就是朱隆月老人的儿子朱大年。

朱隆月老人会这门手艺也是受他父亲的影响，小时候看父亲旋，自己也搓一团在旁边揉，不知不觉中也就学会了。村里要是有什么上梁的喜事都会来找他旋抛梁馒头。现在老人只把这个手艺当作一个爱好，因为找的都是熟人，自己不好收钱，所以大部分都是免费替别人做的，一次上梁他就要做五六十个。

旋抛梁馒头可是一个细活。先是从米店里买来 5 斤以上的"晚米"，"晚米"是一种生长期较长的稻谷，它的晶质特征相对于早米会好很多，同时买好需要的颜料粉，颜料粉中用得最多的颜色是红、黄、绿、青、白。接下来就得去店里将"晚米"磨成粉，材料准备就绪后，就可以提回家做了。回家后将磨好的晚米倒在盆内，再用瓜瓢舀水，一只手搅拌，另一只手按照米粉的分量加水，水也要扣得刚刚好才行，太多太少，抛梁馒头就会做不好。然后弄成宽面样子的"滑熘"，扔进沸腾的水里，煮熟后，用笊篱捞起，放在长2米宽七八十厘米的年糕板上，待热气散了，就可以开始揉了。揉这个功夫也很大，使出来的力要到位，做出的抛梁馒头吃起来才有劲道，把揉好的年糕捏成一团一团地摆在年糕板上，并将所需要的颜料粉和年糕团掺和起来，另外当作颜料使用，类似于我们捏橡皮泥一样，一个团子一个颜色。

接着，将揉成的一个个圆圆的团饼作为旋抛梁馒头的基础部分，将有颜料的团饼根据所需要做的东西摘取一部分，搓成一根根筷子粗细的长条立于圆圆的年糕团饼上，整个形状好像是一块白色的土地上长了一片有色彩的竹林。就是这么一根根的小东西，在旋抛梁馒头的人手里经过推推搓搓就变成了山，变成了鸟，变成了小人，真是奇妙！而且做成的凤凰，凤尾散开，栩栩如生，我当时想问老人其中的奥秘，可老人说不出来，倒真应了那一句话"只可意会不可言传"，最后就是用毛笔粘上蜂蜡在抛梁馒头外皮涂抹一圈，这样做，抛梁馒头就不会容易开裂，而且抛梁馒头看上去会显得更加美观——好似带着光泽般的"皮肤"。

受朱隆月老人的影响，老人的妻子也会旋抛梁馒头，就是没有丈夫做得好，有时候旋起来的东西不是那么形像，而且旋不进圆圆的年糕团饼里去，但朱隆月就可以做到。这着实让我觉得很神秘。

抛梁馒头主要是在上梁的时候会用到，新房子落成的时候，在农村有上梁的习俗。所谓的梁，就是设在房子正中央的正栋柱顶方的梁，整座房屋只有一条，这条梁要在房子最后落成的时候才让师傅们抬上去。经济条件好点的人家就会让朱隆月这类师傅去旋抛梁馒头，做出来的抛梁馒头好看又精致。现在的农村人为了省工夫，就只在抛梁馒头顶部点一点红，漂亮的鱼、鸟、花、草就省去了。这也是旋抛梁馒头这个手艺渐渐失传的原因之一，还有一个就是年轻人大部分都买套房了，上梁的习俗也就没有了。抛梁馒头还可用于还愿，或者是某户人家有人老了，一些人就会请旋抛梁馒头的师傅做一些八仙过海之类的小人用于祭祀。

做篾。

朱川村做篾的人很多，基本村里的老人都做篾，听附近的老人说，做篾手艺最好的是一个名叫朱其旺的老人，只可惜老人已经离世了，原本想找老人的儿子打听消息，但村民们告诉我，老人的儿子70多岁时也离世了，孙子在外经商，所以在朱其旺老人家中这门手艺就没有被继承下来。

朱其旺老人可以把人能想到的所有东西用竹篾编织出来，村民们见过的有用竹篾编成的自行车、雨伞、酒壶、酒杯等。在老人的手上，竹篾就是一支笔，想画什么样就是什么样。当地的村民还特意从自己家中拿出朱其旺老人做的一个六盂盖子，盖子中间有一个黑色梅花鹿的图案，整个盖都是用竹篾编织的，图案看上去像是绣出来一样。村民们告诉我中间图案永久都不会褪色，因为图案颜色是天然的。整个过程就是将削好的竹篾用蜡子树的叶子煮过，再放到稻田里，埋上土，浸泡三天时间，挖出来后，竹篾自然就形成了黑色，也就是刚才看到的梅花鹿的图案颜色。六盂是以前的人结婚时候的喜具，是男方用来给女方家盛礼品用的，一个六盂由三个格子组成，就类似于我们今天看到的蒸笼，一格一格的，只不过多了一个手柄。做六盂是细活，竹篾需要削成比头发丝稍微粗一点的细条，做六盂这类的绝活如今在村里已经失传了。

村里的老人告诉我做篾是很累的活，长时间地弯腰低头，做篾人的脖子就会形成一个驼子，一个人是不是做篾的，只要看他背就行了。长年做篾手伤也不少，常常是一个不小心就会被篾条划到手，所以做篾的人，手也特别粗糙。

　　老人还说做篾工序也不少，先是到竹林里砍竹，3—5年的竹子是最好的，不老也不嫩，而竹料又是下半年的最好，因为上半年雨水多，水里面含有甜分，特别容易被虫蛀。砍好竹子后，用锯子根据需要锯成段，比如做的是箩筐，那就要锯成两段，做的是篾席的话就不用锯，只要用劈篾刀将竹黄和竹青劈开就好，做篾用竹青，所以竹黄之类都拿来烧火用。一根竹片可以撕成好几层篾，撕好竹篾后，接着再用一种叫"尖门"的工具，这个工具是由两片铁片组成，用时将两片铁片八字形地插立在凳角头，铁片的内侧十分锋利，但铁片的间距可以根据所需竹篾的细粗进行调节。经过"尖门"锋刃的削减后，每一条竹篾才会粗细一致。其次将竹篾放在大锅里煮4小时，然后放在镐刀上磨，镐刀是一种刀锋朝上的工具，也是被固定在凳子上，使用的时候需要用厚皮带之类的物件压在竹篾上方，竹篾的下方就贴着镐刀锋利的刀口，经过前后拉动，削出来的竹篾就会变得比原先更加光滑。最后就可以进行编织了，也是根据物件的形状进行有规律的编织，先是将一条条篾片交叉摆开，一头用脚踩着起固定作用，然后手口并用，起落穿插，有+1的，有+2的，有+3的，也就是按条数打格子，有1条打一个格子，有2条打一个格子，有3条打一个格子，类似于我们打辫子一样。打好之后，裁去周围多余的竹篾，再用竹鞭子或者铁箍子锁口，一个物件就完成了。

　　朱川里，农户家用到的篾席、畚箕、高脚箩、畚斗、菜篮、杨梅篮、饭篮、米筛、糠筛、蒸笼、笊篱、竹床等日常用具，这里的人家都是自己做的，可想而知朱川人的手有多巧。可惜的是，这些手艺都停留在了老一辈人身上，年轻的人都不愿意学，觉得靠这个营生挣不来钱。就像村民们所说，现在大家都习惯用塑料品了，哪里还会用竹篾制品。所以村里的老人也渐渐改行了，种起了杨梅和蜜柚，只有空闲的时候才用竹篾打打物件，古老的手艺正面临着失传的危险。

（包芳芳）

倭井潭硬糕

岱山有"三宝"：东沙香干、沙洋晒花生和倭井潭硬糕。

这倭井潭硬糕的产地在岱山长涂。那为什么不叫长涂硬糕却叫倭井潭硬糕呢？这与它传说的加工工艺里面的水有关了。

传说清朝康熙年间，由于海禁结束，舟山刚刚展复，大量内陆人涌入舟山各岛来"寻生活"。其中就有一个黄岩人，名字叫作林纪法，一条扁担挑着两个箩筐，一个筐里装着孩子，另一个筐里装着加工糕点的工具，带着妻子，一路爬山越岭，又漂洋泛舟，也来到了舟山。得知舟山本岛东北面的长涂岛，是一个著名的渔村，就来到了这里，安家落户了。

这个叫林纪法的黄岩人，有一门祖传的加工糕点的手艺。他来到长涂后，就开办了一家糕点作坊。但奇怪的是，他按照祖传手艺加工的糕点，质量和香味总是不尽如人意，长涂人都不喜欢。他知道糕点加工也是需要"服水土"的。他在黄岩成功，但是在长涂失败，也应该是"水土不服"的缘故。但是如何做到服长涂的水土？他一时不知如何入手。

一天，他路过长涂岛东面的一个水潭，走得急，喉咙冒烟，就用手捧水喝。一口水喝下去，只觉得浑身清凉，舒畅无比。知道这是一潭好水。他灵机一动，立即回家，取来水桶，挑了一担水回去，用它来和做糕点的米粉。结果蒸出来的糕点，香溢四方。他在长涂做的糕点，终于成功了。

从此他就一直用这水潭的水来和米粉。这水潭的名称叫作倭井潭。因为它在明朝的时候曾经被倭寇霸占过，长涂人民和明军联合作战，终于消灭了倭寇，夺回了水潭，水潭也因此有了一个"倭井潭"的响亮的名字。于是这只糕点，也就叫作"倭井潭硬糕"了。

倭井潭硬糕属于香糕型，但是要比普通硬糕硬许多，有"可以吃的石头"之称。这就与它独特的炒、磨、拌、扦、蒸、焙等多道工序加工工艺有关了。

具体来说，倭井潭硬糕的生产工艺是这样的：

首先是精心选料。它选用的糯米要求颗粒饱满、均匀、质量上乘，白糖都是从广西甚至是台湾那边出产甘蔗提炼出来的精白糖。

接着是仔细过水，而且还要过两次水。过水的时候，把糯米放在大竹篮里反复冲洗，不能用手搓。用手搓会造成碎米，从而影响糕点的质量。

然后是晾干。晾干的时间，夏季时间可以短一些，但也要六七个钟头；冬天则要十来个钟头。不能时间过长，否则米质会改变。

接下来的一道工序非常艰苦，那就是炒制。每次炒制的时候，先要把三斤左右洗净的沙子放到大铁锅里炒至滚热，火候一定要旺，炒时还不时往里放点菜油，使沙子滑润，再倒入半斤左右糯米匀速炒半分钟，这种沙和糯米混炒的方法，可以使糯米不是从铁锅里直接受热，而是通过热沙来传热，因此炒出来的糯米不会有焦煳味。这样经过反复的炒制，一直炒到米粒颗颗鼓胀但不是膨胀如爆米花。然后将炒好的米倒入竹筛，用手推摇，沙子从筛眼里纷纷落下，将筛里的米倒入大白篮里晾干。一般一天要炒100公斤。这个劳动强度是非常大的。

炒熟后的糯米，香气四溢，可以飘逸到好几里路以外。然后是把它们磨成粉。磨具最好是石磨，将炒制好的糯米用石磨磨成粉。这种石磨磨成的粉没有铁锈气等杂味，完全保留了糯米的清香。但是它全靠人工推磨，劳动强度也是非常大的。

对制造糕点的白糖也要进行精心的加工。其方法是往大铁锅里一次性倒入50公斤白糖，然后再加15公斤左右的水。用旺火熬煮。待水烧开后，要用铁瓢一刻不停地舀起倒落，倒落再舀起，犹如在大缸里"打酱油"。直至舀起的糖水如蜜浆一样黏稠。然后再将这已经初步熬好的糖水倒入缸里，再用竹杆子顺着一个方向不停地搅动，直到糖水变得更加稠浓，最后成糯糊状几乎搅不动为止。

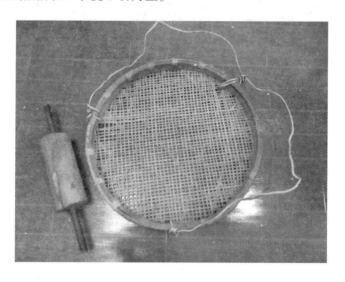

　　最后一步就是成品制作了。将加工后好的糯米粉和白糖，按照一定比例调配成米团，然后用擀面杖快速揉擀，一直擀到米粉松胖至棉花糖样，且韧劲十足，再用铜皮特制的铜刀切成小块，放进糕盘，在糕面上盖上品牌名字，最后进行蒸烤。

　　这蒸烤是非常讲究的，可以说是"独门秘籍"。

　　先是"蒸糕"。在当蒸笼使用的竹面筛里面铺上打湿的白布，将糕盘木格里成形的糕拿出放到竹筛里，放在已烧至滚沸水的锅上蒸，一锅只能蒸一竹筛。冬季蒸六七分钟左右，而夏季，因磨的粉不吃水，水蒸气不容易进入糕体内，需蒸15分钟左右。

　　糕点蒸熟后放置桌板凉席上。凉席用湿毛巾擦一下，使其保持潮湿，确保蒸出的糕点不与席子相粘，等到糕体冷却，再进入下一道工序。

　　这一道工序便是"烘糕"。撤掉蒸糕的大铁锅，在灶窝里烧上木炭，烧至通红无烟，在炭中间放细灰，使中心火候与周围均匀并保持长时恒温。然后把凉却的蒸糕放置在特制的铁筛上。这种铁筛的中间用铁丝编织，外圈用竹片包裹，两边手环也用铁丝穿过竹管，中间筛空如现在的麻将牌大小。一面竹筛规定只能放108块蒸糕，不能多一块也不能少一块。

因为制作者要根据烘烤的糕面颜色，不时左右上下移动糕块。经验丰富的制糕师傅还有一种观察 108 块糕排列情形的口诀，凭借口诀可以飞快准确地穿插更换糕块的位置。从而使筛面所有的糕块受火均匀，色泽如一。待筛面糕块色泽完全一样时，再用另一同样大小铁筛扣住这面，飞速提起翻转，使糕的另一面朝底，再如此烘烤。直至两面均烘至色泽如一后。倒入另一面铁筛里。

接下来便是"烤干"了。这是关键的一步，是不是硬糕，硬到什么程度，全靠这一步工艺分寸的掌握。为了使糕块不变形，要将烘好的糕竖立紧密排放在铁筛里。灶里还是炭火，但这时的炭火温度是硬糕成品效果的关键。火候控制在 80 度以下，在炭火面撒一层细灰，使其热量不容易消逝。

把装好烘糕的铁筛叠放在灶火上，一次最多叠四面。同时用麻袋将铁筛外圈紧紧包住，保持里面温度。

等过 6 个小时左右，将铁筛里烤干的糕块倒出来。这个时候的糕点，上下两面色泽光亮鲜润如一，糕身由中心至边缘的颜色如夕阳浸入乳汁，从金黄慢慢泛至纯白。糕质坚硬如铁，香气扑鼻。

这就是倭井潭硬糕！

可见倭井潭硬糕的制作工艺，都是手工的，几乎每一道工序的劳动强度都非常大。虽然现在有些工艺，如磨粉，可以用机器代替了，但是为了保持倭井潭硬糕的质量，制作者仍然尽量在使用手工制作。其包装简单而大气，也非常具有民间性。纸是普通黄板纸。这种纸粗糙且易吸潮透气，可使硬糕保持较长时间。每5块硬糕包一封，在手工包装封处再盖上如"老万顺"这样的品牌图章。这种硬糕最大的特点，除了香和好吃，就是特别的硬，这"可以吃的石头"的说法就是这样来的，没有一副好牙齿，是吃不了的，因此还形成了一句"品倭井潭硬糕，论天下英雄"的豪迈民谣。

这种糕点很受渔民的欢迎。因为以前海上捕捞条件差，开的是木帆船，搭的是泥灶，一个浪头把灶打湿，火就烧不起来，总是没法开灶，经常要饿肚子。所以存放时间长，带着方便，嚼着更有味，性质如渔民一样坚硬的硬糕便成了渔民们的最爱，成为每次出海时必备的主粮。

现在畅销市场的倭井潭硬糕，长约两寸，宽约一寸，外形似惊堂木，四边微微翘起，很是可爱。生产倭井潭硬糕的厂家有自己的名号，叫做"老万顺"。这个"老万顺"与黄岩人林纪法有直接的渊源关系。其加工工艺，也就是其生产秘方，代代相传，到目前为止已经传了5代了。

作为一种传统的地方著名食品，倭井潭硬糕还必将一代代传承下去。因为它是传说与传奇的结合，是智慧和工艺的体现，是民间文化锦绣华章的缩影。

（王兰飞）

泽雅竹纸

造纸术是我国古代的四大发明之一，至今已经有 2000 多年的历史，可谓源远流长。如今，传统造纸技艺在多地已失传，而在温州瓯海区的泽雅镇山区，仍有十几个村落沿用古法造纸技术生产手工竹纸，且工艺考究、技法精湛，号称"中国造纸术活化石"，是中国目前保留最原始、最完整的古法造纸术之一。

据明洪武右春坊大学士黄淮泽雅南山《林处士墓志铭》载，泽雅先民明初即开始从事屏纸生产。又据水碓坑村的《潘氏族谱》所载，元末兵燹连绵，为避战乱，泽雅先民从福建南屏一带的漳州、泉州举族搬迁而来，聚居于此，带来了传统的生活习俗，同时也带来了祖传的造纸术。南屏人发现泽雅一带多水多竹，气候宜人，是造纸的好地方，于是重操旧业，从事造纸生意，由此南屏造纸技术在泽雅落地生根。

而这也是泽雅以"南屏纸"闻名遐迩的由来了。

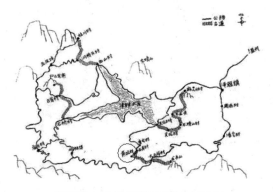

泽雅手工造纸村落手绘图（麦浪）

据调查，泽雅现在仍然沿用古法造纸工艺进行屏纸生产的村落有 17 处之多，较具代表性的有位于泽雅西岸一带的水碓坑村、黄坑村、唐宅村，这几个村落均地处温州雁荡山的支脉崎云山、凌云山之间，竹林葳蕤，流水潺潺。竹子为上好的造纸原料，充沛的溪水驱动水碓，如此日夜兼作，不断将原料捣成纸浆。走入崎云山、凌云山，远远地便可听到水碓捣竹的啪嗒声，低沉而极富节奏感，如梦似幻，恍若隔世。那是一种生活的节奏，也是一种文化的节奏，如此穿透茫茫岁月之河，不绝如缕。

作为泽雅造纸的主要村落之一，拥有 700 余年历史的黄坑村于 2006 年 6 月被浙江省人民政府公布为省级历史文化村落。村民组成主要为黄姓和吴姓两大家族，吴姓家族为宋代礼部尚书吴湛然后裔。今天的黄坑山共有 15 个村民小组，计 344 户，1174 人，其中常住人口约 100 人，多为留守的老人。随着现代纸业对传统造纸技术的冲击，以前黄坑家家户户以纸为业的喧闹场景，如今变成了仅剩两户老人在农闲时节造纸，造纸作坊也大多废弃，但保留下的水碓、纸槽、淹塘等造纸流程中的工具还能够展现往日造纸工艺的辉煌。在造纸的这些基础设施中，最有特色的要数水碓。水碓从制作到安装、运行乃至日常护理，颇费人工，其造价相对昂贵，致使唐宅一座水碓所在的墙壁上出现绝无仅有的石碑式股份合作约定。

文曰：

> 子玉、子任、茂九、子光、子金、茂金、茂同众造水碓一所，坐落本处土名曹路下驮潭。廷附税完，当为兴造之日，共承七脚断过，永远不许转脚。不乱随人捣刷，不乱粗细，谷至拨启先捣米，不许之争，争者罚一千串吃用。各心允服。乾隆五十五年二月×日潘家立。

该石碑乃民间所立，碑文中有些字是当地方言的语音，因此颇多误读。比如将“不乱”解为“不论”，“随人”解为“谁人”等，准确的释义应该是“不能胡乱随便任人捣刷”，原料要按照粗细分开处理。大意是 7 人合资造了这一座水碓，股份永远归这几家，不得转让；约好各自使用时间，有要舂米需求时，得优先，不许争抢，违者罚款。这块石碑落款是乾隆五十五年（公元 1790 年），有研究者认为其体现了中国最早的“股份合作制”。唐宅的这块传奇石碑契约，让泽雅手工造纸文化越发显得真实而厚重。

每年冬春农闲季节，便是纸农造纸时。据整理，整套手工造纸流程共分 17 道工序、109 步流程，其中一些流程甚至比《天工开物》所记载的更原始，以下便是主要的工序步骤：

砍竹。俗称砍竹，选取生长期在两年以上、四年内的水竹，剔除枝叶，打捆运回。

做料。把竹子用柴刀截成 1 米左右的竹段，用锤子锤裂，晒干，然后捆料，堆放等待腌制。

腌刷。也称杀青，把成捆的竹料移入石砌的四方腌塘中码好，用石头压住，加满水，在上面铺上砺灰。10 天后扒塘，把池中竹料上下翻动，让竹料腌制均匀，以后间隔 20 天左右翻一次，总共翻 3 次。腌制 7—12 个月后，方可取出进入洗刷工序。

煮料。也称燩刷，燩读音同"凹"字，意为用灰火煨熟。为了缩短淹刷过程，将呕熟的"刷"加猛火煮制，主要的步骤包括取刷、运刷、集刷、加水、密封、烧火、出桶、晒干。现在黄坑村还保留煮料所需要的纸烘、烟囱。

洗刷。把刷腌好后的竹料先经过暴晒，然后搬到溪流中浸洗，把石灰残渣冲刷干净。

捣刷。以水的冲力带动水碓转动，一起一落，把刷捣碎成竹末，称纸绒。

踏刷。把刷绒放入纸槽泡上水，然后纸农用脚把刷绒踩拌成刷绒浆。

淋刷。把纸槽中加满水，双手用工具"烹槽棒儿"将刷绒搅拌均匀，然后把槽塞挪开一点点，慢慢把水排干以提纯纸浆。

烹槽。把刷绒放入纸槽，用竹竿搅打，让那些絮状物均匀地漂浮在水中，然后就可以撩纸了。

撩纸。把分散悬浮在纸槽水中的纸浆用"纸帘"捞上来，一张张还带有水分的纸叠加起来，形成一个纸岸了，然后把纸岸压干水分。

　　分纸、叠纸、捆纸。将纸岸中的纸按一蒲五到七张分好，待好天气晴好晒干以备叠纸、捆纸之需。

　　印记。最后一个步骤是用颜料打上纸印，纸印一般为长方形，打下印记的纸捆就可以挑出去卖了。

　　这百余道工艺，不仅仅是造纸技术的流程，围绕"造纸工艺"还形成了当地农民独特的生产生活方式，由此也流传了与造纸有关的诸多生活趣事。

　　竹刷末——孩童上课迟到的充足理由。"刷"，泽雅人特有的专业名词。

　　所谓刷，就是被捣得粉碎的水竹竿，类似于肉松的黄色粉末，这是纸浆的前身，加上水搅拌均匀后，就可以捞纸了。把一条条竹竿捣成"刷"，需要在水碓里通宵达旦地劳作。每每轮到捣刷，那就是家里的天大事情，小孩上学迟到，无须追究纪律问题，也不必批评教育，老师只要看到孩子头发蓬里的黄粉末，就知道他昨夜通宵劳动，便可放行进教室。

　　捣刷日——皇帝也恩准的请假条。某家在轮到捣刷的一两天内，全家会忙得不可开交。家庭成员都要围绕"中心任务"而劳碌，男女老少齐上阵，什么事儿都得为之让路。轮到捣刷，学生上课、干部开会，都可以请假缺席，人们笑称遇到捣刷日，皇帝老子也不得不恩准。

　　抢纸胚——"闻风而动"的自觉行为。纸样捞出槽后，一张张地叠起来，方方正正、整整齐齐，压干水分，就可以分出来半干半湿的"纸胚"。等到天气晴好，纸农们就把纸胚晒到山坡上、溪水旁或路边的空阔处。这时候最怕的是老天变脸，如果大风突如其来，前面的辛劳就将全部功亏一篑。所以，一有风吹草动，人们会立即全员投入抢纸胚的行列，不分老幼妇孺、主人邻里迅速出动，真是名副其实的"闻风而动"。抢纸胚的场面热闹而无序，漫山遍野的人们大呼小叫、跌跌撞撞、慌慌张张。飞快地连连弯腰"落地捡"，或者频频起跳"半空抓"。纸农们抢回纸胚是抢回劳动成果，也是抢回养家糊口的保障。

　　泽雅的纸，一般销售用作卫生纸和祭祀宗教用纸。瞿溪是销售集散中心市场，由此销往温州东门、瑞安、青田、福建乃至全国其他地域。有旧时民谣为证："纸行好，一头白鲞一头米；纸行疲，一头姆儿一头被。"意思是纸的行情好，能换得"一头白鲞一头米"，就是说能有吃的了；如果纸的销路不好，就只能挑起"一头姆儿一头被"去讨饭了。

左图撩纸　　右图放纸于纸岸

　　如同"风流总被风吹雨打去",泽雅古法造纸术手把手代代相传,以往是有市场的需求而生产有规模,销售亦有效益,后来受到现代工业文明的冲击而逐渐式微。令人欣慰的是,2010年,国家重点项目"指南针计划"专项——中国传统造纸技术传承与发展示范基地落户泽雅唐宅,还有一些非遗保护与规划措施正在进行,古老的手工手艺正在焕发出新的生机。

（瓯海区农办）

兰溪蜜枣

兰溪自公元前 10 世纪便开始栽培枣树，蜜枣加工技艺由皖南徽州人传入兰溪。明代嘉靖年间（1522—1566），始用青枣切成缕缕丝纹，用糖煎制蜜枣，并上京进贡朝廷，被誉为"冕枣"。宣统年间，商人吴竹三聘请匠人，设厂加工，枣面如金丝缕缕，色泽如琥珀晶莹黄亮，灯照之下透明见核，具琥珀金丝之美，遂称"金丝琥珀蜜枣"，载誉东南各省，远销港澳。

民国初，兰溪姚村涌现了一批加工蜜枣技师，年年带领一批不同工序人员分赴金华、义乌、淳安及本县各地开设蜜枣加工厂。时间自立秋至白露一个月，如青枣货源充足，不分昼夜连续加工。民国 25 年至民国 37 年，姚村有 5 家自办蜜枣加工厂，总产量在 15000 至 21000 公斤之间。

20 世纪 60 年代后期，由姚村生产大队为主开设蜜枣加工厂，主要为兰溪县副食品公司加工。20 世纪 80 年代，改革开放，兴起私人开办企业，姚村蜜枣加工是从原来的 10 处，增加到 30 多处，为蜜枣加工鼎盛时期，年产蜜枣 15 万公斤，总产值约 100 万元。青枣原料兰溪不足时，要从江西、湖北、湖南等地购入。

20 世纪 90 年代初，姚村蜜枣加工（场）有 15 家，与 20 世纪 80 年代比是有减少，但产值产量相近，并恢复加工停产半个世纪之久的皇宫贡品桂花蜜枣。其中下江村 1969—1983 年由村集体兴办下江蜜枣厂，年产蜜枣 2000 多担。1984 年，江庆芳办兰江蜜枣厂，现改兰荫蜜枣厂，1984年时产蜜枣 650 担，1990 年以后至 2005 年，产蜜枣 200 担左右，每年在市内销售一空。2003 年，兰荫蜜枣厂"金丝琥珀蜜枣"荣获浙江省农业博览会优质奖。

金丝蜜枣的制作工序是：

挑选青枣、切枣、煎枣、新焙、捏枣、老焙、成品分级等。

切枣：用剃刀把青枣切成丝条。刀的另一头固定，右手握刀，左手大拇指与食指滚动青枣，使条纹清晰，深浅均匀。后改用切枣机切成条条丝纹。

煎枣：用锅煎煮加白糖，取出烘烤（新焙、捏枣、老焙）。

分级：烤干挑选，分档次包装。桂花蜜枣在烘烤后再去核加入桂花、香料后包装。其中真空蜜枣：在烘烤至半干取出装入食用塑料袋，抽干空气，封口外包装。

蜜枣制作的主要设备、器材有：

1. 制作工房：宽敞、明亮、清洁的钢砖结构的房子，内有储青枣房、切枣房、洗枣房、捏枣房、煎枣房、焙枣房、包装室等。

2. 洗枣缸（又叫石缸）：口径 90 厘米，深 65 厘米。

3. 煎枣锅：口径 56 厘米，深 20 厘米，比一般烧饭锅厚。

4. 切枣刀：以前用剃刀手工切。现在普遍用半机械切刀，在一钢管内装上数十张刀片，钢管直径大小根据枣大小而定，用棍推枣经过钢管，刀片自主把青枣切出丝状。

5. 焙笼：篾制，直径 65 厘米，高 53 厘米。

6. 缸：盛乌炭火，放在焙笼下烘烤。

7. 真空包装机：用食品包装机器。

8. 包装盒：用硬纸印上商标及产品介绍、厂址、保质期等，图案彩色，设计精美，一般为 500 克装。

为了保证质量，使兰溪蜜枣口感纯正，从原料产地到运输乃至加工都有严格的要求，不求产量，但求质量，童叟无欺，所以至今享有蜜枣之王的美誉。

（兰溪姚村）

刘家村技艺

一曰弹棉花。

弹棉花，又称"弹棉""弹棉絮""弹花"，为传统手工习俗之一。历史悠久，我国至迟在元代即有此业。元代王桢《农书、农器、纩絮门》载："当时弹棉用木棉弹弓，用竹制成，四尺左右长；两头拿绳弦绷紧，用县弓来弹皮棉。"兰溪市始于何时待考。旧时，农村有不少贫苦农民和工匠因生活所逼，整年在外地为人弹棉絮，俗称"弹棉郎"。

弹棉花，实际上指的是弹棉胎，也有弹棉褥（垫被）。棉花去籽以后，再用弦弓来弹，絮棉被、棉衣的棉，就加工到这一步。如过去女儿嫁妆的棉絮都是新棉所弹。一般人家也有用旧棉重新弹加工的。弹棉工具有大木弓，用牛筋为弦；还有木槌、铲头，磨盘等。弹时，用木槌频频击弦，使板上棉花渐趋疏松，以后由两人将棉絮的两面用纱纵横布成网状，以固定棉絮。纱布好后，用木制圆盘压磨，使之平贴、坚实、牢固。按民俗，所用的纱，一般都用白色。但用作嫁妆的棉絮必须以红绿两色纱，以示吉利。如旧棉重弹，须先除掉表面的旧纱，然后卷成捆，用双手捧住在满布钉头的铲头上撕松，再用弓弹。

弹棉工具有大木弓，用牛筋为弦；还有木槌、铲头，磨盘等。兰溪有首民歌："弹棉郎，弹棉郎，身背弹弓走四方。"弹棉郎就是指以弹棉为生的个体手工业者。弹棉的生产工艺简单，一张长弹弓，一块磨平木，一个人背着就可走遍天下去谋生。这反映了在那个艰苦年代，广大贫苦农民为了谋生，不怕艰难困苦，对外发展。这也反映了兰溪人的走南闯北、艰苦创业的精神。由于出去弹棉往往半载甚至几年才回家一次，家中妻子日夜思念，盼夫回归。有民歌云："荒年我夫去弹棉，一年半载又一年。有钱无钱应回转，儿女饥饿等爸来。"黄店镇刘家村、高井村以弹棉为生的个体手工业者为最多。民国时在江苏吴江开棉花店的有刘春生、在江苏盛泽开棉花店的刘勇四一家，现在在上海闵行开棉花店的有刘春尧一家，还有刘纯良在金华开棉花店，刘贤君、刘国良、刘伯勤等在兰溪等地开店。还有一批在本村及外出开店，弹棉花在20世纪七八十年代相当盛行，成为刘家村主要的经济收入来源。

改革开放以来，有数以万计的现代兰溪人为了创业，远离故乡，外出闯荡，他们整年奔波在全国城乡，足迹遍及神州大地，立下了汗马功劳，这就是经弹棉郎为代表的兰溪人走四方创业精神的传承。现今，手工弹棉逐渐为机械所代替，有所减少，但由于我国幅员广阔，手工弹棉在各地仍有存在。

二曰剪纸。

刘正彬，是兰溪市黄店镇刘家行政村农民，1968年4月26日出生。他虽识不得多少字，只是小学毕业，但他从小受奶奶、伯父的影响，爱好绘画、剪纸。奶奶黄秀娇，在30年前66岁就因病死亡，奶奶是当地有名的剪纸、绣花师傅，带过许多徒弟，本镇太平桥村舒兴富的母亲就是她带的徒弟，当时人们称其为花师傅。伯父刘景琳，现已80多岁，是当地小有名气的厨师、剪纸能手。受到长辈的影响，刘正彬在家里经常搞一些小玩意儿，伯父刘景琳见到他对画画、剪纸、做点心、做馒头这么酷爱，就让跟着去学厨师、学剪纸。后来刘正彬来到本镇黄店集镇上开起了馒头店，兼做剪纸生意，这样一干就是23年。

阳刻剪纸，通常是采用红纸黑纸或其他颜色的材料剪刻出来的单色剪纸作品。阳刻剪纸的特征是保留原稿的轮廓线，剪去轮廓线以外的空白部分。它的每一条线都是互相连接的，牵一发则动全身。

阴刻剪纸，阴刻剪纸的特点与阳刻剪纸恰恰相反，就是剔去原稿的轮廓线，保留轮廓线以外的部分。所以阴刻剪纸的线条不一定是互连的，而作品的整体是块状的。

刘正彬的剪纸作品《财源广进》，在2005年中国（武汉）剪纸艺术节暨全国剪纸作品大赛中获铜奖。

剪纸所用工具：各类纸张、剪刀、篾刀、雕刀、糨糊等。

本镇的朱家、太平桥、东坞、高井、余村、甘溪、卢山、范宅、黄店等地都留下他的足迹。外乡镇的香溪、永昌，外县市的建德大洋等地都留下他的足迹。他的剪纸作品有福禄寿三星、文武状元、福字、民间元宝、八仙、梅花、喜鹊、龙凤、牡丹花、石榴、佛手等40多种，都被刻画得栩栩如生。他的剪纸艺术技艺精湛，没有样品他都能剪得自如。如剪的福字，里面包含着人物、动物等多种图案，刻画得活灵活现、惟妙惟肖。

目前，民间丧葬葬礼中的椁用毛竹刨成的竿搭架，面上均用剪纸。

现在的刘正彬对剪纸艺术一往情深，他说他一生爱好剪纸艺术，现在懂这一行的人少了，希望将这一中华传统工艺发扬下去，在民间艺术上再创佳绩。

本村刘国华的母亲、刘国祥的母亲、刘金龙的母亲、刘鑫的母亲等一批妇女均会剪一些诸如元宝、双喜、状元花之类的剪纸，逢年过节还用于送亲友，给节日增添喜庆气氛。

三曰竹编。

黄店镇地处丘陵、山区半山区，有 46 个行政村，种植毛竹有多年的历史，毛竹主要产地有朱家、张坞、坞口、邵坞、考坞源、下慈坞、樟坞、芝堰等山区村。农户所用的农具如畚箕、箩筐、扫帚、竹匾、篾地垫、糠筛、米筛等，家居中的生活用品，如篾席、竹交椅、重篮、吃盒等均可由竹制成。自古至今，几乎村村有篾匠师傅，改革开放后，本地竹制品逐渐用度减少，篾匠师傅也逐渐淡出。刘家村现有刘国彪、刘纯兴两位师傅，但已不常做。

竹编是用山上毛竹剖劈成篾片或篾丝并编织成各种用具和工艺品的一种手工艺。工艺竹编不仅具有很大的实用价值，更具深厚的历史底蕴。竹编行业历史上以作坊形式世代相传或以作坊依托的师徒关系存续，学徒学成后，自立门户，再招徒弟，口传身教。一般做生活用品、农业用具。

竹编工艺常用的有：

1. 编织，即用竹丝、篾片以挑和压的方法构成经纬交织；

2. 车花，将竹节车成一定形状和装饰；

3. 拼花，利用竹的表面或断面，拼成花型或器皿；

4. 穿珠，是将竹节制成小段进行穿结；

5. 翻簧，利用竹簧加工制成各种器皿的方法。

竹编工艺非常复杂，特别是剖劈毛竹，这项功夫非三年五载学不来；再说造型构思也要有天赋，否则做不来惟妙惟肖的动物、花草等作品；如果批量生产，还要用干燥优质的木材制作成模型，这样按模型编织出来的工艺品才能大小统一不走样。

一般流程，首先就要构思作图：根据需要，打样画图，然后制木模。之后是劈篾：用生长良好无缺陷的 3 年左右毛竹，锯成 2—3 米长为一段，用劈篾刀对半劈开，再以作品所需的篾片宽度，划开条子。再把条子从中间用刀劈开。

篾片劈开后上下宽度不一，需过"尖门"一道工序。所谓过"尖门"就是用两把单刀尖刀插在工作凳上面，刀刃向前，篾片在中间通过，能达到宽度统一的效果。再刮薄刮滑，最后用沸水煮，可放入少量双氧水增白，并防蛀、防霉。

这些工序完成后，再编织，然后雕刻、上色、打磨，最后上油漆，经过这样十几道工序后，作品才算完成。

四曰箍桶。

刘家行政村夏唐自然村老箍桶匠唐晋芳十几岁时跟着父亲开始学箍桶，有着一手炉火纯青的箍桶技术。然而令人遗憾的是，随着箍桶业逐渐没落。迫于生计，他还是继续做他的箍桶的活计。他悉心制作，吃盒、猪槽、腰桶、千张桶、水桶、豆腐桶、杀猪桶等样样会做。

箍桶工序：将竹子劈成许多一厘米宽的竹篾。再将早已准备好的木板，用一把稍有曲度的刀劈成两块稍有曲度的木板，就这样反复劈，直到材料齐全。下一步是将木板围成圆形。在每块木板上钻四个洞，每块模板上都长出了四只眼。随后对其施排销，所谓排销，就是两头尖尖的竹子。将其连接起来。桶已成型，但还不够，须将那如凹面的底利用排销安上。当然，在施排销处打上了白胶。这是最后一步，因为许多木匠在箍完桶后发现桶漏水了。最关键的一步，当然是由不起眼的竹篾派上场了。用竹篾将桶紧紧地箍住，如果制作精细，上漆一定是不能少的，这样，才显得更漂亮。

相关材料：木头、木块、木板、竹片等。

工具：刨、斧、墨斗等。

行规：徒弟必须跟师傅学习3年，才能出师。现在由于科学的进步，箍桶这一行业逐渐淡化。

五曰糕点制作。

中国传统糕点的主要原料大多是糯米粉和白砂糖。制作的月饼、百果糕、芙蓉糕、寸金糖、鸡蛋糕、回回糕、连环糕、绿豆糕、双喜糕等传统特色的糕点。

兰溪市黄店镇刘家村的传统糕点历史悠久，种类丰富，制作工序虽不复杂，却有着精湛的烹饪技法。色、香、味俱全。

　　刘家村祖传的做糕饼的人家就有好几家。刘友生的父亲做糕饼，他自己也做糕饼。刘涌平的爷爷做糕饼，父亲刘兑济也传承父志，叔叔刘兑吉、刘兑良也做糕饼。刘兑济办起了肇丰糕饼厂，后传给刘涌平办起了糕饼厂。刘景琳善于做馒头、扎糕等黍做糕点，传给了侄儿刘正彬，在黄店村办起了一家黍作店。刘立年的父亲也是会做糕饼的人。

　　糕点是一种食品。它是以面粉或米粉、糖、油脂、蛋、乳品等为主要原料，配以各种辅料、馅料和调味料，初制成型，再经蒸、烤、炸、炒等方式加工制成。

　　家乡鸡蛋糕，风味极其独特，它用料讲究。一般用上好的淀粉为主料，添加一成左右的鸡蛋；再拌入糯米等辅料，然后放入适量的精盐、黄酒等佐料，拌匀。上笼旺火蒸熟。至此，一道色泽鲜亮、香气浓郁、松软可口、油而不腻的鸡蛋糕便做成了。

　　制作糕点的材料：糯米粉、麦粉、白糖、鸡蛋、颜料、猪油。

　　制作糕点的工具：石磨、团箩、蒸笼、糕点印。

　　糕点一般用于喜庆、接待客人时食用。

　　村规，技艺只传家人，传男不传女。

　　六曰寿桃馒头。

　　兰溪市黄店镇刘家行政村有着悠久的做馒头的历史，刘正彬家五代都从事黍做生意。据说刘家自玄太公刘秀成到太公刘钦云，在刘家本村开过老字号刘钦记馒头店，后来传到他的爷爷刘雪葵、伯父刘景琳、父亲刘景琪，一直到刘正彬，五代都从事黍做生意，主要从事做馒头、扎糕等婚丧喜事的用品。

　　一般的馒头只要用小麦粉和上发酵粉拌匀拌熟，之后搓细，用手掰成小块装，然后用手磨制成圆形，经发酵，后再装进蒸笼里蒸熟，再打上红红的馒头店印便可。做寿桃馒头就复杂一些，必须先制成火腿形状，经发酵，后再装进蒸笼里蒸熟，取出后，用小麦粉和红颜料混合拌匀成糊状，再将这带有红色糊状的小麦粉倒入漏斗，用漏斗的小嘴写成红色的"寿"字，再将馒头蒸煮片刻即熟，取出后将这火腿状馒头的其他部位盖上印，如同刚刚出厂的火腿。为造房子的做馒头也是同样，写上"紫微拱照""福禄寿喜""恭喜发财"等字样。据刘正彬说，他们店里在农历十二月特别忙，一天要做2000多个馒头，这寿桃馒头一天也要做上好几对。黄店这一带村子里时尚过"月半"节，因而做寿桃馒头祭拜祖宗也较流行。

生意也特别好。

相关材料：小麦粉、发酵粉、颜料等。

工具：蒸笼、印、锅、作板、重篮等。

寿桃馒头用于做寿。"紫微拱照"馒头用于造房子的人家。

七曰腊肉。

所谓"腊肉"，就是经过腌制，尔后挂在屋檐下风干的猪肉。在白露山一带村村户户自古有挂风肉的习俗，已有800多年历史。相传，明朝朱元璋称帝前转战此地，食之赞不绝口，称帝后命其为贡品，"糖醮风肉"成为宫廷御宴之珍品，贵妃食之不仅大饱口福，还具养颜美肤之效。

兰溪市黄店镇刘家村的腊肉制作：在鲜肉上加盐或浸酱油。刘家腊肉色、香、味俱佳，肥而不腻。成品风肉用刀切成薄片，蒸熟后，色有三层：上层猪皮呈黄色；中层肥肉呈白色，有的夹褐红色的精肉层；下层精肉呈褐红色，色泽透亮，仿佛一幅亮丽的油画。风肉刚出灶台，余热袅袅时，香气扑鼻，细嚼慢咀则满口清香。或用土蜂蜜蘸之，则味甘，或不蘸佐料食之，则淡而有香，回味无穷。由于风干日久，油性挥发，脂肪含量降低，故食之有肥而不腻之感。

刘家腊肉制作时间一般选择农历立冬之后到次年立春之前，最佳气温3—15℃，温度控制在70%以下为宜，风肉制作流序：

1. 最好是买二刀肉和坐墩肉，用刀把肉上面的脏东西刮干净（千万不要用水洗），鲜肉或冻肉刮去表皮肉垢污，切成0.8—1公斤、厚4—5厘米的标准带肋骨的肉条。如制作无骨腊肉，还要切除骨头。

2. 将盐和花椒一起炒热，盐被炒成黄颜色的样子起锅。

3. 加工无骨腊肉用食盐2.5公斤、精硝0.2公斤、白糖5公斤、白酒及酱油各3.7公斤、蒸馏水3—4公斤。辅料配制前，将食盐和硝压碎，花椒、茴香、桂皮等香料晒干碾细，将炒好的盐均匀地抹在肉上（盐大约是半斤，可以按自己的口味自己掌握），我们这里大概是把抹好了盐的肉放在盆里腌7天，每天都要翻动一次。

4.7天之后，把肉拿出来晾起，一定要晾在特别通风的地方。

5. 晾了一周后，把肉取下来，将醪糟汁直接抹在肉上，再晾1—2周的时间（在此期间也可以多抹两次醪糟）。

6. 最重要的一点，一定要用风吹，这个是风吹腊肉的重点。

7. 要吃的时候，把腊肉取下，要将醪糟洗净，如果肉的味道比较咸就煮着吃，如果味道合适，就蒸着吃。（蒸的时间大概是 20—40 分钟，根据火力大小自己控制）。

8. 腌渍有三种方法：（1）干腌。切好的肉条与干腌料擦抹擦透，按肉面向下顺序放入缸内，最上一层皮面向上。剩余干腌料敷在上层肉条上，腌渍 3 天翻缸；（2）湿腌。将腌渍无骨腊肉放入配制腌渍液中腌 15—18 小时，中间翻缸 2 次；（3）混合腌。将肉条用干脆料擦好放入缸内，倒入经灭过菌的陈腌渍液淹没肉条，混合腌渍中食盐用量不超过 6%。

9. 熏制有骨腌肉，熏前必须漂洗和晾干。通常每百公斤肉胚需用木炭 8—9 公斤、木屑 12—14 公斤。将晾好的肉胚挂在熏房内，引燃木屑，关闭熏房门。

据老人言，古时富裕家庭才挂腊肉，现时讲究吃新鲜蔬菜，所以大多百姓家已不挂腊肉。

八曰荞麦烧。

黄店镇地处朱家、芝堰山区，山高地多，可以用于种植荞麦，野生荞麦也相当丰富，因此制作荞麦烧有相当丰富的经验，据推算约有数百年历史。近年来，朱家的余粮山、蒋塔、坞口，芝堰的十二曲、下慈坞、考坞源、芝堰、三峰殿口及刘家行政村的夏唐自然村都有制作荞麦烧的专业人员。

工艺流程为：

1. 制酒娘：在谷粉中拌入一定比例的当归、官归、肉桂、甘草、珊瑚、山楂、防风、黄柏、桔梗、花椒、羌活、川芎、牛膝、山奈、茴香等中草药，与辣椒水（将野生辣椒草煎水而成）拌和，通过一定的温度发酵晾干，做成鸡蛋大小的烧酒药。

2. 取材：荞麦净米若干，酒娘若干（100∶2），干柴禾若干，净水若干。

3. 煮荞麦米：放入大锅，煮时注意水位，要透，停火后，让荞麦米焖在锅内数小时，煮透。

4. 伴酒娘：将煮熟透的荞麦米薄薄地放凉后，撒上碾成粉状的酒娘，堆放一定时间，等酒泸流来时，再放入大缸或坛内，20 天以后可烧制。如封口密的过几个月也可烧制。

5. 烧制：将烧酒麦连同酒泸一起分批放入酒蒸内，将酒蒸放入一口二尺六的大锅，酒蒸内和锅内灌入冷水，然后点火烧制。先用微火慢慢将锅内的水烧开，切不可用旺火。酒蒸内的烧酒麦烧后产生热气上升，碰到酒蒸上端的冷水，产生了蒸馏水，这蒸馏水用一根管子接出来，便是烧酒。常用酒壶或耐烫的用具盛装，再将其装入大酒坛，看酒花的大小来决定继续烧还停烧，酒蒸上端的水热时要更换。

6. 封存：荞麦烧烧好后，常装入酒坛。古时用桐子叶或荷叶封堵，有的外加泥封，现时多用尼龙布袋封堵，压上一块砖。封好后，宜放在阴凉通风之处。高粱烧封存时间越长酒性越醇，但是不可漏气。如漏气的话，烧酒最后会变成水。

相关材料、工具：

1. 材料：烧酒娘、荞麦净米、净水、干柴（大柴）。

2. 工具：灶台一个（烧制用），酒蒸一个（烧制用），地垫或尼龙（凉高粱米用），大缸（放烧酒麦用），箩筐数只（挑烧酒麦用），酒壶（接装烧酒用），酒坛数只（封存烧酒用），十斤架篮一只（分装烧酒麦进入酒蒸之用），扎箕一双（挑大柴用），火瓶（杀炭用），水缸一只（储冷水用），白碗一只（看酒花用）。

荞麦烧的特色和作用：土制荞麦烧是好酒者的宠儿，是较高档次的宴席上的上品之一。它还可浸各类的药酒，如浸杨梅，可治跌打损伤，有消毒、消炎功效（外用）。烧酒泸可吃，但有炎症者慎吃。烧酒麦可当喂鱼、猪、鸡等的饲料。烧番芋烧时，将烧酒麦伴入番芋糟当酒糟，可使之不黏糊透气，使蒸汽上升。

夏天人们多爱喝荞麦烧，有防暑作用。

每年农历下半年八月至十月烧制。

烧酒师傅轮流供饭，工钱按数量（酒娘的斤两）计算。

九曰"缸米黄"。

酿制黄酒已有2000多年的历史，"缸米黄"是兰溪民间酿制黄酒的土称呼。

据传，农家做黄酒起源于三国时期。三国时期的江南一带属吴国管辖，至今在民间还流传着一个酒的故事：相传江南有一户很穷困的农家，主人为人忠直厚善。一天，一位神仙路过他家，向他讨口茶喝。主人热情地招待神仙吃过茶饭，神仙十分感激他，想报答他的恩情，于是就问主人吃的水是从哪里取来的？主人说是从屋后的一口渗水洞里打来的，神仙说：“你带我去看看。”主人带神仙来到渗水洞边，神仙向洞里撒了一把米，并说过一个月后，叫主人把洞水挑到街上去卖。一个月后，主人挑了两桶洞水到街上卖，竟是香喷喷的黄酒，众人喝了都说是好酒。穷主人卖酒生意日益兴隆，一年后家里由穷变富。第二年，神仙再次来到他家，问主人家境如何，主人说，酒生意是好，但是没有酒糟，家里有几只猪因没有酒糟吃都喂不肥。神仙即在大墙上写了几个字，曰：天高不算高，人心比天高，清水当酒卖，还嫌酒没糟，若要有酒糟，洞里红米白米造。说着神仙不见了，主人按照神仙的话，到渗水洞里挖出红米，混在白糯米中，黄酒真的做出来了。

自从那时起，就一传十，十传百，四周农家都学会用红米混白糯米，酿造黄酒。每逢佳节江南农家都要做黄酒（缸米黄）喝，一直传承至今天。

白露山一带的刘家村，每到过年都要酿制“缸米黄”。缸米黄的制作流程：先做红曲，用大米筛选全粒，放入水里浸三天三夜，蒸得半生不熟而取出，用红曲粉当曲娘拌在大米饭里，堆放几天后红曲和大米会自然发酵，稍微颜色变红，装在饭篮里，放在清水中洗淋，待水滴燥，又堆放发酵，经过3—4次大米自然发酵成红曲，有了红曲就可酿制缸米黄。做缸米黄要用糯米饭，每一斤糯米用红曲一两配制，先把糯米饭摊凉，每斤米一般一斤半水，把糯米饭和红曲拌均匀，放入水里过5—7天就酿成“喷香”的缸米黄酒。

（兰溪农办）

新唐裱画

中国书画可谓东方艺术之瑰宝。书画装裱工艺，也可以说是中华民族独有的工艺。正由于有了装裱工艺，历代书画珍品才得以保藏久远。其后来传到日本以及一些亚洲国家，成为东方别具一格的特有工艺，受到世界各国的珍视。

我国这一独特的民族工艺是怎样发展起来的呢？1973 年湖南战国楚墓出土的《人物御龙帛画》，为我们探究书画装裱工艺的起源提供了极为宝贵的原始资料。这件珍贵文物，最上横边裹着一根很细的竹条，上系有棕色丝绳。后来在长沙马王堆一号汉墓出土的帛画上，又进一步发现：丁形帛画的顶部裹有一根竹竿，系以棕色的丝带，中部和下部的两个下角，均缀有青色细麻线织成的筒状绦带。这些具体特征，展示了古人要求观赏绘画的最初动机，对于研究书画装裱的起源，有着十分重要的作用。

刘家行政村新唐自然村唐文光向女埠师傅学习裱画艺术，有不错的功底。

装裱程序为：

制浆→托画心→方正画心→（托染材料）→配料→镶嵌→清裁大边→转边（包边）→粘串（接含口和粘搭杆）→配背（裱覆背纸）→覆画（扶活）→磨画（砑光）→剔边（批串）→配杆→钉铜钮（绦圈）→包杆（上轴头）→上杆→系绦（串丝带）→扎带→粘签条

装裱材料：

1. 宣纸：分为生宣和熟宣，以安徽产净皮生宣为主。

2. 绫、绢、锦、锦绫、麻布等。

3. 天杆、地杆、月牙杆、轴头、手卷片、签子等。

4. 丝带、绦带、铜钮等。

5. 面粉、明胶、明矾等。

书画装裱的设备及工具。

1. 工作室（亦称装裱间）：要求宽畅明亮，清洁整齐，安全方便，温度与湿度要适中。

2. 挣墙（亦称大墙，挣板）：用于贴平，挣干画心，裱件和各种装裱材料。要求平整、光滑、通风、干燥。

3. 案台（亦称装裱桌）要求台板木质坚硬，台面光滑平整，案台高度一般在80厘米左右。

4. 晾架（亦称晾竿）：用于晾干经过加工的复背纸，色纸以及各种材料等。

5. 拷贝桌：玻璃桌面，内置日光灯，用于揭裱残破旧画。

6. 人字梯：用于裱件上、下墙时蹬踩。

7. 排笔：用于托裱绫、绢、纸张、画心及覆画等。

8. 棕刷：用于托裱绫、绢、纸张、画心及覆画裱件上墙等。

9. 裁纸刀：用于方正画心、裁配画料等。

10. 界尺和切板：用于方正画心、裁配画料等。

11. 锥针和镊子：用于方正画心、挑除杂物等。

12. 启子：用于揭启挣在墙上的裱件及各种材料等。

13. 油纸（亦称浆纸、隔糊）：用于镶嵌边料隔糨糊用。

14. 砑石（亦称磨石）：用于裱件背面砑光、磨平。

15. 蜡板：用于裱件背面砑光时摩擦画背。

16. 其他工具：剪刀、掸子、叉子、喷水壶、箩筛、木锯、电钻、钳子、铜线、面盆、毛巾、毛笔、颜料、墨汁、调色盘、塑料薄膜等。

品评裱件质量的标准简而言之为：平整光洁、柔软谐调。

具体可以分为：

1. 工艺精致，镶口匀细。

2. 展挂平整大方，画面光滑洁净。

3. 画面色彩搭配谐调。

4. 手感柔软，厚薄适度。

5. 收卷后整齐，无参差。

（兰溪农办）

姚村手技

木雕技艺。

据《姚村村志》（1997）载：清光绪年间（1898）始有木雕工艺，剞劂艺术日益精进，水、花鸟、飞禽、走兽、人物等工艺品载誉县内外。《兰溪市志》（1988）、《兰溪市文化志》（2002）载："木雕以殿山乡姚村姚金聚、水亭乡陆锡福最著名。"

木雕工艺一直在兰江姚村传承。从姚金聚始，代代相传，至今还有15人在从事木雕手艺。

姚金聚，又名树炎，乳名成家仂，生于清光绪十一年（1885年），13岁师从东阳木雕名师，他聪慧苦学，艺成且精，待人诚恳，民国16年（1927年）被选为兰溪县木雕园业公会兰西分会会长。他一生作品甚多，有供桌、龙头，系列人物群像数千件，姚村古建筑至今留有他们的作品。

姚焕强，1954年6月生，自幼耳濡目染，领悟雕花要领，14岁随父学艺，至今从艺近40年，从雕糕饼印开始，被评为糕点印模特级大师。改革开放后，参加古建筑修复，旅游景点木雕装饰，雕刻龙亭、香亭10余座。黄大仙宫元宝供桌木雕图案反映黄大仙成仙经历；诸葛八卦村丞相祠堂中亭修复；天一堂六角亭"百鸟朝鸣"图，不同形态的百鸟工艺精细；黄大仙宫（微雕）被兰溪市政府作为珍品赠送香港黄大仙啬色园；《叱石成羊》被英香港最后一任总督彭定康收藏；释迦牟尼佛和观音菩萨雕像参加法国、日本展览。姚村木雕品种多、题材广、品位高、具有浓郁的民族民艺特色。

从事木雕工艺，要把握好以下几个环节。

1. 构思设计：根据客户需求设计图纸。

2. 选木材：巧借材料的天然类未因势设计雕刻形象。

3. 打木坯：人物造型以头为尺，站七坐五蹲三半，顺着木纹屑雕刻。

4. 细雕：锉好、刮好，用砂纸打磨（砂纸有粗、中、细），顺着木纹的纹路擦才能擦得光滑。

木雕的主要材料与工具：

材料：木料最普遍的是香樟木，人称吉祥树、常青树、多子树。另外还可用酸枝木、红木、桦里木、东京木、柚木、楠木、橡木、白果木、石榴木、黄杨木、荔枝木、乌桕木。

对木料要求：不裂，不变形，未被虫蛀过，最好是年久的陈木料。

工具：锯、尺、三角尺，用圆雕和拼圆的丝杠夹、木槌、油桶、木雕刀、弯刀、三角刀、刮刀、斜刀、平刀、圆刀、马牙锉和圆锉、型号不同的磨刀石。

姚村木雕经过几代人的不懈传承，艺术不断提高，木雕艺术品逐步走向世界。

姚家红曲酒。

据《龙山姚氏宗谱》记载：兰溪市兰江街道姚村，始迁祖姚烈，万六公，南宋景炎年间（1127—1130）由绍兴迁徙兰溪瀫西姚村定居。为龙山姚氏。

龙山姚氏的来源出自妫姓。相传五帝之一的舜出生于若水，居于地丘的后代，因生在姚墟，其后子孙便以地为氏，称为姚氏。又相传舜在当帝之前，四岳曾向帝尧推荐过陶唐氏，舜继承王位后曾把自己的两个女儿嫁给他，让他们居住在妫河边。他们的子孙有留在妫河边居住的，便以妫为姓。武王灭商后，找到了帝舜的后裔妫满，武王把他的大女儿嫁给妫满，并且封他于陈。传至年仲敬氏时因避王莽乱居于吴郡，改姓为妫。传五世后，复改为姚姓。

吴兴郡：三国吴宝鼎元年置郡，治所在乌程。相当于今天的浙江临安、余杭、德清一线西北，兼有江苏宜兴等地。姚氏的发源地大致有两处，即江苏苏州和今甘肃陇西一带。早期由于家族势力不足，所以发展繁衍得较为缓慢，从晋代开始，姚氏因有来自甘肃陇西一带的羌族首领姚戈仲后裔及所带来的部众作为姚氏的加入而壮大起来。也就是说，今天姚氏的中国人，大多数是来自这两支。这两支姚氏后来不断繁衍搬迁，唐代以前就已经成为今浙江吴兴及甘肃陇州一带的望族。后来吴兴吴康有一支姚氏分迁于陕郡，至隋时发展成为当地一大望族。姚村姚氏就是从绍兴（吴兴）迁徙而来。

兰溪市兰江街道姚村姚亚文制作的红曲酒，采用的是祖宗从绍兴一带流传下来的工艺，用"原生态法"制作红曲，不采用"催化剂"催。并且与兰溪的"缸米黄"制作方法相配合，所以酿的红曲质地好。

酿造技艺特点：主要是把握环境温度、水质、空气质量、红曲、米与水之间的配比。

对温度的把握，环境温度不能日晚温差太大。控制落缸温度，主要是红曲与米的落缸温度。开瓣时间凭经验来感觉温度。

对酿造用水的选择，最好是选用流动的水，如山泉水、地下水。本厂采用的是地下水。

对发酵过程的把握不能太密封，要求空气流通，进行有氧发酵。

对用料的选择，须用当年的本地糯米。

配比为：糯米∶红曲＝10∶1，水∶米＝1∶1（注：水不能超过1.5）

刚"榨"出来的红曲酒，酒香比较淡，颜色比较浓艳浑浊，入口也会略带有一些刺激性。但若是装在坛子里存上一两年，再打开时，酒香就会扑鼻而来，颜色变得透明单纯，入口丝滑。

制作"红曲酒"工具：大号容器一只、陶制大口缸一只、带孔沥干淘米篮一只、木制饭蒸、炊蒸灶具大竹扁一个。

材料：精选上等糯米、红曲、水。

产品有：龙山状元红、龙山红红曲酒。

兰江街道姚村，始迁祖姚烈，万六公，南宋景炎年间（1127—1130）由绍兴迁徙兰溪瀫西姚村定居。为龙山姚氏。绍兴酿酒，历史悠久，驰名中外。姚村姚氏就是从绍兴（吴兴）迁徙而来。其酿酒技艺也随着姚氏的迁徙而发展、传承。

其谱系为：

1. 行万六　姚烈
2. 行千八　姚有邑
3. 行肆六　姚谟
4. 行增三　姚成国
5. 行再七　姚学善
6. 行福三　姚申姑
7. 行宗八　姚员茂
8. 行瑞七　姚咏芳
9. 行文七　姚善恺

10. 行行廿三　姚大昶

11. 行孝四三　姚滂　乡饮宾　恩授顶带

12. 行友三八　姚欐

13. 行睦三九　姚狷

14. 行媚三五　姚泄廣　号顺庵　乡饮宾　以寿冠带给匾

15. 行任三五　姚尚伦　号印孺　府庠生

16. 行圣六十八　姚廷牲

17. 行敦六十九　姚梦懂

18. 行让九八　姚有琦　恩授顶带

19. 行百六七　姚凤岗　号韶九　姚有琦子

20. 行良百八二　姚云路　号开阶　姚凤岗幼子

21. 行基二百六八　姚开泮　字日瑞　号德祥，姚云路幼子

22. 行锦三百五十九　姚用坤　字日钊　姚开泮幼子

23. 行津四百廿三　姚福纲　字兆康　光绪壬辰年六月十一日未时生　姚亚文爷爷

24. 行松四百十四，姚炳圭，民国壬戌年十月十四日戌时生。姚亚文大伯。

姚炳权，字信权，民国壬午年（1942）正月二十日亥时生，姚亚文父亲。

25. 姚亚文，女，1971 年 11 月 1 日生，开办兰溪市龙山姚家酒厂。

兰溪市龙山姚家酒厂是一家集生产加工、经销批发于一体的私营独资企业，龙山状元红、龙山红红曲酒是兰溪市龙山姚家酒厂的主营产品。该厂为了保护这一传统的非物质文化遗产，成功注册了"龙山姚氏"商标，制作红曲糯米酒。其采用有机糯米、泉水，纯手工古法酿制，产品销往广州、深圳，深受消费者喜爱。

（刘鑫）

东叶村技艺

兰溪市马涧镇东叶村位于马涧镇政府驻地偏北 9000 米。属半山区,区域面积为 3.5 平方公里。辖东叶、长塘、下后田、徐宅 4 个自然村,13 个村民小组。2014 年有 1232 人,397 户,现有耕地 984 亩,山地 115 亩,养殖水面 45 亩。村民人均年收入为 6106 元,村集体年收益 1.2 万元。以种植业为主,花边为特色产品。

东叶村有着悠久的历史沉淀。古建筑十分丰富,有台门、中厅、上厅、荣耕堂、东叶祠堂、徐宅世美堂与大量的古民居建筑,及古井、古桥、古樟树、古堰坝、古街等。古民居、古祠堂达 30 多处,大多保存完好。东叶祠堂三进两明堂,明堂空间较大,气势十分开阔,牛腿的雕刻也十分细腻。井头沿民居上的门帘雕刻着诗情画意风景、风情图案,如:"为善最乐""寿而康""读书便佳""嵩峰秀""悦秀屏""采澄清"等 10 多篇。东叶徐氏旧厅祠堂为清末古建筑;东叶叶氏宗祠为民国古建筑,是近现代重要史迹及代表性建筑;东叶村叶国荣民居为民国古建筑,是近现代重要史迹及代表性建筑;东叶叶氏旧厅祠堂,为清代至民国古建筑;东叶叶氏份头厅祠堂为民国古建筑,是近现代重要史迹及代表性建筑。永济石拱桥始建于清代嘉庆年间,宣统己酉年重修为步行桥,1993 年造通村公路时将该桥加宽至 4.5 米。

东叶村为革命老区,地下交通员盛如南的故居尚存。1942 年 5 月,日军侵占兰溪后,曾任中共兰北浦南区委书记的方正,通过关系搞来 10 余支步枪,以东叶地下党员为基础,组织了 30 多人的抗日武装——东叶自卫中队。

东叶村文化名人辈出。当代著名的雕塑艺术大师叶庆文、书画家叶剑鸿都是东叶村人。叶庆文 1925 年 9 月出生于浙江兰溪市,东叶村人。1951 年毕业于中央美术学院华东分院,留校任教,曾任教研组长,副教授,现为中国美术学院教授、中国美术家和中国雕塑家协会会员、世界书画家协会理事和研究员、现代民族书画艺术家协会副主席、中国艺术研究院创作委员、中国长城书画研究院名誉院长、新神州艺术院高级名誉院士、香港国际画院特聘高级名誉顾问。

叶庆文创作了雕塑290余件，分布在全国各地的纪念塑像有：吴敬梓、祖冲之、顾炎武、文天祥、骆宾王、朱丹溪、孔子、鲁迅、志愿军、毛泽东等。并主持南昌八一起义纪念碑"攻打敌营"大型浮雕等。不少雕塑参加全国美展，有的曾获国家奖。1994年因美国中西书画家协会邀请举行二次学术讲座，办了一个美术班。铜质《罐舞》《浴女》1995年荣获美国奥克兰特别贡献奖。多次参加国际美展。而且在东南亚各国、美国、法国举办个人美展，得到同行界和各界人士及《世界日报》《密西根报》《欧洲日报》《星岛日报》等好评，促进了国际文化艺术交流。

他还出版了《雕塑艺术》（华东区大学优秀教材荣获二等奖）、《人物雕塑技法》《凝固的旋律》（中外雕塑艺术）《雕塑技法》《叶庆文雕塑选集》等六部著作及论文七十余万字，200余幅插图、400余幅图录。后期兼研国画，擅长花鸟题材。在全国性书画大展中，曾获金奖三次、特等奖三次、银奖、二等奖、精品奖九次。《我怎样走上艺术道路》被载入世界学术文库华人卷，荣获世界学术贡献奖论文金奖。从20世纪40年代直到现在辛勤创作，留存下来的一批雕塑、绘画作品，奉献家乡人民，为此兰溪市人民政府建立叶庆文艺术馆，作永久保存。其平生事迹、作品被入编《世界当代名家书画大典》《世界现代美术家辞典》《20世纪现代美术精品荟萃》《中国当代书画家名人大辞典》《当代书画名家精英大典》《中外书画家简明辞典》等220余部大型辞书。授予"当代书画艺术名人"荣誉称号，"世界杰出华人艺术家"荣誉称号。

东叶村的非物质文化遗产也很丰富，主要有：荞麦烧制作、手工年糕制作、红曲酒制作、红曲制作以及书画作品等。

传统农产品有：荞麦烧。东叶村山好，水好，自然风光清新，传统技术的酿酒，有着悠久的历史。东叶荞麦酒以没有脱壳的荞麦颗粒为原料制备而成，其工艺规程是在固态发酵、固态蒸馏传统工艺的基础上增加了泡粮、初蒸、闷粮、复蒸的工序，其特点是：产出的荞麦酒酒香浓郁、入口绵长，具有独特的风味；其特点是既具清香型白酒的特殊风格，又有传统小曲米酒的自然风味。

手工年糕制作：每年的农历过年前，东叶村有做年糕、吃年糕的习俗。在年糕普遍采用机械化生产的今天，东叶村有几家纯手工制作年糕的加工点，他们用石臼揉及用双手揉捏出来的年糕受到许多群众，特别是老年人的喜欢，生意好得不得了。

手工年糕与机器加工的年糕相比，具有韧性好、容易消化等特点，更适合肠胃不好的人和老年人吃，还有一批"口刁"的喜欢手工糕特有香味、口感的群众对手工年糕喜爱有加。

红曲酒制作：东叶村村民过年必做红曲酒，成为东叶村村民的一种风俗，其制作过程为9个步骤：

第一步：冷水浸泡糯米（约24小时）；

第二步：清洗浸泡的糯米；

第三步：用蒸笼蒸熟糯米；

第四步：将熟糯米摊平放，用自然风干方式干冷至30度；

第五步：根据药引说明，先在缸中放入一定比例的水（冷水）和药引，搅拌均匀；

第六步：将糯米放入缸中，搅拌均匀即可（上不可密封，只拿东西遮住缸口，不让灰尘掉入）；

第七步：控制室温，以20度为最佳；

第八步：一个月后可食用（3天后可先翻一下米，可再撒点白药）；

第九步：把酒滤出，装瓶密封。

红曲制作：东叶村人热情好客，喜爱喝酒。因此有制作红曲进行酿酒的风俗。红曲最早发明于中国，已有一千多年的生产、应用历史，是中国及周边国家特有的大米发酵传统产品。红曲米异名：红曲、赤曲、红米、福米。性质：为棕红色至紫红色的米粒。来源：以籼稻、粳稻、糯米等稻米为原料，用红曲霉菌发酵而成，为棕红色或紫红色米粒。

如今，东叶村正在利用东叶村的人文历史和梅溪两岸的美好风光，开展滨水休闲绿地景观建设，美丽乡村的蓝图即将实现。

（兰溪农办）

大柘坑村叠罗汉

山道弯弯，绿树幽幽，在巍巍大盘山深处，有一个名为"大柘坑村"的小山村。它依山就势而建，黑瓦、泥墙、木柱围绕的房子，小巷、菜园、果树间杂的村子，很不规则地贴附在那浅狭的小山涧里，构成了当地山民的生息之地。大柘坑村是高二乡乡政府所在地，距县城约51公里。高二乡西北有座大山，名叫高姥山，海拔1220米，因"姥"与"二"两字方言谐音，就将"姥"简写成"二"，习以成俗，高二乡名也由此而来。全乡各村分布于高姥山下，平均海拔较高，是避暑的好去处。

每逢农历七月七日为庙会，二月初二、三月十九为朝拜日，磐安、永康、仙居、天台、缙云、东阳、新昌等地有成千上万的善男信女上山朝拜祈告、许愿还愿。位于高姥山上的聚贞宫、娘娘庙历史悠久，始建于明代，距今已有600多年的历史。高姥山庙会在磐安、仙居、东阳、永康一带的民间颇有影响力，每逢七月七庙会，会有成千上万人涌向高姥山，聚贞宫、娘娘庙周围人头攒动，香火鼎盛；七夕前日在高姥山过夜有求平安祥和图吉利之说，俗称"靠山"，所以七月七前一天晚上的高姥山也很热闹。据传：明末清初年间，曾出现七位仙女在高姥山给当地的村民治病，保平安。后来每年的七月初七，当地的村民都要举行盛大的庙会来纪念这七位仙女给当地带来的风调雨顺、五谷丰登。每年的七月初七，当地农民自发组织活动，盛况空前。21世纪初，高姥山被批准为省级生态旅游区。此后每年的七月初七都要举行盛大的民俗文化节。

七月七庙会历时三天，第一天（初五），各村组织长旗队、戏曲、舞蹈、莲花落等节目参加助兴表演。第二天（初六），就有上万烧香拜佛人在高姥山娘娘庙里"靠山"过夜，晚上有篝火、拜佛念经、过仙桥等活动。各村组织的长旗队、莲花落、舞狮、罗汉班到大柘坑村集中，然后到附近转一圈，其队伍排列顺序是，两人抬着娘娘佛在前，莲花在后。到第三天（初七），各种民间艺术节目汇集（如腰鼓、舞狮、三十六行、莲花落等），各村组织的节目都在庙会前一一表演，极为壮观，吸引了无数的仙居、天台和本县的游人，人数多达3万—4万，是整个庙会活动的高潮。

整个庙会的表演之中，大柘坑的罗汉班是独一无二的，罗汉班武术有拳术、叉术、马刀术、枪盾术、刀棍术、叠罗汉等，都要请拳师教练；花样有"背独脚""叠龙亭""叠出门""奈何桥""叠马""叠荷花""猴子洞""排字""造牌坊"等；表演有飞叉、团叉、踏叉、套叉、钩叉等技巧。外加走阵、打盾牌、开四门、打五虎等，道具有旧式刀枪剑棒十八般武器，绿毛狮子等，配以锣鼓唢呐。

大柘坑几乎所有的男性都会打罗汉拳，从七八岁到五六十岁，"叠罗汉"技术要求较高，因此为了准备每年七月七庙会上的表演，村中技能熟练的表演者需要提前半个月至一个月开始训练。大人白天在地里干活，小孩去上学，晚上才能聚在室内或空旷地上进行紧张的训练。

大柘坑村的叠罗汉，也称"造牌坊"，即几人层层叠成各种各样的造型，是一种民间的游戏娱乐形式，也是一种高难度的民间杂技。在庙会表演时，叠罗汉的过程可以分为两大块，一是"走阵"：在鼓乐声中，几十人或上百人手持各种器械，穿插走动，摆出各种阵容，分别冠以"长蛇阵""蝴蝶阵""梅花阵"等名字，之后还有"十八罗汉"走阵等；二是"叠罗汉"，这是继"走阵"之后的一种表演，也是罗汉班表演过程中最显功力、最吸引观众的高潮部分。叠罗汉也有诸多叠法，如"立牌坊""树亭阁""观音坐殿""观音渡船"等，具体编排各有特色、别具匠心。

"叠罗汉"需要演员20人，一共有5层，第一层5个大人，第二层5个大人，第三层5个大人，第四层4个大人，第五层是一个小孩儿，全部重量靠下面的五个大力士支撑。每层相邻的两个人手挽手，上面一层的人就叠站在他们的肩膀上，以此类推，最后一小孩（通过撩叉这一工具）攀上到最高层，骑到大人肩膀上，成为第五层，最终叠成牌坊造型。位于最顶层的小孩儿，年龄一般在4—6岁，当地人称"罗汉佛"，是在村中小孩儿中统一挑选的，要求形象健康可爱。罗汉叠成后，要同样做顺时针、逆时针旋转，"罗汉佛"戴凤冠、头巾，脖子戴银项圈，手腕戴银镯，涂上口红及脂粉，手拿拂尘，在空中挥舞，接着顶层小孩退出表演，第四层大人成为顶层，此演员在顶层做倒立、倒挂等多种高难度动作，整个表演在锣鼓声中时惊时险，给人以惊心动魄之感。

叠罗汉有几个特点：一是表演的惊险性，叠罗汉表演一般要叠到4至

5 层，最上层的人还要面带笑容，手甩拂尘做出多种花样动作。如滚叉表演，要甩到几丈高的空中，不偏不倚地落到身上后还能滚动自如；二是罗汉班的团结性，罗汉班表演少则几十人，多则上百人，指挥必须高度统一，行动必须高度一致；三是艺术的综合性，罗汉班的表演集戏剧、武术、杂技、体育、舞蹈等为一体，具有粗犷与细腻、奔放与严谨、娱乐与教育等特点。

据传，这一民间艺术形式起源于宋代，到了明朝，戚继光招募义乌、东阳、磐安等地将士抗倭，曾在磐安训练士兵，并建寨防守（磐安境内至今尚留存有夹溪寨等多处抗倭遗址）。后来，这些曾被招募的抗倭士兵回到家乡，把军队中的阵式、格斗、攀登等一整套军事作战技术结合进来，使这一民间艺术锦上添花。为了纪念这带有英雄色彩的技艺，大柘坑村的村民对于传承这一中华传统民间艺术充满了热情。

（磐安农办）

佳村龙舞

1999 年 5 月，台湾出版的《中国民俗节日故事》，第一册《龙灯》中，开篇写了一个关于舞龙传统由来的故事：浙江省金华县有一条大溪，名为"灵溪"，溪水从北边的奇灵山上发源。一次金华县太爷动了恻隐之心，买了一条大蛇拿回家中饲养。一年夏天，灵溪干涸，县太爷梦到土地公告诉他只要将大蛇放入灵溪，便会降雨，后来果然灵验，解百姓干旱之苦，人们为了感谢大蛇，除了烧香祭祀，每年都往灵溪丢大包大包的米，希望来年能丰收。原来大蛇是奇灵山的巨龙，也是掌管雨水的天神，他找到县太爷，告诉他玉帝大怒因为大家将粮食丢入溪中祭拜，太糟蹋粮食。让人们以后祭祀用清水便可。但是县里还是有人用鸡鸭鱼等荤食祭祀，玉帝看到金华百姓还是在浪费粮食，震怒，下令斩了巨龙，金华天天下红雨，被分割的巨龙身体，从天山落下，分散在灵溪两岸。

人们知道后十分后悔，每逢正月十五便舞龙，用一条板凳一样的龙灯把巨龙接起来，希望巨龙的身躯合起来，这个习俗一直流传至今。

今天，在磐安县玉山镇的佳村，我们仍能找到与这个故事相关的蛛丝马迹。故事中的灵溪穿村而过，灵溪上有一座两孔石拱桥——灵溪桥。从佳村往北走 5 分钟，就到了奇灵山，佳村附近一带都是丘陵，只有这奇灵山是岩石质地，岩石上的水波纹路酷似鳞片，犹如人工雕刻；在村中央有个建于 20 世纪 60 年代的村大队室，紧挨着大队室是几户木结构的老宅，住着三户姓胡的人家。空房拆除，一处宛若龙头的岩石终于现形，龙额头则一直延伸到了三户胡家户中，龙头则在村中央，而龙身和龙尾则散落村子周围，距离佳村分别有一公里的灵溪之畔，也是由巨大的连绵的岩石山体构成；在佳村不远处，还有一块蛰伏的大岩石名叫"化龙岩"，传说是巨龙被分割后的龙身；村后的来龙岗，地势形似龙脖子。

令人称奇的是此处 2 亩山地与附近的山土颜色截然不同，上面一层是金黄色，下面是红土，而其四周都是黑色的土壤山；除此之外，村里还有十余处含"龙"字的地名，化龙坞、金钗龙、龙头丘、西塘龙、黄龙、青龙、长龙等。

竹木是磐安佳村龙灯的主要用材，就地取材，经济实惠，结实耐用。舞龙灯是一种大型的集娱乐、惊险、激烈于一体的群体性活动，整条龙灯需要牢固结实的凳板做基底，有时甚至制做长约几百米的龙身凳板。凳板宽15—20厘米，厚约5厘米，以松木做成，两头凿有圆形小孔，供两灯之间连接，连接棍为半米左右的圆形硬木，一块凳板为"一骑灯"，灯与灯之间相连接，骑骑相接。

一　龙灯的制作

磐安佳村的龙灯由龙头、龙身、龙尾三部分组成。龙的长度视参加舞灯人的多少而定，节节相连，可以无限延伸。龙头呈S形。龙身由凳板组成，节节相连，每块长2米，一条龙灯中每块凳板的长度需要一致，凳板上扎制内呈半圆形，外呈三角形框架，糊上皮纸，再绘上山水、花卉或人物图形，题写各种吉祥的诗句。龙尾也一样，不同之处是尾部扎成鱼尾状，并凿一个孔用于拴绳。

整条龙灯集扎、剪、画、贴等工艺为一体，以竹木为主要材料。扎制龙头前，首先需要备好凳板。灯头板应选择新松木，无节疤，板长3米，宽20厘米，厚约5厘米，按龙头结构需要凿洞钻孔。其次，需备一根2米长、手指般粗的钢筋，打好S形，一头开两花叉，打尖头，钉于灯头板前方；另一头开三花叉，打尖头，钉于脑珠板上。以灯头顶部、鼻尖、下巴为序，在其空位穴安置八支蜡烛（现改为电瓶灯）。最后，劈好1厘米宽的竹蔑数条，长短均可。

再备笔、墨、皮纸、明矾等。颜料以大红为主，另有绿、黄、红、蓝等。缚灯头用细铁丝、苎麻绳、塑料绳等。

灯头制作：

缚灯头。先在灯头板上凿2个圆洞、2个方洞，孔径约4厘米。两圆洞一个是前面的背柱洞，一个是后面的灯柱洞；两方洞一个用来装龙额下的主柱杆（柱长1.5米），一个用来装龙身中柱杆（柱长2米）。板后部钻11个洞，其中1个安置蜡烛灯，中柱杆两边各有4个插蔑用的洞，还有2个，一个用于扣风门，另一个用于缚龙身做转弯用。

灯头的头额需用直径1米的胚壳，脑珠由大、中、小20个圈圈成，直径 30 厘米 6 个，直径 20 厘米 8 个，直径 10 厘米 6 个。脑珠下尚有珠垫 1 个，由 6 个荷花瓣组成，以直径 24 厘米和 12 厘米的 2 个圈固定荷花瓣。

龙身可从灯头板的尾部先缚，依龙身的形制转弯和收放。扎好龙的鼻嘴、头额、龙身后，再在头与身的交接处缚好鼻前小尖角，后缚龙角、龙眼、龙耳、龙爪及飞云 4 块、飞带 2 条、龙珠和珠垫各 1 套。钉上蜡烛钉。基本扎好后，必须前前后后、上上下下、里里外外仔细检查，看是否牢固，有无缺漏之处，最后扎上脊梁上的背筋。

整条龙的尾巴板与龙身凳板长度一样，灯面大小与子灯一样，稍做雕刻呈鱼尾状。

龙头由虎额、狮鼻、鲐巴嘴、鹿角、牛耳、蛇身、鹰爪、金鱼眼等组成，是多种动物的组合，体现了佳村人民的智慧。

灯头制作完成以后，还要认真进行装扮，这可是一门难得的学问。灯头头额要书写"风调雨顺""国泰民安"等吉祥语，龙身则需绘画、题诗，应景应时，充满诗情画意。

二　舞龙程序

1. 整场龙灯队伍，一分为四，由灯会指挥人员主持，到四处龙迹圣地就位。

（1）龙灯的龙头部分，附龙珠、牌灯、鼓乐、司仪，在佳村中龙眼、龙鼻即龙头圣地，施行祭礼；

（2）龙脖子（1—6 节），到来龙头龙脖子尽头的古松下等候龙头前来迎接；

（3）龙身（7—40 节），在三脚蹬步化龙岩圣地前恭候龙头；

（4）龙尾（41—100 节），经过前山和龙潭，在下觉庵等待龙头前来迎接。

2. 龙灯的龙头受祭以后，带香灯、鼓乐、牌灯按照设定的顺序到另三处圣地将龙脖子、龙身、龙尾几部分，领到奇灵山前灵溪边的龙头丘待命。

3. 接龙：龙头、龙脖子、龙身、龙尾四部分听全程指挥连接成一体。

4. 舞龙线路：龙头圣地→来龙岗→大塘岭头→化龙岩→放生潭→下觉庵→灵溪大桥→和福桥→灵溪古桥→龙头丘。

在龙头丘将龙头、龙脖子、龙身、龙尾交接成一体，当由司仪（领香灯人）主持朝拜过奇灵山龙王庙后，舞龙灯进入高潮。后遨游灵溪，即从龙头丘出发，沿着灵溪两岸的三州古道，按设定线路在村中各个院落舞完后返回龙头圣地，绕龙头龙眼一圈并朝拜龙头，至此，舞龙灯整个程序结束。

龙是中华民族的图腾与象征，舞龙习俗在我国流传广泛，每逢国家的盛大节日和重大赛事，便有舞龙活动表示吉祥和喜庆，而像磐安佳村这样系统而又独特的龙灯文化并不多见。传承历史，发展文化，佳村村民齐心协力，致力于当地龙灯文化、习俗的挖掘和保护，以及龙灯制作、表演技艺的传承，佳村"中国舞龙发源地"成为磐安县的一张新名片。

（磐安农办）

岭干龙虎大旗

"迎大旗"又称"迎龙虎大旗",是磐安"茶场庙庙会"标志性民间艺术项目,也是国内独有的群体性传统民间竞技活动。每年农历十月十五日,磐安茶场庙都会举行隆重盛大的庙会,"迎大旗"就是庙会的主要活动之一。玉山《周氏宗谱》中记载的《玉山竹枝诗》,就形象地描述了"茶场庙会"及"迎大旗"的热闹场景:"十月中旬报赛忙,茶场卜得看场狂,裁罗百幅为旗帜,高揭旗杆十丈强。"

磐安县岭干村是婺江源头第一村,也是省级非物质文化遗产——"迎龙虎大旗"的始发地。每逢节日或重大赛事,就可以看到这项气势磅礴的文艺活动。

迎竖大旗本为道教仪式,源于战国,始于东晋而盛于元明,"迎大旗"源于宋,至今有 800 多年历史。相传岭干村的龙虎大旗在洪罗相公修炼的时候没有这么大,只是在进行道教仪式的时候用一下。明朝嘉靖三十一年(1552 年),倭寇入侵,破黄岩,掠象山、定海,旋破仙居,进入磐安县境内,玉山人民深受其害。戚继光在义乌、东阳招募兵员,在各地险要处筑寨驻兵抗倭寇,为了吓唬倭寇和鼓舞士气,守将刘壳制成特大的旗帜,高举龙虎大旗与倭寇作战,打得倭寇闻风而逃,赶走倭寇,使百姓得到安宁。从此岭干每逢重大的民俗活动,都要迎竖大旗。

《乌岩倪氏宗谱·敕封旗王》记载,清朝乾隆皇帝于庚子年(1708 年)巡游至玉山境内,有葛达志兵追逐,恰逢茶场庙会,乾隆帝为躲避追兵,潜入庙会人群,"适至岭干大旗边,迎旗众视其险状,即以大旗掩护之,使其安然脱险。追兵过后,乾隆见迎此大旗者见义勇为,济急救危,仁德待人,精神可嘉,即取大印盖此旗上,封为旗王。人们方知乾隆皇也。"因此,岭干的大旗成为娘旗,成为玉山 36 面龙虎大旗之首,每次茶场庙会迎案,龙虎大旗作为娘旗领头参加,必须"娘旗"先竖,再由上一年竞技优胜的大旗开始竖,这两面旗竖定后,其他村的大旗才能迎竖。

　　岭干大旗由旗头、旗面、旗杆、拢耸（升）竹、旗索和旗叉等几部分组成。主竿1根，拢耸（升）竹36根，旗索6条。主竿分为上下两段，上端为18米长的毛竹，下段为1根18米长大杉木，上段套在下段杉木之梢，衔接处用9个铁环紧扣。36根拢耸（升）竹系于套接之处，形状似伞架。主竿顶套一旗头，旗头高2.5米、直径1米，新颖别致，并饰有流苏飘带，极像彩凤点头，华丽壮观。最为人称道的是旗面，旗面套在主竿上段部分，不仅旗大无比，制作工艺也十分精细，丈量大旗，旗面长25米，宽18米，旗面面积达600多平方米，差不多可覆盖一亩土地，大旗的旗面需绸料300余丈，红、黄、绿色绸作旗边，共36幅绸制成，旗面制作耗时2个月，绘有龙、虎、狮、豹或八仙过海等图案。大旗竿脚有"十"字形架，便于竖旗。

　　农历十月十五日，茶场庙会的日子，在出发竖大旗之前，岭干村的村民要先在村里举行祭旗神仪式，以求得竖大旗能顺利进行。由指挥竖大旗的人，带头祭祀。杀鸡见血之后，要在旗杆旗面上都洒上鸡血，以求得竖大旗平安顺利进行。

　　巨大的龙虎大旗对竖旗场地提出了要求，至少要3亩以上的空地。对于大旗的迎竖，步骤严格。首先，场地正中挖一浅坑，旗杆底部对着浅坑放平，接好竹（木）旗杆，并用铁箍箍牢，再把旗面套在竹旗杆上扎缚牢固，顶上接上旗头。每个接头处须仔细检查牢固程度。然后，分配好36根拢耸竹，拢耸竹作撑起旗杆用，连接在旗杆的同一处，每根需1—2人掌握，各司其职。再有5根粗绳系在竹、木旗杆连接处，3根细绳系在竹旗杆上端同一处。

　　大旗开始迎竖，一人任指挥，先把旗杆底部按入浅坑中，数人用"旗扛"撬住旗杆下端的横挡，防止旗杆受力后滑。又数人手执旗叉，叉住旗杆力耸。持拢耸竹和旗索的人各守各位，在统一指挥下，所有人齐心协力竖大旗。大旗缓缓竖起，一人抱住旗面，以免大旗飘开影响迎竖，等竖到一定高度，放手让大旗飘开。此时，锣鼓紧催，鞭炮齐放，场面热烈壮观。

　　"迎大旗"最大的技术难度在"竖"。旗杆下粗上细，加之旗杆又高，每个部位的拉力和推力都须保持均衡，稍有不均便会杆断旗倒。所以竖的过程中须全体人员高度统一，步骤协调，齐心协力，方能成功。

待大旗基本竖正，旗手持拢耸竹、旗索迅速散开，以旗杆为圆心均匀分散四周，并将拢耸竹、旗索呈伞状撑住大旗，保持大旗不会倾斜。

大旗的另一技术难度在"迎"。大旗竖正后，指挥者站于旗杆底端的横挡上，一手抱住旗杆，眼睛顺旗杆向上观测旗头倾斜方向，另一手指挥旗手"迎"旗，保证大旗保持垂直。横挡下有两根"旗扛"，16人分两组用肩抬"旗扛"，大旗及指挥者皆悬空抬起，缓缓绕场"迎"旗，为保持旗杆垂直，旗手必须在指挥者的指挥下使大旗整体移动。

"迎"大旗技术难度大，具有一定的危险性，若大旗倾斜倒下，会造成旗毁人伤的后果。因而"迎"旗时，人人全神贯注，容不得半点马虎。大旗绕场一圈后，回到原地，原样竖回。

"迎大旗"是群体性活动，每面旗需80—100个壮汉。整个过程，锣鼓紧催，人声鼎沸，数十面大旗竖好后，迎风招展，猎猎飘舞。"迎大旗"还是一项激烈的团体竞技比赛。大旗竞技，一比规模、图案、色彩，看哪个村的大旗最高、最大，图案色彩最美观；二比迎竖技巧，若迎竖中出差错或折断旗杆，必须换上重竖，否则，就被认为不吉利。

作为磐安茶场庙会重要组成部分的迎龙虎大旗气势恢宏、华丽壮观，每年都吸引省内外几万名游客前来一睹风采。民俗文化与传统之美，便通过这种方式，祖辈传承下去并为更多人所知。

（磐安农办）

吉祥带编制

织带，作为一项古老的传统民间技艺，磐安县文化部门进行了深入发掘。根据出土文物考证，织带在新石器时代就已经有了，流传在磐安县民间也应该很久远了。过去，在人们的日常生活中，裤带、袜带、裙带、背带、各种打包带、新娘出嫁用的铺盖带，担盘上所系的各种织带，都离不开民间编织工艺，因此，民间织带在历史上曾是农村家庭收入的重要补充。清雍正年间《钦志》就有记载："男子耕获所入，输官偿息外……其衣食全赖红女""妇女纺织佐衣食"。

尽管目前农村中还存在着掌握织带技艺的妇女，但像磐安县深泽乡仰头村这样，数量规模较为集中的算是少见。自300多年前仰头村建村以来直至今日，一直保留有村中妇女织带的传统，她们将织带统称为吉祥带。吉祥带既是美化衣着的装饰物，也是做腰带、背带等物的生活实用品，还是村里男女青年的定情信物、定亲礼物和驱邪祝福的吉祥物。目前村中会织带技艺的妇女大约有100位，年纪最大的陈大兰花，今年已有89岁高龄。

吉祥带是仰头村农家妇女的拿手好戏，出生在仰头村的女孩子，从小就跟着母亲学织彩带，每逢农闲时节就和小姐妹们各自带着织带工具，三五成群地围坐在一起，相互切磋织带技艺，交流经验心得，期间也免不了倾诉少女心事，憧憬美好的生活。织带是农村姑娘出嫁时必会的手工活，表示姑娘心灵手巧，聪慧勤劳。到了十七八岁，婚嫁年龄，小伙子上门提亲，女方家里都会以一对姑娘亲手编织的鸳鸯带作为回礼，一条带窄，一条带宽，用来代表男、女双方，寓意千里姻缘一线牵，姻缘合成，而男方也可借此机会，来观察女方是否心灵手巧。到了女子出嫁的日子，在女方陪嫁的嫁妆中，花柜门锁挂1条，小柜锁挂1条，1对木箱挂2条，还有用来绑围裙的吉祥带2条，绑小孩子裹被的吉祥带2条。随着时间的推移，织带技术不断发展，品种也越来越多，花团锦簇的带子排列在一起，琳琅满目，独具匠心。

陈苏沁今年 66 岁，几十年来，心灵手巧的陈苏沁已经记不清织了多少条带子，只记得 20 世纪 80 年代以前一般每年数十条是有的，除了自用外，还作为赠品送给亲戚、朋友。如今，她每年还是要织一些，但主要用作布围裙的扎带。

吉祥带编织工艺。吉祥带的色彩有黑白和彩色两种，带型有宽有窄。字带一般为黑白色，分米字带、寿字带、福字带、诗句带等；图案带为彩色，具体颜色由织带者自由选择，有盆景梅花鸳鸯带、蔓藤梅花带、蝴蝶双飞带、吉祥如意带、一剪梅花样带、半朵菊花带、十二生肖如意带等种类。

织带工具：织吉祥带用的线，早时用土制棉纱线自行纺线及染色，后来就用商店里卖的现成的丝线。织带的带架（里面还有一个可伸缩的内架，长宽一般是 90 厘米×28 厘米）非常方便携带，由带刀、带叉、带柄、带棍、带板组成。若在屋内编织，就把带架的一端抵在屋柱上或者墙上，另一端抵在自己的腰间，坐在凳上编织；要是在山野编织，可把带架一端靠在小树干或树桩上，另一端仍抵住腰身，坐在地上或跪在地上编织。

织带的具体操作顺序是：把各种彩线用棍"综"起来，"综"是使带架上的彩色经线交错着上下分开以便带刀通过的装置；把综起的线条套架到带架上，套架时线条要架在带架上面两根带叉的横杆下面；把带板刹下面，带叉、带柄刹上面；按需要把彩线用带刀织带，这样各种花纹宽、窄、长短的带子就织出来了。

主要工艺流程：先把各颜色的彩线（丝）按所织图案要求及宽度排绕在带架上作为带的经线，然后按要求编织纬线，织成所需的字或花等。首先把织带架拿来，然后用棉丝从带架上一圈一圈绕，绕几圈要看带的宽度来定，绕好后还要"综"起来。"综"是要用其他线来综的，织时要先织一段平板，一上一下就可以了，织到 6 寸左右，再织字，或者十二生肖、梅花等，要每行都挑丝的，织到最后还是一段平板，织好后把丝剪断，把织带两头结上，以免散掉。

一般平带的织法：先准备青红白三色的棉纱，然后绕线上带架，最后用带刀在线上用力按一下，让架上的线分上下两层，然后用带刀插进缝里分清两层，穿过一根线，最后用竹刀拍一下，让线靠结实，这样依次进行，一条平带就织成了。复杂的花带和字带，要用刀尖挑线编织花纹。

　　以一条"梅花纹"的织带为例，带边是 2 双棉线，带眉是 4 双棉线，中间的花纹是 20 双棉线，然后上一端固定于房屋内外任何可固定的地方便可进行。织带时用"带刀"进行操作，"带刀"有拉、钩、压等编织手法。一般一条梅花带大约需要一星期的时间才可以织成，如果是织比较复杂的文字带，就需要半个月的时间。

　　十二生肖带是给小孩子用的，据说能庇佑小孩长大，无克星，无冲破。字带非常考验织带妇女的手艺，她们要将绣的字在脑中形成直观图像，绣的时候全凭感觉，如果一针织错，整个字就要拆掉重新织。

　　在仰头村，传承手工织带技艺，意喻代代相传。随着现代生活的改变，织带也开始机器化，在仰头村，虽然会织带技艺的妇女数量不少，但是一般都是 50 岁以上的，年轻一辈会织吉祥带的人已经是凤毛麟角了。手工织带耗费时间精力，产量低，因此每家的妈妈编织吉祥带都是留作自用，除了要给女儿做嫁妆、家常自用，或者作为纪念品赠友人以作纪念。目前仰头村已经组织了学习班，让村里的年轻姑娘或者外来儿媳妇都学习织带，希望将这门技艺传承下去。

（磐安农办）

铜艺之乡

永康在浙中、浙东乃至整个浙江省，以五金制造业能工巧匠多、工艺精湛、制作精良而闻名远近。改革开放以来，随着五金制造产业的迅速崛起，产品的种类、质量和科技水平的快速提升，随着一年一度的五金博览会的规模和影响日益扩大，永康"五金名城""百工之乡"美誉鹊起，越来越引人注目。而屹立于永康城东入口处的那座有如展翅雄飞的火凤凰的《百工》城雕，也成了连年来中央电视台广告出镜率最高的城市艺术雕塑之一。

永康深厚的五金文化扎根在芝英，永康众多的五金能工巧匠云集在芝英。

"五金"指的是金银铜铁锡，常用为金属或铜铁等制品的总称。五金"铜"为首，铜在古代也称"金"，而专门用于铸造钟鼎彝器的青铜则叫"吉金"。"百工"则是古代各种手工匠人的总称。《论语·子张》有"百工居肆，以成其事"之说。

芝英在清朝末年民国初年是游仙乡的首镇。它的所在地游仙乡的铜山，自古以来盛产铜矿。相传黄帝南征蚩尤时，曾驻军永康石城，取铜山之铜、湖西之泥，炼铜制作青铜兵器。在战胜蚩尤后，铸鼎纪功。后来这位人文始祖在缙云仙都鼎湖乘龙飞升。留下数百工匠，就成了永康五金之源，百工之祖。传说神话，未必当真，但铜山产铜，在《永康县志》《浙江通志》中却有明确记载："宋元祐中（1086—1093）重置铜山钱王、窠心两坑，课铜十二零八万斤"。而到了宣和年间（1119—1125）年课铜增至 16.5 万余斤，可见铜山矿坑之年代久远，规模不小。

永康地处浙中丘陵地带，人多田少，生计艰难。民众历来就有半工半农、亦工亦农，外出靠手工艺谋生的传统，而百工中以"打铜修锁补铜壶"的铜匠为最多，几乎成了永康各色工匠的代表。据 1991 年《永康县志》记载，解放初的 1949 年，永康有铜匠 2647 人，铜制品多达百余种，主要有铜壶、铜罐、铜火锅、铜火熜、铜盆、铜秤纽、烟铜头、帐铜、铜饭杓、铜锁匙、小铜锅、铜文具、铜烟具等。20 世纪 50 至 70 年代，每年农闲季节都有成千上万铜匠，挑起铜炉担出门闯荡，上山下乡，走村串巷，足迹遍及本省各市县和近邻的福建、江西、江苏、安徽等省。其中芝英一乡的铜匠，便占了永康铜匠的半数以上。

芝英铜艺之所以能在永康独领风骚，得益于天时地利人和：有铜山产铜之便而风生水起，传承了黄帝部族与铜兵器冶铸的根源；更因了芝英人的聪明才智和深厚文化积淀而能在工艺科技上大展身手。芝英铜匠汉造弩机铜箭镞，唐铸铜镜钟鼎，明代生产铜釜铜洗铜香炉，早在古代，芝英铜匠就在铜艺制作上表现出不同凡响的天赋。到了清末民国时期，芝英的铜器生产已执永康牛耳，光是铜壶一项，年产量就达 1440 把。

芝英铜艺制作的传统工艺流程是：一、熔铜材料。一般为废旧的铜器（熟铜），也有从含铜量高的精矿中提炼的生铜。生铜直接用于铙铸铜饭铲、铜勺等器皿；熟铜则须先熔成铜条、铜板，再进行精打加工。二、锻打。纯凭手工技艺，一锤一锤地精工细作，打制出精致绝伦、巧夺天工的铜制嫁妆来。三、剪裁。有些铜器须要拼接，这就要求能工巧匠们在制作时胸有成竹，独出机杼，在剪裁上有真功夫。四、焊接。将零部件通过手工铜焊、电焊、气焊等多种形式，粘连成器。最后才是修饰，俗称"抛光"。经过打磨鎏镀的铜火锅、铜壶、铜盆、铜器精光锃亮，可照见人影，璀璨夺目，富丽堂皇。有的高手还能在器表上精工雕刻或镶嵌人物花鸟、奇珍瑞兽。芝英铜器的备受青睐，加工精美是一个重要原因，而质量的讲究，坚实耐用，又便于修补，则是用户更为看重的因素。一把芝英铜匠打制的铜壶、铜罐，底部加厚，一般可用两代，经过修补，甚至可用超过百年。

在永康科技五金城展馆和民营的神雕铜文化博物馆内可以观赏到那些大都出于芝英铜匠之手的明清、近代乃至现代铜工艺精品，这些造型精美、做工精致、技艺精良、美观大方、琳琅满目的铜艺制品，竟然是铜匠们仅凭肩挑背负、时刻不离的那副"铜炉担"制作出来的。一副担子看来并不起眼，其中却藏了所有打铜工具：小风箱、红炉坩锅、圆炉、喜鹊炉、铁槽、铁板、铁钳、各种锤子、锉刀、铁龙、弓步（圆规），剪刀铜尺等。芝英能工巧匠们就是通过它们，发挥出自己的全部智慧与技能，想象与联想，把日常生活中不可或缺的铜器，打造成广受民众欢迎的工艺精品的。

以芝英铜艺为代表的永康铜艺的重要价值，体现在实用、文化、工艺三个方面。由于铜器抗腐蚀性强，不易生锈，光洁细腻，便于保存修补，因而深受民众尤其是村民的喜爱，在日常生活中它应用非常广泛。铜匠上门加工既打制又修补，填补了我国历史上长期存在的工业落后、交通不便、用具匮乏的空白，为民众生活提供了切身的方便。芝英铜匠传承了祖祖辈辈较为原始的手工技艺，打制的铜器很多还保留着古代原生态要素，体现了芝英古镇农耕社会的风俗习惯，具有较高的历史文化价值。它为江浙山村农耕社会的民俗学和传统手工技艺的研究提供了第一手翔实的宝贵资料。从工艺角度来看，芝英历代铜匠群中涌现出大批各具才华、各现个性、各有专长的杰出人才。他们聪明勤奋，刻苦钻研，创新开拓，技艺高超，因打制出具有较高工艺价值的铜工艺品而闻名远近，乃至蜚声中外，享誉八方。

蒋跃祖是芝英仙陵人，浙江省级传统技艺"非遗"项目永康铜艺的代表性传承人，现年 76 岁，祖父辈均为铜艺工匠。10 岁时他随父打铜，行走于东阳、磐安、义乌、仙居、缙云等地，以做工精致、设计精巧、工艺精美闻名。1972 年美国总统尼克松访华。蒋跃祖和几个同村铜匠一起为浙江杭州大饭店赶制 50 套大型炭火铜鸳鸯火锅，显示出他的高超技艺。2009 年他为杭州河坊街大茶楼精心打制的一把大型双龙铜壶，工艺精美绝伦，造型匠心独具，得到中外茶客的欣赏和赞叹。

应业德是芝英三村人，芝英一带出名的铜壶匠，现年 67 岁。他 9 岁丧父，母亲含辛茹苦抚养成人，把他送入培英小学。15 岁他小学毕业，以第一名考取芝英中学，因家贫无力入学，只得投师出门学打铜手艺；19 岁满师，就带徒弟挑行担，到皖南泾县、旌德、绩溪一带，专业打铜壶，在当地出了名。他打的铜壶造型美观，经久耐久，工艺精到，顾客视为至宝，精心保护，有历经三代，依然光洁如新的。而他的拿手绝活则是荸荠铜壶，这是一种永康罕见的徽派铜壶，流行于皖南芜湖、黄山一带。当地人流行喝茶，农家用黄泥、乌泥壶，条件稍好的则必备铜壶。业德师傅在皖南打铜 20 多年，除打制永康芝英的传统铜器外，还努力研究当地十分流行的徽派铜器，这美观实用，而且赏心悦目的荸荠铜壶，就是他推陈出新的杰作。

"荸荠铜壶"顾名思义，是因它形似江南特产荸荠而得名。它选用上等紫铜、黄铜或白铜精心锻打而成，光洁平滑，线条流畅，绝无接缝，彩虹提梁，三弯壶嘴（俗称鹁鸪嘴），铜花柔和，装饰华丽，造型优美，极具观赏价值。在他的铜艺工作室里，看到他打制的迄今最大的一把荸荠铜壶，壶体高22厘米，通长40厘米，底径21厘米，口径11厘米，大肚径31厘米，一次可装18斤水，而且雕镂生动，形象清丽，一见之下，便爱不忍释，驻目难移。

慢工细活，每把荸荠铜壶，都是业德师傅心血与汗水的结晶，打制这把大号荸荠壶，花了他半年多时间。打一把铜荸荠大致要经过三道工序。首先是选材锻打。选用0.8毫米的精质铜板，用铜锤反复精心锻打。每打一次就得退火一次，接着再打，一共要打十多次。达到一定厚度后，再用旋锤旋出壶肚，形状酷似荸荠，谓之"成型"。第二步是接壶嘴。精致漂亮的鹁鸪嘴打好后，要用传统工艺铜焊把它与壶身作无缝连接。这是件高难度的技术细活，只有老师傅才敢动手。业德师傅用的是内焊法，焊斑平整，从外表看去毫无痕迹，可谓天衣无缝。最后才是打花装饰。铜壶用平锤打平后，还要用铜锤一锤一锤地锤出许多自然的花纹，形似铜钱，称为"打花"。钉上花钱箍后，业德师傅还会信手在壶身上浅雕些花鸟、人物、瑞兽，并打上自己的小篆印章，一件优美的手工珍品就形成了。

业德师傅从2012年开始研发无缝锻打荸荠壶，创造了锻铜工艺上的一个崭新品种，不仅赢得行家里手的赞誉，而且先后荣获"浙江省优秀民间文艺人才""永康市十佳百工名匠""第四批省'非遗'永康铜艺传承人"等光荣称号，并先后获2012年中国非遗博览会优秀演示奖、义乌市文博会优秀演示奖。为了便于铜艺爱好者和民间工艺收藏者收藏，业德师傅最近又研制出一种以紫铜、黄铜、白铜为材料的无缝锻打的袖珍型小铜壶，通高9.2厘米，肚径仅6.2厘米；小铜罐肚径5.5厘米，高5.1厘米，小巧玲珑，精美可爱，见者争购，一器难求。

以芝英铜匠为代表的永康铜艺能工巧匠，肩挑铜炉担，满怀豪情地高唱："府府县县不离（永）康，离康勿是好地方！"走南闯北，串街走巷，历尽艰辛，服务乡民。艰苦的环境、奋斗的精神锤炼出永康人吃苦耐劳、勇于拼搏、开拓创新、锐意进取的可贵品质，造就了一大批五金制造业的优秀企业，为科技五金的崛起和永康经济的发展作出了巨大贡献。

（永康农办）

埌塘衡艺

度量衡三字，各有所司："度"计量长短；"量"测定容积，而"衡"则确定轻重。我国最早的衡器木杆秤是中华民族最古老、最传统、应用最广泛、最普及的计量工具。汉刘安编撰的《淮南子·傣族训》有载："秤薪而爨，数米而炊，可以治小，而未可以治大也。"意为如果不从大处着眼，只注意蝇头细事，不足以成大业。可见在西汉之初，秤已经是常用之物了。

根据国家计量总局编写的《小型木杆秤说明书》介绍，我国的木杆秤最早出现于夏朝，迄今已有4000余年历史。

永康市地处浙中金衢盆地的东南边缘，为钱塘江和瓯江两水系的分水岭，人多田少，耕地贫瘠，生计困难。民众历来有外出从事手工技艺谋生的传统。"塞翁失马，焉知非福"，由此而造就了永康"五金之都""百工之乡"的美名，不仅五金制造发达，而且民间各种能工巧匠门类齐全，从业者多，技艺精湛，远近闻名。这"钉秤"便是百工手艺之一，指的就是永康民间工匠用手工制作木杆秤的专门技艺。

永康钉秤工艺历史悠久，数百年传承，长盛不衰。据有关资料记载，它始于宋代，兴盛于明清两朝及民国时期。它初兴于位于翁山（俗称公婆岩）脚下，埌塘、上新塘边上的埌塘和两头门村，俗称"扯衡"，当地钉秤工匠众多，世代相承，技艺精湛，各有专长。新中国成立后百废俱兴，工商繁荣，木杆秤销路日广，生意日见兴隆，从业者不断增多。20世纪80年代，永康木杆秤的主要产地集中在胡库、芝英、方岩三镇，而以埌塘、金刚龙村为集散中心和主要生产基地，核心就是金江龙、埌塘、两头门三个村。1987年永康全县有钉秤从业人员2万余人，产品畅销全国各地城乡乃至边陲山寨。永康因此而获得"衡器之乡"称号，埌塘则是永康衡器生产、装配、销售、贩运和高新产品开发科研的中心，也是永康钉秤能工巧匠、名师高手云集之地。两头门制作的木杆秤工艺精细，实用美观，计量精准，品种繁多，应用广泛，深得城乡民众喜爱，具有很高的工艺水平和文化价值，广受古今大众的喜爱。

"芝英三宝"闻名遐迩，就是打铜、打镴（锡）和钉秤。其中的永康锡艺被列入第二批国家级非物质文化遗产（非遗）项目，它的代表性传承人是芝英三村的应业根师傅；永康铜艺和木杆秤制作技艺则是浙江省级非遗项目。铜艺的代表性传承人分别是芝英仙陵村的蒋绍祖和芝英后城大街的应业德；而木杆秤技艺的传承人则是79岁的老钉秤高手应广火老师傅。

广火师傅出身打秤世家，从小聪颖异常，悟性极高。他16岁跟随娘舅学艺，仅用了两个月就掌握了全部钉秤手艺，但他与娘舅有过约定，必须跟足两年才可出师。两年后广火肩挑钉秤行担，奔走于缙云、桐庐、江西等地。60多年来广火师傅当过学徒，也因钉秤技术高超，为人诚信耿直，又肯动脑筋钻研技术，被聘为计量所职工。后来叶落归根，他还是坚守自己的钉秤老行当。岁月改变了他的容颜和身份，但始终改变不了他对钉秤技艺不断求索、不断开拓、不断创新的那份坚定和执着。广火师傅常说，钉秤是一门精细手艺，稍有偏差便会缺斤少两。用行话说，钉秤是良心活，讲究的是一丝不苟，公平无私。做一杆秤要经过选材、打磨、安定盘星、定刻度、钉秤花、安秤钮、上光、校正……每道工序都容不得半点马虎。他常说："小小一杆秤，关系着千侬百客、千家百户的铜钱归出。钉秤侬心要正，秤出的钉才会直！"

随着时代飞速进步，科技日新月异，各种机械秤，电子秤、数码秤层出不穷。作为最古老、最传统的衡器木杆秤逐渐退出历史舞台。很多钉秤师傅改行做磅秤，去"弹磅"（修理磅秤），但广火师傅还是守着这一方他付出过自己的青春、理想、爱好和心血的神圣阵地不离不弃，精益求精，特别在秤杆秤花上动了大心思。广火师傅钉的秤不但体型庞大，秤花讲究，图案精美，而且技法精湛，巧夺天工。他的秤花图案既有"十二生肖"，也有"四大金刚""十八罗汉"，更有《三国》《水浒》《八仙过海》，甚至把永康三位伟人胡公、陈状元、程榜眼都刻上了秤杆。这些精美的图案都是广火师傅用金丝银线一点一点镶嵌上去的。试想一下，要在坚硬如铁、光滑如镜的圆弧红木秤杆上完成如此细致精美的人物造型，没有炉火纯青、超神入化的手法技艺，又怎能做得到？

有位堰塘专门经营衡器的老板，仰慕广火师傅大名，一口气就向他订制了五根重量级的"大令"——称重百斤以上的大木杆秤，并将它们作为吉祥珍宝收藏。第一根秤的秤花刻的是"八仙过海"，称重 200 斤；第二根刻的"四大金刚"，称重 300 斤；第三根刻了"十八罗汉"，称重 500斤；第四根是"永康三杰"，称重 800 斤，最后一根长 2.6 米，称重四千斤，刻的是《水浒》中的宋江、李逵、林冲、花和尚鲁智深等英雄好汉。老板准备将这根木杆巨秤摆放到他设在永康五金城总部中心的办公室里，让更多外地客户了解永康悠久丰富的五金文化。

在广火师傅家，能看到那杆被收入世界吉尼斯纪录的"木杆秤王"，只见它身材匀称高挑，长达 2.88 米，铜钮铜钩铜秤锤，金光闪烁。秤杆用的是高级红木小叶紫檀，纯银丝秤花，刻的是《三国演义》中最脍炙人口的十位名人：曹操、刘备、孙权、诸葛亮、周瑜，还有关羽、张飞、赵云、马超、黄忠五虎上将，形像生动鲜明，栩栩如生。这杆秤的自重就已近 75 斤，称重 1600 斤，"秤王"之名，当之无愧。

塘塘、两头门乃至永康城乡有一种奇特风俗，凡是大厦落成"归新屋"或嫁娶，条件较好的家庭都喜欢定制一杆有收藏价值的"铜大令"，用于镇邪去灾，招财纳福，供奉于轩间厅堂正中，可保婚姻美满、儿孙健旺、四季平安；木杆秤还暗寓称心如意、公平交易、童叟无欺、日日生财、持光明正大等深刻的文化含义。"大令"一身金鳞，形似神龙，所以又叫"青龙"，遇到狂风突起，暴雨倾盆时，将它架在大梁栋柱上，风雨见青龙在此，自然退避三舍，消弭无形。为图吉利，有位老板嫁女儿，永康话叫"嫁千金"，竟不惜巨资，向广火师傅定制一杆千斤"大令"……

"中华民族是个历史悠久的伟大民族。中华文明传承不息，数千年来从未间断，决不能在我们这代人手上断绝。我们一定要百倍努力，千倍用心，将祖宗这些绝艺，千秋万代、生生不息地传承下去，弘扬光大，重放异彩，这是我最大的梦想。"年近耄耋的广火师傅这段话令人动容。

塘塘地属芝英，当地人有个最大的优点，便是既善于传承，又勇于创新，敢于开拓。改革开放后，塘塘、两头门一带的大批钉秤世家能人，在老一代木杆秤艺人创造的荣光上，与时俱进，投身衡器制造，挑起了永康"衡器之乡"的大梁。其中的佼佼者便是执永康、浙江乃至全国衡器生产牛耳的浙江霸王衡器有限公司。1984 年应天通夫妇创办永康市台秤制造厂时，便挂牌上海衡器制造厂三分厂，引进当时较先进的上海衡制作技术。1994 年改为今名，先后已有 30 年了。如今它是中国衡器协会副理事长单位，浙江省衡器协会会长单位，用家高新技术企业，浙江省著名商标、名牌产品企业，省"三A级守合同重信用"单位，是一家拥有强大的产品开发与设计技术能力、先进工艺制造技术和丰富营销经验的大型衡器企业。从2010年到2015年连续3次被评为"中国衡器行业前十强企业"。

霸王公司位于永康芝英二期工业区内，占地7.7万平方米，建筑面积10余万平方米，拥有员工365人，其中有大专以上学历的专业技术人员116人，高级专业技术人员25人。主要生产类衡器和配件，主打电子衡器和机械衡器。产品主要用于矿山、企业、化工、食品、医药、建筑、高速路口计量、农贸、海产品等领域，部分出口欧美及中东、东南亚地区。多年来，"霸王"在浙江省同行业中生产、销售量，上交国家税收及各项经济指标一直名列榜首，引领永康衡器产业向高新科技和开发高端产品前进，引领各类电子衡器向数字化、智能化发展，先后获得50多项专利和省专利示范企业荣誉。电子台案秤被认定为"国家免检产品"；电子条码秤和动态轴重秤被省科技厅评为"浙江省高新技术产品"。

（项瑞英）

缸窑技艺

这不是一场盛典。当文明的火光点燃这个村庄的时候，水与泥土的交融不再是官府朝廷的使命，不再是达官贵族的独享，而是老百姓起居生活的伙伴。缸窑村的出现，不是偶然，是一段静穆无声、聚沙成塔的历史往事，是一出随遇而安、落地生根的陈年轶闻。在义乌这个以商业传奇享誉海内外的国际化都市，她的西南角，有一片温润的土地，有千年龙窑、古法制陶、东金古道、陈记酒业、婺剧舞台，依然固守着最传统的文化。地处经度 119.57°，纬度 29.11°的地理位置，就是养在深闺的"缸窑"村。

"人以学显"方为贵，"村以技名"尤叹真。"缸窑"不仅仅是一个村庄，她是一轴美丽的画卷：缸瓦泥墙，藤篱滋长；青苔石路，古意苍茫；老樟新柳，别有暗香；那一碗牵肠挂肚的陈记米酒，随风馥郁了村子的瓦崖篱舍，传递着春华秋实的期盼；古老的婺剧名段，声声切切，唱响了村庄的迎来送往。缸窑的美不是来自规划，更多的是保留和延续。三四百户、一千余人的小村庄，所有的房子各有古朴韵味，或白墙黑瓦或缸体主墙或三进四院，林林总总恰到好处。每一条小道或碎石或残瓦或泥沙或鹅卵石，规整或不规整，不经意把留白的空间点染成章。那村里村外的水脉，以江南特有的水天一色，抱紧了村庄。龙眼古井，见证了缸窑的历史，见证了这个以"制缸做窑"为技流芳的村庄以及她的美丽传说。

相传古时，距东海三百多里的"乌伤"（义乌古名）以"颜乌葬父"孝德扬名，感动了吕洞宾与张果老。一日，二仙从东海瀛洲驾祥云至乌伤云游，脚踏金红色山坡脊梁逶迤向南，至缸窑地带，金色山坡，回头一望，极像一条伏爪而卧的"大黄龙"。缸窑所处之地乃龙首翘望之所，村南"湾塘"，犹如龙口迎天，其北侧不远处正是"龙眼井"。二仙欣喜不已，放眼南望，一带青山倒映乌伤溪（义乌江），八宝山犹如案上笔架；右侧葛仙峰尖，酷似巨笔直插云霄；左侧上、下两塘，相连如宝砚；正前方一马平川，如一张铺开的宣纸。张果老惊叹道："如此天造地设的文房四宝，一派好风水。"吕洞宾亦云："这是文曲星所在地，又有长长十里红山，龙首之地，应出状元"。只因张果老已逾耄耋之年，年迈耳聋，错听成"十里红山出缸窑（元和窑的地方言谐音）"，就称此地为"缸窑"了。另外一个相互表里的故事是：相传最早来此地制窑的为邻近的杭畴村村民，因长期往返艰辛，窑工就在此地平了地基，盖了房子，和家眷一起住了下来。经过祖祖辈辈的繁衍生息，一个制陶的小小村落——"缸窑"村便形成了。

史料记载，早在汉代，义乌已有陶器生产。北宋年间，缸窑村开始烧窑制缸。这个村"东高西低"的地理条件和丰富的陶土资源，加上南山繁茂的松树林，为制陶业提供了先决条件。村里最早的龙窑叫"鹤窑"，与其相邻的"老窑"和"新窑"相连如孪生。后有村中央"中窑"和村南又一新窑，共五窑。目前尚存"老窑"和"新窑"。老窑始建于北宋后期，坐落于东金古道边，全长约60米，宽约2.3米，由炉膛、窑室和窑铺三部分组成。窑室呈长隧道形，东高西低顺势砌窑，拱顶呈弧形，其两侧和上方有数百个投柴孔，并设有两个窑门。窑铺建于窑室之上，为人字形屋面，用五柱八檩分十间依次抬高，宽约7.7米，高2.3米。新窑距老窑两三百米，村里人合伙修建于1969年，长约90米，结体与老窑相当。距当地村民回忆，老窑于2005年停火，新窑早于1998年停用。

传统的窑厂几户人家入股合建，分户做坯，统一入窑，经过取土、晾晒、过滤、练泥、制坯、刻画、上釉、煅烧等多道工序完成陶品制作。通过大缸套小缸，经过七天七夜的烧制和冷却后出窑。生产出的缸、坛、罐、瓶、壶等各类陶品小部分留在本地销售，大部分靠水路销往外地。由于生产的各类陶器能满足装水、储粮、酿酒、存酱等生产生活多方面的需求，制陶业成了当时村民主要的经济来源。村中小至10岁学童，大至70岁老者都会这门手艺。在清代，缸窑村就有合股兴办的"晋兴"等陶器大商行，专营批发、零售陶器与瓷器。20世纪50年代初，缸窑大量个体户联营的私营陶器厂，如利民、协和、友联、新民、益民、工群、产记等，有口皆碑。

据年长的村民介绍，陶器品种虽多，主要分"坛窑"和"日用陶窑"，延续古法制作。

第一步，采泥和踏泥。陶泥分为两大片，上片称上畈泥，陶土较厚；下片叫下畈泥，俗称田泥（恶泥）较薄，开采出来的田泥用草木灰垫底。

经过日晒风吹流失掉一些泥浆，把上畈泥、下畈泥按照比例掺和、拢高，加水浆泥，第二天就可以踏泥了。经晒、浆、翻、踩、打等工序操作过的陶泥，加上不同比例的黄沙踏踩匀后方可使用。黄沙有粗中细之分，按照器皿大小进行不同成色的配置，这一过程叫垫泥。缸口部分添加的黄沙一般较粗糙，以防断裂。

第二步，制坯。制陶坯的方法，有捏塑法、贴敷法、泥条盘筑法、陶车轮制成型法。小型器皿直接捏塑而成；较大的陶器，其体部坯子，采用手工或者车轮制成型法，然后用木槌槌打完成。制坯车间叫工场，有四个鼓：大缸鼓、二响鼓、套里鼓和小货鼓。毛坯制作时先用灰土抖在木板制的板盘上，再用泥饼做缸的底盘，用竹撩脚刮至光滑，拿到晒场上晒到半干后用泥条接上去，俗称接底。接好后晒半干，用拍槌和抵手拍打，使得缸墙桶泥结实不漏水。毛坯制作完成后继续翻晒半干，重新收回做缸口，俗称做沿。做完沿后有些陶器用白皂水贴上各种花纹图案。

第三步，上釉。以前釉水都是师傅土制的朱红釉。朱红釉的制作办法相对复杂：从山上采来红颜色质地较松的岩石用大石锤敲碎，用筛子过滤到大缸里，加水搅拌成水浆。再用染布用的下脚料调和到朱红浆，然后加上炉灰浆成釉水。成品陶晒到半干时，拿釉缸耙把釉水搅拌均匀，进行上釉。一般缸内施釉水薄些缸外釉水厚些。大缸坯需晴天放在晒场地上釉，要两人协同完成，一人拿木勺盛釉水沿缸口淋浇，另一人拿着棕丝片土制釉帚把缸桶涂均匀，里面余釉用釉帚扫干。中小陶器就在釉缸上完成刷釉。陶釉上好后，放在晒场上进行翻晒。等晒至八九成，阴干后就可以装窑烧制了。

最后一步装窑、烧窑。龙窑一头高一头低，如卧龙而名。每次烧窑时，先把陶坯装在窑炕上，从炕面一直撂到窑顶。窑装好后把窑山背上的左中右三个临眼眼孔用红泥封闭好，再用红泥密封上中下三个门，然后在窑底的炉门口点火。冷窑烧三天四夜，暖窑只要两天三夜。烧好后即在窑背上开临眼孔叫上临。把干燥松树枝插入孔内。窑内温度最高时达几千度，燃烧一昼夜结束，再闷窑，把几千度的温度降下来。从进窑、烧窑到出窑，前后需要七天七夜时间。一开始，烟囱冒的是黑烟，再后来，火大时，从烟囱里往外蹿红火，等变成了酒火，烧窑完成。

从备土、和泥、制坯、施釉到烧成，古法制陶全部人工操作。陶器是泥土在烈火洗礼下的"涅槃"，泥土无声，陶器有情。我们从留存的缸窑实物中感受到了曾经的温度：窑工的汗水和泪水，从一片瓦、一口缸、一座老房子中历历浮现。如今的缸窑养在深闺，以历史的回眸和尊重，静待开放。在义乌涌动的商业热土中，缸窑村以温厚而勤劳的民风，守护着这片土地文明的火种，用不一样的人文情怀见证不一样的义乌。

（吴群燕）

辑里湖丝

1851 年，在英国伦敦举办的首届世界博览会上，由上海商人徐荣村寄去的十二包产自南浔辑里的"荣记湖丝"，获得了由英国维多利亚女王亲自颁发的金银大奖。"荣记湖丝"，也叫"辑里湖丝"，由此成为我国第一个获得国际大奖的民族工业品牌。

"上善若水"。水乡南浔给人的印象，总是离不开水的身影。辑里古村就是这水乡中的一朵季节花，不经意中悄然绽放着。

穿村而过的分龙漾，仿佛就是一棵参天大树，岸边的房屋，就是生长在这一棵大树上的树叶和果实了。分龙漾连接着村东的雪荡河和村西的西塘河，雪荡河在这里转了一个弯，这个弯叫穿珠湾。就是这一方清澈明亮的水土孕育出一缕缕洁白细韧的蚕丝，把这江南古村编织得绮丽秀美，光泽四射。

辑里古村，依势造物，人家枕水，融汇自然，书写人文，在朴实无华中超凡脱俗，在超凡脱俗中又返璞归真。她细腻温婉，印证着元末以来的传说，演绎着天人之际的神奇。

没有到过此地的人也许不知道，辑里的先人从何而来，他们是千里迢迢赶来，还是风尘仆仆路过。然而有一点是毋庸置疑的，那就是当他们和这一片水土相遇的时候，就毫不犹豫地留了下来，他们在这里开荒种田，纺纱织布，生儿育女，这一片水土，是辑里先人最初的家园。

"一方水土养一方人"。太多太多的巧合，太多太多的元素，铸就了这个古老村落的灵魂，其中最重要的当然是水。

老南浔人说，南浔人靠的就是水，水能缫丝，丝能生钱……辑里村，河流纵横，苕霅两溪之水流经漾、荡、河、港，水清如镜，土质黏韧，构成了育桑、养蚕和缫丝的良好自然条件。

南宋端平元年（1234年）李心传在《南林报国寺》中说："南林一聚落耳，而耕桑之富，甲于浙右"（南林即南浔古称）。可见，南浔的"耕桑之富"早在浙江首屈一指了。南浔辑里丝之称，起于明朝洪武（公元1368年）。武宗以后（公元1506年），湖丝不仅广销国内各地，而且有国外的广阔市场，所以，当时即有"湖丝遍天下"的赞语了。

南浔辑里丝之名即以村名命名。辑里，亦名七里。据周庆云《南浔志》载："辑里村居民数百家，市廛栉比，农人栽桑育蚕，产丝最著，名甲天下，海禁既开，逐行销欧美各国，曰辑里湖丝。"浔溪世家明相国朱国桢（当朝吏部尚书兼建极殿大学士）在他的《涌幢小品》中写道："湖丝唯七里尤佳，较常价每两必多一分。苏人入手即识，用织缎，紫光可鉴。其地去余镇（南浔）仅七里故以名。"据史载，南浔辑里丝生产系农家手工操作，是由千百户小农户生产出来的，具有"细、圆、匀、坚"和"白、净、柔、韧"的特点。南浔辑里丝之质量，所以能明显优越于他地，这与当地自然条件之优良，农人缫丝技术之高超，培育蚕种之精心，选择制丝用水之讲究诸因素密切相关。

《南浔志》载："辑里（七里）村位于南浔西南七里……湖桑腴美……穿珠湾，水澄清，取以缫丝，光泽可爱。"这正是对辑里农人恰当利用优越自然条件的历史记载。辑里蚕农选用穿珠湾、西塘桥河水缫丝，据该村年过八旬的老农回忆，辑里早有"水重丝韧"之传说，其水较他地每十斤必重二两，所缫之丝亦可多挂两枚铜钿而不断。可见，辑里丝具有强韧的拉力，也为农人研究制丝工艺之一独创。

《南浔志》陶朱公致富奇书中说："缫丝莫精于南浔人，盖由来永矣，每当新丝告成，商贾辐辏，而苏杭两织造，皆至此收焉，按旧以辑里丝为最佳，今则处处皆佳。"在黄省曾的《蚕经》里也有"看缫丝之人，南浔为善"的记载。对于南浔人缫丝技术的赞赏和辑里丝的独特优点的称誉，前人的记载不胜枚举。南浔辑里湖丝因地得名后，因独具质量特色而美名始扬，明朝前期即远销京广，转运国外，时至清代逐名震中外。据传，明朝时南浔朱国祯、温体仁两位相国都将自己家乡的七里丝推荐给当朝皇上。清王朝内府规定，凡皇帝和后妃所穿的龙袍凤衣，必须用辑里湖丝作为织造原料，故成贡品。清代康熙时织造的九件皇袍，就是指定选用辑里湖丝作经线织成的。

　　道光二十四年（1844年），辑里丝开始从上海出口。据《徐愚斋日记》中说：英国女皇维多利亚做生日，有人把辑里丝为礼品献上而获得奖励。清代末年至民国初期，辑里湖丝在国内、国际多次获奖，取得殊荣。宣统二年（1910年），辑里湖丝有13个经牌，在南洋劝业会评比中分别获得头、二等商勋和超等、优等奖。宣统三年（1911年），辑里丝梅恒裕丝经行所制各种牌号丝经，在意大利展览会上获一等奖。民国四年（1915年），南浔丝业代表张鹤卿等随中国赴美考察团，参加在纽约举行的第一次万国丝绸博览会，参展湖丝获美商好评。民国十九年（1930年），辑里湖丝的二个品牌在第一次西湖国际博览会上得特等奖。

　　这种用木制丝车缫制的土丝为何如此质优呢？它有三个秘诀：

　　一是蚕品种优良。在明万历年间，该村村民培育了一种优良蚕种——"莲心种"，该蚕种因其所产蚕茧小如莲实而得名。使用这种蚕丝，特别适于缫制优质的桑蚕丝。

　　二是自然条件优越。七里村村东流淌着一条清澈透明的雪荡河。缫丝过程中强调"用清水、勤换水"，所以对水质特别讲究。这条雪荡河在穿珠湾附近分流到七里村的淤溪时，河水几经曲折澄清，水清如镜，透明度几达100%。清道光二十年（公元1840年）编印的《南浔镇志》中记载："雪荡、穿珠湾，俱在镇南近辑里村，水甚清，取以缫丝，光泽可爱"。

三是缫丝技术高超。七里村人在缫丝工艺上注重"细"和"匀"，缫丝工具应用当时最先进的三绪脚踏丝车，因而所缫的丝"富于拉力、丝身柔润、色泽洁白"，可比一般土丝多挂两枚铜钿而不断。

七里村人独特的缫丝工艺，被逐渐推广到了杭嘉湖苏各地，而且经由这些地区的吸收改进，土丝的质量也越来越好，形成了"细、圆、匀、坚、白、净、柔、韧"八大特点。而这时各地所产的丝，也统统被称为七里丝了。从此，七里丝成为品质优良的著名土丝，尤其以南浔、七里而著称，后来则泛称江南一带的上等土丝，再后来甚至连广东的上等土丝也冠以七里丝之名。

七里丝的名称直到清康熙乙丑年（1685年）前后仍保持着原名。直至雍正初年（1723年），古书上才有了"辑里湖丝，擅名江浙也"的记载。雍正后，"七里丝"雅称为"辑里湖丝"，不仅名扬江浙，蜚声京师，而且衣被天下，销行海外。

"绿榆低映水边门，菱叶莲花数涨痕，苕雪风光夸四月，缫车声递一村村，做丝花落做丝忙，尽日南风麦弄黄，村里剪刀声乍断，又看二叶绿墙桑。"读此诗句，一片蚕乡兴旺景象尽收眼底。近年来，久负盛名的辑里湖丝产地面貌焕然一新，辑里湖丝就此进入了一个新的发展时期。现在的辑里湖丝，无论数量和质量都是往昔所无可比拟的，辑里成为全国桑蚕丝生产的一个重要基地。辑里所属南浔正秉承"湖茧、湖丝、双甲天下"之盛名，与时俱进，开拓创新，实现新的跨越。

在辑里村，我们看到的依旧是"无不桑之地，无不蚕之家"的原生态。正逢春蚕吐丝做茧时，只见家家户户腾出整个前屋客堂来饲养"上山"的"蚕宝宝"，侧耳聆听，就会有春蚕食桑时窸窸窣窣的声音，一如细雨抚叶而落。在过去，一般农户家里在养蚕的时候是拒绝来客的，一来是为了给桑蚕安静的空间以免打扰；二来是为了控制整个室内的温度不受影响；再者是一些民俗上的禁忌。

随着养蚕技术的不断提高，随着科学文明的进步，这些条条框框的限制也就不复存在了。现在来到辑里村，你可以探访任意一户农家，蚕农们都会热情地欢迎你来观赏"蚕宝宝上山"的壮观场面，当笔者问一户主：

"这蚕室里共养了多少蚕?"户主的脸上露出喜悦之色，风趣地答道："一颗茧子好比一只'元宝'（银子），数也数不清啊。"当人们亲眼看到村办丝厂缫丝车间里从蚕茧里抽出的蚕丝，丝丝如雪，不禁赞叹大自然万物之玄妙。

（山贤）

上舍村化龙灯

梅溪镇上舍村位于安吉境内东枝末梢，东临吴兴，南毗德清，是西苕溪支流昆溪水的发源地，村域面积4.64平方公里，人口1320人，人均收入20053元；是一个有着悠久历史文化的"世外小村"。上舍村境内山峦重叠，古树参天，修竹翠绿，气候凉爽，风景宜人，环境优美，生态环境优越，天赐上舍"灵""秀""奇"。

"灵"在"聚天地之灵气，显龙舞之精魄"，群山环抱的村庄，属藏风聚气宝地，溪流蜿蜒穿越而过，鸟瞰如有龙盘之状；古人在建村之始，开辟九条曲折的道路连接全村，隐含九龙之意，现今仍能分辨每条道路的龙首、龙身和龙尾。

"秀"在"绿荫如盖，繁花似锦"；上舍村地处北回归线以南，受海洋气候调节，阳光充足，雨量充沛，雨霜多雪，四季分明；优越的自然条件，使植物终年生长繁茂，树常绿、花常开、果常熟、充满世外桃源景致。

"奇"在独特的乡土文化，有传承千年的朱氏家谱，记录着朱氏家族的繁衍生息；有千年历史的古村落遗址，向人们述说着山区农耕文化的源远流长；有百年古树述说上舍的历史沧桑。上舍"化龙灯"和"竹叶龙"分别成功申报列入了"国家级非物质文化遗产"和"省级非物质文化遗产"行列。

上舍村"化龙灯"的来由妇孺皆知，且30%以上的村民会舞龙。据说化龙灯的起源跟村中朱、杨两大家族有关。上舍村有史以来以朱、章、杨三大家族为主。朱、杨两大家族在春节期间都有扎灯、舞龙的习俗。但初期的扎灯、舞龙都是家族式的，不允许旁姓加入。每到春节，朱、杨两大家族的灯舞、龙舞争奇斗艳，互比风采。至清代光绪年间，杨氏家族以杨九林为首，在扎花灯时突发奇想，召集族中其他成员，研究实验将花灯与龙灯结合，分离为单节的花灯，各节连接在一起，舞动起来如游龙般非常绚丽动人，加上龙舞套路的腾、挪、跳跃更是美不胜收，一出场就赢得众人喝彩。后经过多次实践改进就形成了灯舞、龙舞相结合的民间舞蹈，从此上舍的灯舞与化龙舞有机结合起来，有了民间舞蹈"化龙灯"。过年舞龙是我国古有的习俗，"龙"自古就是中国人的图腾，是权势，高贵，尊荣的象征，同时又是幸运和成功的标志，并作为族人团聚一起庆祝的娱乐活动；自此杨家族人每年春节前就凑份子钱（或出灯笼）扎制形式不一的灯笼，春节过大年灯笼舞里有了舞化龙灯舞的习俗（其实扎制灯笼的过程就是民间艺人斗才艺的过程，那家的灯笼好看、有创意，受人夸赞等）。由花灯变龙舞的民俗文化由此慢慢形成并传承下来且有了它特定的寓意。

"化龙灯"的扎制分为3个组合：头牌灯、花灯（龙身灯）、花瓶灯。龙身由12只花灯连接而成，全长19.2米。在扎制上，头牌灯两盏，内骨由竹篾扎成，外胶糊白色透明布料，前面布料折皱、绘画，内装灯照明，不同侧面可以看到不同的画面，一般显示3种画面。头牌灯高70厘米，宽50厘米，厚18厘米。花灯共12盏即龙身（龙身灯），龙骨由竹丝扎成，外胶糊布涂玫瑰红颜色。每盏灯共有9节10套，每节扎12个直径为32厘米的圆窟，以荷花花心为模式做灯芯；每个窟上缝上荷花8片做龙鳞，每节灯全长约1.71米。龙尾为一条鲤鱼。龙珠为蚌壳灯，珠为红色，蚌壳为褐色，珠可伸可缩。龙头主要由三个直径为32厘米的圆窟构成主体框架。然后从上往下依次来做龙角（做成莲藕状）、龙额、上颚下颚，胡须。之后便是缝布画龙面部，用竹球来画龙点睛。龙舌用竹篾做好框架，外面包上红色红绸布。4只大龙牙和2只小龙牙均用小竹片制成。

花瓶灯也为12盏，高50厘米，瓶肚直径为25—30厘米，每盏花瓶灯里插入12时节花卉，每盏灯合二为一，合为一花瓶，组成一只立体花瓶。上舍村还在传统"化龙灯"的基础上，将荷花灯扎成竹叶灯，创新扎制成了闻名国内外的"竹叶龙"。龙身（龙身灯）先做龙骨，即绘竹笋布做灯芯，荷叶花瓣换毛竹枝叶竹叶做瓣。将传统的荷花灯转换为竹笋灯，基本不用头牌灯，转换为龙头、龙身、龙尾（竹笋灯）共12盏，连接后龙身全长19.2米。花瓶灯改为毛竹，表演时毛竹先上，营造成竹海腾龙的氛围。化龙灯、竹叶龙的扎制主材料为毛竹，选择上舍村优质毛竹，并且要有3度（6年）以上竹龄的竹子。

"化龙灯"的扎制集竹编造型艺术、民间剪纸、民间绘画于一体，每个灯的制作都有着不同的含义，"灯、龙"有着丰富的民间文化内涵。

（图为化龙灯制作）

　　新年舞龙既是族人祈求来年风调雨顺、事事顺心的美好愿望，又是族人团聚愉悦的活动，更是民间扎制艺人斗才艺的赛场，因此灯笼越扎越精彩，化龙灯（灯龙舞）舞蹈也随着灯笼花样的变化越来越有寓意。

　　首先在龙头上，早期化龙灯的龙灯部分，龙头像花篮，龙角为莲藕，龙鼻即为篮的环柄；龙尾是鹬形，龙珠是蚌珠，取"鹬蚌相争"之意。后来因鹬的制作较难，又将龙尾改为鲤鱼，取其"鲤鱼跳龙门"之意。再后来从寓意上又有了变动，有了它的"四变"，龙头灯为聚宝盆即聚宝盆变龙头，寿桃灯变龙珠，蝙蝠灯变为龙尾，九盏花灯变为龙身；象征"福禄和合，益寿延年"之意。正月闹灯拜门时，家家户户要放爆竹迎接，并设香案供香火、糖果、烟酒等。化龙灯入户拜门，花灯先在正堂"走阵"，龙身是在"退堂"中衔接好后再到正堂舞动退出门的。化龙灯表演最基本人数为26人，牌灯2人，花瓶12人，龙12人（含鹬或鲤鱼1人，蚌珠1人，另用锣鼓伴奏）领路"牌灯"，正面用纸糊成栅格状，在栅格的两侧分别绘上不同花草，让观众在不同角度观看出不同的画面，构思非常巧妙。12花瓶各插不同花朵，分别为：正月梅花，二月杏花，三月桃花，四月蔷薇，五月石榴，六月荷花，七月鸡冠，八月桂花，九月菊花，十月芙蓉，十一月水仙，十二月腊梅。每只花瓶可纵向"剖开"，正面为瓶，反持则为云朵。

　　花瓶反面画云朵，是场地表演时作为屏障，不让观众看到接龙的过程。接龙时女子手持云朵围成半圆作云朵飘移，寓意龙在九天，灯接成龙，龙头从云中突然抬头舞动，持花女子分两边舞动退到两旁，九天龙腾而出并舞动起来。化龙灯在拜门子表演时，不同家境的东家对化龙灯的"进门""出门"有不同要求。遇富贵人家，花灯进门须排成双排，以示

"双喜临门"并送元宝灯，寓意财源滚滚；遇有"读书郎倌"人家，进门要"跨砚"，"敬笔"，祝福"读书郎倌"前程似锦。遇新婚人家赠婴儿鞋，寓意"龙王送子，早生贵子"等。

中国传统建房为穿架房，厅堂有厅柱，花灯利用厅堂上的四柱走出各种阵势。传统上阵势繁多，有"四方阵""剪刀阵""元宝阵""绞丝阵"等，各阵之间穿插风趣的鱼蚌调弄，另有"仙人领路""鲤鱼出洞""童子拜佛""鲤鱼跳龙门"等造型或动作。视各家厅堂大小，走阵可多可少，灵活多变。走阵结束后，荷花衔接化龙，鲤鱼（后为蝙蝠灯，寓意福到了）接在龙尾，蚌珠戏耍龙头，龙舞造型对东家香案三点头，东家敬上烟、糖红包即由牌头灯领路，换一家"拜门"闹灯，因此化龙灯就有了"进门是花灯，出门是龙灯"之说。

（图为上舍化龙灯在非遗演艺会上表演）

（图为上舍村民玩花灯）

"化龙灯"造型独特，因其"进门花灯、厅堂走阵、出门龙灯"的表演形式特色鲜明，深受当地老百姓的喜爱，常受邀参加当地的庙会、开业庆典和其他重大活动。先前每年的3月应邀参加晓墅白云庙的庙会；9月参加太平观的重阳庙会等；近期 1956 年，上舍化龙灯应邀参加浙江省第二届民间音乐舞蹈观摩大会，并多次参加湖州市丝绸文化节、庆祝香港回归等大型活动，多次受本县及安徽省广德等地邀请参加活动演出。

化龙灯艳丽多姿及其美好寓意为亲朋好友所青睐。据说，上舍村与长兴县天平村是数代的"老亲"。民国年间应"老亲"要求，他的两位伯父杨柳春、杨秀春在杨九林指导下制作了化龙灯二套相送，从此化龙灯传到了长兴，后在长兴县、浙江省有关部门重视下，打造为举世闻名的"百叶龙"。上舍"化龙灯"对长兴"百叶龙"的形成有着至关重要的作用。据村书记回忆，有"小梅兰芳"美誉的池文海老师在挖掘、恢复排练长兴百叶龙时曾多次来上舍走访。

化龙灯不仅影响了长兴百叶龙的形成，更是安吉竹叶龙的原型。上舍四周是山，满山翠竹是山里人的财富，山里人靠山吃山，竹林承载着山里人的希望。清朝光绪皇帝年间，杨家族人在化龙灯的基础上，将荷花灯做成竹笋灯，将舞花灯变成了舞竹笋等，竹笋成竹相连成龙，直接将求财求富融进了龙舞之中，竹叶龙舞蹈成为民间祈求来年的风调雨顺、五谷丰登必演的民间仪式舞。竹叶龙化龙前的演出以摆阵势为主，主要有翠竹交映、山姑献笋、笋灯绕竹、竹海成龙、竹龙戏珠、龙拜四方等 6 个阵势；化龙后的演出以舞龙为主。

此时的表演阵势以及舞龙形式极为丰富。时而竹龙翻滚，时而竹海腾龙，其间贯穿着几个高难度的舞龙形态。竹叶龙因其有着安吉上舍鲜明的地方特色，得到县、镇、村各级政府的高度重视，得到了很好的传承和发展。2008 年竹叶龙以其优美的造型，精湛的舞艺代表浙江省参加了"2008北京"奥运文化广场活动。2009 年竹叶龙又应邀承载着中国人民的深厚友谊，飞赴法兰西西海岸，参加了法国第三十七届和平艺术节，向世界展示了上舍村龙舞艺术的魅力；2014 年由安吉县残联传承的竹叶龙又一次远赴法国，参加第 42 届和平艺术节巡演，23 场演出场场爆满，11 次艺术踩街，次次掌声如潮……为法国人民所追捧，称之为高超的魔术。

这种家族式的世代相传，直至第 3 代才打破"不传外姓人"的规矩，胡启华、朱承高便是师承杨榴芳。上舍龙舞艺术的传承保护也得到了浙江省文化厅、安吉县政府和各级文化部门的高度重视，2010 年，"浙江省龙舞文化博物馆"在上舍村隆重开馆，更加彰显了上舍化龙灯在浙江龙舞文化中的重要地位。

（图为上舍村民操练竹叶龙）

（图为上舍村竹叶龙赴法国巡演）

　　如今"化龙灯""竹叶龙"龙舞艺术成为安吉县梅溪镇上舍村对外宣传的文化名片。龙舞文化的演绎、展示已是上舍村可开发旅游业的一张文化名片。

（尚亿琴）

泉益柳编

　　在很多东林人的记忆中有着这样一幅画面：父母亲将田野中采来的柳条经过晾晒、浸泡等工序后，在一个相对密闭的房间里，大家一起边聊天边编织。看似普通的小柳条像是注入了生命一样，灵活地穿梭于父母亲的手中。不一会儿，柳条就华丽转身逆袭成为各式花篮、笆斗等器皿，被用来盛放稻米等谷物，成为家中不可或缺的一部分。这项名叫柳编的手工活动是东林的传统工艺，据说已经有 300 多年的历史了。现主要分布在湖州市吴兴区东林镇与德清县钟管镇交界处以钱家潭为中心的泉益村、泉庆村、泉心村及曲溪村一带。

　　凭借水网密布、丰富的柳条资源以及村民们的勤劳智慧，泉益柳器闻名遐迩，《嘉庆·德清县志》记载："钱家潭出柳条，均挺柔韧，制笆斗销于远处"。主打生产编织的笆斗、簸箕、篓筐等器具一度为农民们重要的经济收入来源。柳编笆斗的历史尤为悠久，早在唐朝就曾出现，当时称为"栲栳"，当代诗人卢廷让在描写富家子弟挥金如土时，曾有"五陵年少粗于事，栲栳量金买断春"的诗句。

　　笆斗，根据容量大小和用途不同分别称"栲栳、笆斗、拎笆、四升斗、鞋扁"等，是江南水乡农村广泛使用的农用盛器。《同治·湖州府志卷三十三物产》也载："栲栳……编柳条为之，缘以竹片。小者曰笆斗，亦曰三笆，又有四升斗，揆箕蒲篓"。又有"七斗笆""五斗笆""三斗笆"之分。七斗笆也叫栲栳，用来挑运稻谷、盛放大米；五斗笆较多用来盛放米粉；三斗笆也叫"园斗"，是一种计量用具。另外，还有用于播种谷子、麦子和大豆的"拎巴"、用来盛放女红针指的"鞋扁"等。笆斗与农家日常生活息息相关，也是女儿出嫁时必不可少的嫁妆。深受人们的喜爱欢迎。

　　柳编笆斗制作技艺有"前道"和"后道"之分。这里的农村基本上以家庭为单位从事制作柳编笆斗制作。约有 80% 的家庭制作"前道"（半成品），20%的家庭制作"后道"（成品）。

前道制作，先要对柳条原料进行加工，工序有：

1. "夹白"。用特制的工具（竹夹和铁夹）将柳条上的外皮去除，称为"夹白"。同时将大小不同的柳条进行分选。竹夹是用两块长25厘米、左右宽2厘米左右的竹片做成，底部用铁丝将两块竹片穿眼固定。夹白时，艺人坐于矮凳，左手捏柳条置膝，右手持竹夹似握剪刀，夹住柳条，双手用力配合将柳条的外皮夹刮去除。竹夹用于对较细的柳条处理。较粗的柳条使用铁夹进行夹白。铁夹由两根长约50厘米、直径1.5厘米左右的铁管制成，底部穿眼固定。使用时，将铁夹的底端放在身前地上，双脚抵住；柳条夹在两根铁管之间，右手同时捏住两根铁管顶端，用力"推刮"去除柳条的外皮。

2. 晒干。夹白后的柳条按粗细分选成捆后晒干。晒干后的柳条可以堆放较长时间。

3. 浸泡。编织笆斗的柳条要求有一定韧度，而晒干的柳条较硬而不易编织。所以开始编织笆斗之前，要将晒干的柳条放到水中浸泡。浸泡时间不宜过长，否则柳条变脆则容易断裂。

4. 编织。笆斗半成品的编织加工，大多由妇女担任，因此有"传媳不传女"的说法。经夹板放在地上，纵向套苎麻或尼龙线，逐步穿上柳条，编好"斗底"。将斗底放上"宽底"（也就是模型）用柳条和尼龙线交替编织，逐渐编成底为半球形筐型笆斗。斗口用柳带刀修去毛边。一个半成品的笆斗（前道）就完成了。

"后道"制作，则是将半成品装上"斗圈"和"斗底"，成为结实耐用的笆斗成品。斗圈即笆斗的筐口。工序有：

1. 劈竹。圈与底，都是用毛竹制成。将毛竹按需要劈成宽一寸左右、长短不一的篾条。

2. 烘烤。遇有篾条变形弯曲，可用火将其烘直。将篾条的弯曲处置于火上烘烤，加热后可将变形处掰直，冷却后即固定成笔直形状。

3. 砍豁。斗圈在安装前，要用蔑刀砍出豁口，便于捆扎。青篾与黄篾分别放置备用。

4. 撑圈。将青篾包在外口，扎紧；黄篾撑在里口。撑黄篾时，要注意利用竹片的弹性将笆斗的里口尽量撑紧，撑时先将弯成圆弧状的篾条放入里口，圆弧的接头处篾条撑接，用脚踩住，再用木槌将其敲平。每个笆斗

泉益村民在传授柳编技艺

的里口要撑三根黄篾，外口三根青篾。撑好后，用柳带刀削去多余的柳条。

笆斗后道加工—撑圈

5. 安底。即在笆斗的底部装上青篾，使笆斗与地面不直接接触，从而达到坚固耐用的目的。安底用青篾。将完成撑圈的笆斗斗口朝下倒扣于地，将用于斗底青篾的一端插入斗圈，青篾沿半球形斗底环绕后，另一端插入斗口圆弧对称的另一侧的斗圈。这样，斗底青篾的长度是根据笆斗的大小而定的。斗底的青篾，根据需求可成"二"字形、"卅"字形、"十"字形和"井"字形。安装好斗底后，一个结实耐用、外形美观的柳编笆斗成品就制成了。

柳编与东林人民的日常生活关系紧密，有很高的实用价值。精制的柳编工艺品，具有民间美术价值和观赏价值。作为我国的一项传统手工工艺，已普遍受到欧美地区的欢迎。柳编制品走出国门，不仅给农民带来收入，同时也扩大了中华文化的影响，是非物质文化遗产的优秀项目。

相信在大家的共同努力下，东林柳编一定会发出更耀眼的光芒。

（德清县农办）

六塔鳖技艺

地处浙北的嘉善县湖泊星罗棋布，全县有 59 个湖荡，而在县域最北端的姚庄镇就有 20 个大小不等的湖荡。最大的长白荡面积达 3200 亩，此外还有北祥符荡、白鱼荡、沉香荡、灶边荡、西皮荡、小白荡、和尚荡等众多大大小小的湖荡。湖荡里生长着各式各样的淡水鱼类，有青鱼、鲤鱼、鲑鱼、鳗鱼、编鱼、鲈鱼、鳜鱼、鲫鱼、白鱼、黄鲴鱼等，还有众多的龟、鳖、蟹、虾。

太浦河连接了广袤的太湖，由此构成同属太湖水系的浩渺辽阔的湖荡水域，丰富多样的水产资源，吸引了四方渔民来到这里繁衍定居、劳作生息，日渐孕育了一个小小的淡水渔村。

随着水产品人工养殖业的飞速发展，如今淡水鱼捕捞生产正在日趋淡出世人的视线，姚庄渔民村——这个有着 190 户渔民组成的成建制渔民村竟成了稀罕物，成了"浙北最后一个渔村"。

这儿，传承着历史悠久五花八门的淡水捕捞技艺，细细数来，有张箍捕捞、打甲鱼、引鲤鱼、丝网捕鱼、钓钩捕鱼、箍索罩鱼等 45 种之多，为此荣列省级非物质文化遗产代表性项目名录。特别是其中的"打甲鱼"技艺更是令人叫绝，百看不厌。

如今姚庄渔民村的渔民已从单一的水产捕捞转向人工养殖，丁栅生态鳖养殖示范基地是省级优质高效水产养殖示范基地，也是嘉善县唯一的现代渔业园区。

这儿诞生的甲鱼以是丁栅的古名"六塔"命名，称之为"六塔鳖"，由于该鳖养殖环境和野生自然生长条件相仿，故而其肉质结实，营养丰富，一经投放市场，就获得了极好的口碑。

说起这"六塔鳖"，还有挺多有趣的故事。

从戳甲鱼到打甲鱼。嘉善姚庄的野生甲鱼系太湖水系的中华花鳖，其背腹扁平，略椭圆，背上有对称的黑色小圆点，体色油绿，裙边宽厚，腹部有灰黑色块状花斑，也称"江南花鳖"。这里宽广的湖泊水质清冽甘甜，饵料丰富，生活在湖中的甲鱼得 5 年方能性成熟，野生甲鱼的营养价值极高，烹饪食用无论红烧还是清蒸，入口肥而不腻，滋味鲜美，是一种珍贵的养生滋补佳品。

戳甲鱼是姚庄渔民捕捉野生甲鱼最初的方法。渔民往往于清晨或黄昏时分，或划着小船，或静静地隐匿于湖岸边的树丛里，一旦看见甲鱼出没，就在突然间抛出钢叉，那钢叉的尖刺上有倒钩，甲鱼被刺中，任凭如何挣扎总也不能逃脱。

经验老到的渔民善观气象，懂得什么时候甲鱼会从湖水中露头，什么时候甲鱼会上岸生蛋，他们每次伏击，从不空手而归。戳甲鱼的渔民大都身穿大腰布拦，他们宽大的腰带上藏了好多的口袋，捕到的甲鱼就放在腰间的无数口袋里，然后高高兴兴地摇晃着身子到镇上去卖甲鱼。

后来这里的渔民采用了更为先进的"打甲鱼"捕捉方法——即以"打甲鱼枪"来打捞甲鱼。

那工具虽称谓"枪"，实际并不是枪，而是一根特殊的钓竿。其主要结构为：两片 1.70—1.80 米的竹片，用胶水合粘在一起，手把部分装一个木制的手盘线轮，线轮上绕 50 米长的细尼龙线，出线处装一个导线轮，尼龙线通过导线轮穿过装在竹片顶端的小滑轮，三组滑轮内安轴承，润滑良好。线端结上一个铅垂，铅垂重约二两，在铅垂 50 厘米处的尼龙线上装有 4—6 对弓字形的双钩。

打甲鱼是一门高超的技术，渔民凭经验得人距甲鱼的距离，然后以适当的力量迅速甩出连接尼龙线的锤头，一旦锤头到达甲鱼位置，立刻止住线轮转动，使铅垂落在甲鱼的前面，扎在线上的 6 对钩子就有可能钩住甲鱼的裙边。

当钩住甲鱼后，捕者旋转线轮迅速收线，将甲鱼拖上岸。熟练的渔民，一般在 30 米内，捕获率为十之八九。

渔民村的打甲鱼能手冯建斌说："我可以根据食客的需要，要大打大，要小打小，要雌打雌，要雄打雄。甲鱼大小主要看透出水面头的大小，头大甲鱼也大，反之则小，甲鱼的雌雄主要看其鼻孔与眼睛的距离，距离宽是雄的，反之是雌的。"足见他打甲鱼的技艺已到了炉火纯青的境地了。

渔村催生中国名鳖。随着城乡人们生活水平的不断提高，市场对野生鳖的需求早已供不应求。早在 20 世纪的 70 年代，渔民村就建起了上百亩的"鱼鳖混养"示范基地，混养的池塘的水深都在 2.5 米以上，下部都有装拦网的水道直通大河，保证了水质的新鲜和优良。

如今和尚塘畔的渔民村风景秀丽，村道整洁。一条条土埂井然有序地分出一个个大小不等的池塘，池畔九曲长廊烟雨苍茫，池塘里水很清，很满，平静得如同镜子一般。水面上露出一丛丛树枝，这些树枝为池塘底下的甲鱼营造了一个安乐窝。每当阳光普照的日子，站在池塘边，每每可以看到水底有甲鱼在自由自在地游动，它们或是在寻觅食物，或是在结伴玩耍，有时甚至会探头探脑地浮出水面，刹那间，又像是个受惊的孩子，霍地沉入了池底。

这里是甲鱼天地，也是甲鱼的乐园，渔民们早已告别了一家一户一船的水上漂生涯，搬进了塘岸边建起的一排排二层的新楼房。特别有创意的是，他们还在池塘边上营造了一座座水村渔家乐餐馆和茶室，这里有别致的水上浅桥、亭阁、小木屋，游客们来到这里可以自由自在地垂钓，远眺藕塘橘园，湖光水色，呼吸新鲜空气，还能近距离观看渔民的"打甲鱼"

技艺表演，亦可品赏刚从池塘中捕上来的甲鱼的原汁原味。

　　这里的渔民懂得品牌的重要，早早就向工商管理部门注册了"六塔"商标，"六塔"是姚庄丁栅的古名，鳖以"六塔"为名，寓意了"六塔鳖"也会像历史悠久的丁栅那样四乡闻名。

　　"六塔鳖"由于全部采用自然温度，天然饵料，大塘深水养殖，故而它具有天然野生鳖的营养价值和独特的风味。经农业部农产品质量监督检验测试中心（杭州）和浙江省万里学院生物科学系分别检测表明：此鳖无药物残留，不含兴奋剂等违禁药物，其营养价值与天然野生鳖相仿。

　　"六塔鳖"不负众望，它曾二进国宾馆，摆上了招待外国贵宾的宴席；2003年被国家农业部农产品质量安全中心认定为"无公害农产品"；2004年被命名为"浙江省名牌产品"；2008年通过国家有机产品认证；2009年被中国名鳖评选组委会命名为"中国名鳖"。

　　随着"六塔鳖"在杭嘉湖声名鹊起，到"渔民村观看打甲鱼"也已成了一条旅游热线，朋友，如果你从古镇西塘游玩回来，用不了半小时的车程就可到姚庄渔民村参观游览。

（王永强）

胡村三绝

胡村，位于丽水市缙云县胡源乡东南面谷地，海拔 300 米，距离乡政府所在地章村 2.9 公里，距离缙云县城 17.3 公里。全村以茶叶、蚕桑、杨梅为主导产业，其中茶叶是最主要的经济作物。胡村等村传承的国家级非遗项目"张山寨七七会""迎罗汉"知名度很高，市级非遗项目"缙云莲花"也名声在外。每年农历正月初一、七月七、十月十五都会举行盛大的非遗展示活动，成为当地重大的节日，吸引附近的金华市永康、武义、磐安，台州市仙居，温州市永嘉以及丽水市的青田、莲都等地游客慕名前来观赏，极大的推动了当地旅游产业的发展。

"张山寨七七会"是缙云民俗文化的缩影，它包含文化娱乐、体育竞技、表演艺术、婚姻习俗等诸多内容。期间的民间文艺表演内容丰富，地方特色鲜明，具有很高的艺术观赏性和民俗学研究价值。

缙云县"张山寨七七会"是明朝万历初年以来的民间信俗活动。张山寨的献山庙里供奉着民间广为信奉的陈十四娘娘。传说农历七月初七是陈十四诞日，百姓们为求婚姻美满、风调雨顺、五谷丰登，每年这一天都要到这里举行规模盛大的"会案"——迎神表演活动，俗称"张山寨七七会"。活动辐射浙江南部、福建北部、周边多个省区及台湾部分地区，每年参加活动的达三万多人。

"张山寨七七会"是国家级非遗项目，传承人胡文相是胡村村人。胡文相介绍，现在举行的"会案"沿用明朝万历初确立的习俗，活动形式和程序分为：设立"案坛"、上寨迎轿、巡游祈福、献戏、山寨守夜、会案表演、祭拜归位等多个内容。"会案"期间，各种独特风格的古老民间表演都在这里竞相献艺，人山人海、香烟缭绕、爆竹阵阵、鼓乐喧天、龙狮翻腾、歌舞弥漫。参加活动的，不仅有叠罗汉、扭秧歌、三十六行、十八狐狸、铜钱棍、纸扇班、大莲花等表演节目，还有大牌坊、小牌坊、过仙桥、七丁珠、叠水井、开荷花、观音扫殿、老鸦扇翼等杂技。此外还有梅花阵、大盘龙、天门阵等十几种阵法。

七七会上的"化装表演"，更是涵盖三百六十行，不分贵贱，普天同庆。在这时，坐轿子的"官老爷"和"草民"共舞，"秀才"和"猪八戒"牵手，人们用这样的形式来表示，在神灵面前，人人是平等和博爱的，彰显了传统文化的社会价值观。

说到"张山寨七七会"在当地群众心目中的重要地位，胡村的胡茂芬和胡彩凤等都异口同声地表示，其远远超过中秋、春节和元宵节。胡村及周边村庄的许多群众不管身在何处，只要有可能，是一定要回来参加七七会的，那种对家乡的眷念，对祖宗的敬畏，对神灵的祈求，都是对自己心灵的威慑和约束。知名传统文化专家曾和认为，这就是地域传统文化的凝聚力。

浙江省非遗办主任王淼说过，"张山寨七七会"是缙云民俗文化的缩影，它包含文化娱乐、体育竞技、表演艺术、婚姻习俗等诸多内容，极大地丰富了群众精神文化生活，对促进社会稳定和谐、弘扬民族精神、增强社会凝聚力有积极的推动作用。期间的民间文艺表演内容丰富，地方特色鲜明，具有很高的艺术观赏性和民俗学研究价值。

迎罗汉叠罗汉。作为缙云的3个国遗项目之一的迎罗汉活动，在胡村开展得如火如荼，因为缙云县迎罗汉的传承基地就在这里。

胡村的罗汉队骨干潘金成说，迎罗汉是缙云农村传统节目活动中表演的一项集武术、民俗于一体的民间游艺表现形式。"罗汉"是神通广大者的化身，自古得到缙云民间百姓的崇拜。缙云迎罗汉活动始于南宋之初。据《宋史》、清康熙《缙云县志》有关记载：宋高宗时，防遏外寇，习武自卫，村自卫队，民众称之为"罗汉班"。其后，"迎罗汉"表演形式融入传统节日、庙会等活动中，世代传承。目前全县共有罗汉班三十多个，活跃在当地传统节庆和重大庙会活动中。

迎罗汉由多个罗汉班参加，每班数十人到上百余人不等。各班在开演前都要在本村举行庄重的祭旗仪式，然后在指定地点集结，按照约定的路线，在阵头旗、神幡的带领下，伴随着先锋、锣鼓声以一字长蛇阵进行踩街，每到一村都会选择一处宽阔场地轮番表演，其形式主要有罗汉阵、耍武、叠罗汉等。

潘金成说，迎罗汉要很多人参与，一个罗汉队配备大刀8或16把、棍棒七八十根、钢叉8或4把，每种器械都要一个人掌控，粗粗一算，就要上百人，架势十足。人员年龄不限，上至八旬老人，下至二三岁儿童。迎罗汉的表演人员打扮成"罗汉"形象，头戴英雄帽，上身穿古代兵勇套挂或白色中衫，下身着红色灯笼裤，腰捆大扎包，脚穿白底的黑布鞋；手执大刀、四门叉、钢叉、马刀、盾牌、双铜、红樱枪、棍、长棒等兵器。此外，还有阵头旗、神幡、蜈蚣旗和伴奏乐队。

迎罗汉开迎当天清晨，罗汉班全体队员集聚各村，先行祭旗。祭旗仪式结束后，全体队员依次列队，以一字长蛇阵先在村庄内外进行踩街。然后进入活动主场地进行轮番表演。

在张山寨七七会上，叠罗汉作为迎罗汉活动中的压轴节目，是最能体现迎罗汉项目游艺特色的主要表演形式，由数十人互相配合，组成造型动作。众人叠成各种形状，如观音扫殿、罗汉井、大小荷花、牌坊、花篮、金桥车等。

缙云莲花。"缙云莲花"原为民间说唱，由艺乞行唱于门头或坐唱于庭院，因其形式有单口的，也有一领众和的，曲调优美，内容通俗，所以广为流传。解放前，缙云各地就早有用此形式组成莲花队，并丰富其内容，扩大其规模，把单纯说唱变为载歌载舞的娱乐活动。每年农历七月初七的张山寨庙会和九月初九的赤岩山庙会，缙云县都有不少莲花队从四面八方汇集出门，争相献技，胡村的莲花队往往表现不俗。

胡村村民胡锁官，爱好文艺，年轻时期，他就从村里的老艺人那里学到了"缙云莲花"。从此一发不可收拾，每年张山寨庙会，他都要唱上一曲，还专门组织了男队女队同唱"莲花"。近年来，村里的群众外出打工的较多，加上村民的文化生活日渐丰富起来，"莲花"渐渐淡出了人们的视线。胡锁官在文化部门的鼓励下，重新组织三十多位村民唱起了"莲花"。

每年，在庙会活动前一个月就开始组织教唱。演唱时还配有大板、瓷碟、响盏、蜈蚣签、七姐妹、鸳鸯板、木鱼、竹梆等九件乐器，主要以打节拍为主。强拍处，所有乐器齐奏，发出"啪"的强音；而在弱拍处只由"七姐妹"和"鸳鸯夹"轻奏"哧哧"和"嚓嚓"声，这样就构成啪哧哧啪嚓嚓啪哧哧……的强弱跌宕，令人回味。

莲花音乐的基本曲调有"平韵""高韵"和"沙腊梅"等，歌唱的内容大都为群众所熟知的民间歌谣如《十二月花名》《十二采花》《会场歌》等。莲花队的大板，既是组织者，又是领唱者，他可任意领唱某一曲调某一曲目，众人即兴紧接帮腔。在行唱途中，大板还善于见景生情，即兴创作，或褒或贬，淋漓尽致。大家也必须对答自如，唱和不误。

（陈紫阳）

哥窑和弟窑

　　距离龙泉县城南边六十多里处，有一座美丽的山峰叫琉华山，山下有一座沿着小溪两旁而建的村落，叫大窑村。那里群山环抱，流水潺潺，层峦叠翠，风光秀丽。琉华山，出产一种细腻纯净、洁白如雪，能烧制瓷器的好陶土，相传是上古时代女娲补天时所遗落。村人多以制瓷为生计，因而瓷窑众多。自古名扬中外的哥窑、弟窑青瓷发源地，正是大窑村。

　　相传北宋庆历年间，这个村子里居住着一位著名的瓷器匠章有福。有福为人忠厚老实，生活克勤克俭，祖宗三代都靠烧制瓷器为生。他有两个儿子：长子叫生一，次子叫生二。兄弟俩从小就跟父亲捏泥弄土，学得了一手制瓷好技艺。

　　生一性格沉默寡言，但手巧心灵，勤劳肯干。平日他一见到父亲制坯做碗，捏龙塑虎，就学着做。制作陶瓷是一项做工复杂且精细的手工手艺，从拉坯开始，就要把坯泥置于木制的轱辘之上，脚踩手动，借旋转之力，用双手按住坯泥然后拉成所需之形，或瓶、或盘、或杯、或碗。然后修坯利坯，在拉成型的器形上，用到篾修整，使器型光洁，坯体均匀。第三道工序就是浸釉、喷釉，这是非常复杂的手工技术。浸釉时手力不能太重，也不能太轻，全凭经验掌控，才能使施釉得当均匀，如果轻重偏力，会使器物烧好后变形，裂釉或者跳釉，成为次品。其他还有补釉、素烧等工序，最后就是烧窑，这也是烧制青瓷的关键技术，窑温要掌控好，烧制时间也要把握住，龙泉青瓷由于釉厚如玉，关键是把握其还原气氛的最佳时机，过早了，窑温不够，釉没烧透，会发生凹凸不平或者外表无光泽，影响外表美观；如果窑温过高，又会出现流釉跳釉现象，次品多，成功率低。

　　另外，还有如何选瓷，如何配釉都是技术性很强的工序，没有恒心和耐心是无法学到真正的烧瓷技术的。章有福把这些烧制技艺毫无保留地传给了两个儿子。生二聪明伶俐，但是有一点嫌脏怕累、讲究吃喝的小毛病。为此，章有福比较喜欢大儿子，对生二常常进行批评。由于兄弟俩脾性不同，这一家的妯娌间也难免意见不投，背地里经常有些小摩擦。幸好有福在儿子和媳妇面前还有一定的威严，所以，她们不敢公开争吵。有福觉察到媳妇之间意见不合，也只有默默不乐。

章有福活到83岁那一年，突然病倒了。他知道自己大限已到，临死前，便把两个儿子生一和生二叫到床前吩咐道："儿呀，看来我的病是好不了啦！树大分杈，儿大分家。我死后，你们就各自分居，设窑开业，以免妯娌之间猜忌争吵，影响和气，古话讲'家和万事兴'只有和气才能生财啊！"说完就去世了。

兄弟俩料理好父亲后事，就分居设窑各自为生。生一在大窑本村设窑，生二离大窑村二里外地方设窑。当时，他俩烧制的瓷器，闻名浙南和闽北一带。

开始时，兄弟俩都是按照父亲传授的方法烧制瓷器。后来，哥哥逐渐觉得这瓷器不够精致美观，就大动脑筋，呕心沥血，改进操作方法，在瓷器上雕刻一些花鸟之类的图案花纹，哥哥心灵手巧，雕的龙凤花卉，形态逼真，布局典雅，深得顾客们的赞美。

他还在釉色上下功夫。想让蓝天白云，青山绿水，奇花异草为瓷面增辉添色。经过日日夜夜、月月年年的细心琢磨，他终于做出草绿色的釉彩。可弟弟仍旧照父亲那套老办法制作瓷器。这样一来，当两人的瓷器一同在市上出售时，总是哥哥的先卖完，弟弟的没人要。因此弟弟产生了嫉妒心，千方百计想破坏哥哥的瓷器声誉。

一天黄昏，哥哥烧完了最后一捆老柴禾，闭上窑，就回家吃晚饭了。

夜色迷蒙，弟弟见四周无人，偷偷走到哥哥窑上，用通节的毛竹将水引进炭火熊熊的窑里去。在回家的路上，弟弟幸灾乐祸地轻声说道：

"哼，这窑十之八九要裂纹满身了，看你还销得出去！"

过了几天，哥哥打开窑门，忽见每件瓷器表面布满龟背似的裂纹，顿时惊慌失色。他想：这究竟是怎么一回事？我烧窑多年，可从来没发生过这样的事情呀！是窑漏气吗？可一看，窑的四周封得严严实实。

哥窑炉

龙瓶弟窑

哥哥惴惴不安地出着窑中瓷器，定神一看，只见最上一层的碗里有水。这一发现，使他心头的一团疑云消散了。"同行三分炉"，他料定是弟弟干的坏事。眼看上手的东西落了空，心疼死了！生一像喝了盐卤一样难过。可他并不计较，压着火气，出完了这一窑瓷器，然后便随手捡了一只大口杯，懒洋洋地回家去了。

在家里，他不把窑上发生的事告诉妻子，只是凝神地望着手中那只满是裂纹的杯子沉思：补吧，没法，丢掉吧，太可惜！几个月的心血白花了。思来想去，没有一个好办法。正焦急间，忽见桌子上放着记账用的一砚台墨水。他灵机一动，计上心来，便舀了些釉水和墨水放在一起调匀，然后用毛笔蘸着混合的釉墨水，一笔一画地把它嵌进大口杯的裂缝里。下午他把所有的龟裂瓷器都涂上釉墨水，重新搬入窑中复烧。他生怕又出意外，便在窑边盖了一个茅栅，日夜守着，寸步不离。

出窑的时候，章生一双眼紧紧地盯住窑门，双手不住地颤抖着，生怕试验不成。可是，出乎意料，窑门一开，只见复烧过的瓷器胎薄釉厚釉面上黑褐色的条纹或如蛛网，或像八卦，远看如片片鱼鳞，近看似翠玉层迭，比没有裂纹的瓷器更加光彩夺目。生一脸上的愁云即刻消散。他把全部瓷器搬出窑外，运到市场上去卖。街上客商见了这窑瓷器，花样翻新，别具一格，便蜂拥而上，争相购买。一窑青瓷，很快就售完了，好心的生一，赚了很大一笔钱。

那天，章生二知道哥哥这窑瓷器上市，就装着上街买东西，暗地看看它的销路怎样。出乎生二的意料，这些瓷器竟很快被抢购一空。他觉得很奇怪。正在这时，只见人群里有人说："这杯子上的纹路多么好看！"生二一听，皱眉一想：这纹路还不是我放水造成的吗？这有什么了不起！于是，他就走出人群，飞也似地跑到自己的窑上，急忙将水灌到刚封闭的窑里，然后喜滋滋地回家等待着赚大钱。

果然，等开窑时，生二的瓷器也满是裂纹，他乐得两眼眯成一条缝，嘴巴笑得合不拢，瓷器出窑后，立即挑到街上去卖。人们看了他那满是裂纹的蹩脚货，都摇摇头走开了，谁也没有买。章生二无法，只得忍痛削价，可是人们还是看一看就走开了。

章生二无可奈何，只好把瓷器挑回家。他妻子看到瓷器一件也没有卖出去，非但不安慰他，还埋怨起他来。生二闷闷不乐，茶不饮，饭不吃，当天就病倒了。

忠厚的大哥生一听说弟弟生二病倒了，连忙带了鸡蛋、猪肉上门去看望。他跨进生二家门口，只听弟弟在床上呻吟，便走到床前，握住弟弟的手，亲热地问这问那。人非草木，孰能无情，生二见哥哥非但没有计较他的过错，还这么热情地前来探望，一时感动得扑簌簌地落下泪来，呜呜咽咽地说："哥哥，我……我错了，做了对不起你的事。"哥哥忙安慰他说："别这么说了，保重身体要紧。兄弟本是亲手足，千朵桃花一树开。我们俩该携手同心，把青瓷烧得更好！"从此后，哥哥就毫不吝啬地将自己的手艺全盘教给弟弟。弟弟接受了哥哥的技艺，也决心在釉色上下功夫。不久，生二也烧出了一窑青翠悦目、图纹清晰的好瓷器，同样很受人们欢迎了。

后来，哥窑和弟窑的瓷器各有不同的特色：哥窑的瓷器胎薄坚实，釉色显现裂纹，以青色为主，浓淡不一，有天青、浅青、粉青诸色，以粉青最为珍贵，为我国五大名窑之一，弟窑瓷器胎骨厚实，釉色葱翠，釉色无裂纹，光泽如玉，称龙泉窑。

现在龙泉青瓷传统烧制技艺已被公布为人类非物质文化遗产，成为陶瓷界的唯一殊荣，而哥弟窑的故事至今还被龙泉瓷界口耳相传。

（吴炜）

砍花之法

　　龙南乡位于龙泉的东南部高山上，东邻云和，西接景宁、庆元，蛟垟村是乡政府所在地。走进蛟垟村，迎面就能看到一座六檐之亭阁，亭阁正上方写着"蛟源胜迹"四个大字，门框两边，一副"龙泉东乡好蛟垟，欧江源头第一村"对联格外醒目，这是清道光五年建造的进村亭，古朴而庄严。

　　蛟垟村东为岩岘，南临天马山，西傍范护尖，北有白山岭，村落地处四面环山的谷底。地势北高南低，蛟垟源由北向南把村落分为东西两面，并流入景宁境内。这里属亚热带湿润季风气候，由于地处海拔山区，村庄

山高水冷，日照不足，无霜期短，历年来村民都以外出做菇为业。从宋代开始，这里就有山民外出做菇，明清时期，外出菇民一代接一代，层出不穷，因此，这里就成了龙泉菇民的中心区域。

蛟垟叶文田宅门楼

蛟垟有多种姓氏：吴、胡、周、郑、金、余、陈、毛、季、诸葛、叶等，其中叶姓居多。《叶氏宗谱》记载：叶氏出自姬姓，周文王子武王同母弟聃季。武王时，聃食采于沈，后代以沈为氏。春秋时，沈诸梁任楚国令尹兼司马，因功受封于叶地，后代便以叶为姓。叶地属南阳，因以南阳为郡望。晋代时，叶俭任括苍太守，其子孙便定居括苍处州，奉俭公为始祖。俭十七世孙叶法善定居松阳县旌义乡应里（今古市镇卯山后村）。叶法善职受先锋，提兵守隘至龙泉的小梅、瑞竹垟、栗垟、蛟垟。各姓氏的先辈对蛟垟村的发展和建设做出过巨大贡献。他们教导子孙后代勤劳团结、崇德尚贤，由此可见，在唐朝时，这里就有叶氏居民。

清康熙十九年（1681）胡茂芝从龙泉东隅迁此。自胡氏一族建村伊始已有三百多年历史，而叶氏村民早于胡氏定居蛟垟。

蛟垟有几幢古民居建筑，其中叶太隆公古民居是众多古民居的代表之一，它建于咸丰初年，设计讲究，风格典雅大方，花巨资建成。叶太隆公古民居名为"声振堂"大宅，历时一百六十余年，代代相继。

太隆公引导子孙要以人为本，习武、勤文、做菇为业，其远赴江西、安徽、福建、四川等省，万水千山、艰苦做香菇，留下不少泪洒大江南北的做菇创业史迹。

人类从发现香菇到驯化与栽培香菇，经历了一个漫长的时期，而由香菇栽培转为"龙庆景"人的专利又有一个有趣的故事：当我们涉足往返于菇乡的大小神庙时，总能看到这样一副对联"朱皇亲封龙庆景，国师计来种香菇"。据《菇民研究》一文中曾对此作了阐述："据传明太祖登基金陵之初，因祈雨食素……刘基进献处属土产香菇。帝食之甚悦，刘氏告以做菇方法，帝尤奇之，传旨提倡各地做菇，每岁置备若干。刘基为处州属人，顾念处属龙、庆、景三县，山多田少，民甚贫瘠，唯长于做菇一道，乃乘间奏请种菇为、庆、景三县人民专利，他县人不得经营此业。故龙、庆、景菇民得赖菇之谋生，迄今六百余年历史。刘氏历来为菇民所称颂，获世世祀奉为菇神之一。"

由此可见，皇封专利是明朝国师刘基进言的结果，它为菇民谋生找了一条出路，难怪菇乡大小庙宇都有此对联。

蛟垟为菇民密集区之中心，所谓"种菇顶闹蛟垟源，常年出门有几千"，这是民国十二年的记载。菇民世世代代以香菇谋生，千百年来，每当秋天"枫树落叶，夫妻分别"，男人们不分老少，凡能出门的都上菇山了。他们的菇场远在福建、江西、安徽乃至四川、云南、广西，旧时交通不便，上路要走半月或一月，上山后搭一简易菇寮，便开始砍树种菇，直到第二年清明前，气温升高，种菇季节过去，此时已是"枫树抽芽，丈夫回家"。菇民返乡后，担回一些大米，合家团聚。然后翻耕有限的粮田，世代如此。他们所擅长的就是以香菇孢子自然繁殖的方法砍花法栽培。

砍花有三项作业，一为砍花，二为溜花，三为开水口。这三个内容技术性较强，只有少数经验丰富的菇民能把握。多数菇民砍树不砍花；砍花师傅则砍花不砍树，此等砍花师傅在菇民中只占15%。

《原始砍花》张路明摄

1. 砍花。斧头砍入木质部，称为砍花，多数树种采用此法。

2. 溜花。斧口砍入树皮或树皮的1/2、1/3处，或深入于树皮和形成之间。形成层，亦即菇民所称那一层白膜，位于树皮与木质之间。

任何树种都须选用砍花或"溜花"中之一种，槠栲类常以两种兼用。深浅则有细微差别；湿度高偏深，湿度低偏浅；向阳山偏深，向阴山偏浅。

枫树：砍斜水花，放斜去水口，每株枫树2—5个水口，"◇"高的山场砍半粒米，配性低的山场料钱边。高山砍深一点，低山浅一点，树枝"丫"多留。

杜英树：用斧头角割表皮。

红栲：用留法，皮砍三分之二，叶三破两，放毛水口"D"。

白栲：小半米四分之一深。

白皮榆：砍花洋钱边。比枫树轻一点，也可以留平针，深度到黄膜。

橄榄：根据枫树砍法基本相同。

银栗：比枫树要深一点，砍平针，放水口放毛水口"D"。

泽栗：砍平针比枫树深一点，砍平针，放毛水口"D"。

乌榆：砍黄皮三至四层，放毛水口"D"。

林赌：同红栲砍法一样，三砍二到膜。

假林赌：削甲，用砍留法，到白膜。

化香：砍柴重，玉米深（木质部）

米榆：砍木质部小半米（三分之一）。

毛栲：同枫树。

马料：有二种，一种光料，根据泽栗方法，有条缝马料，砍木质部大粒米。

全栗：留平针，深同泽栗差不多。

肝心：木质部大半米。

王叶赌：木质部玉米深。

独栗：木质部玉米深，放毛水口"D"。

黄漆：木质部大半米。

"砍花法"技术含量很高，无法仿照，只凭实践经验。当空气中的"孢子"落入被砍的树种上，成长菌丝，三年后才能长出香菇来，这样，才能有收获。如果遇到天气干旱或涝灾，还有虫鼠侵害，产量会大受影响，菇民的收成降低，生活自然窘迫。

久而久之，蛟垟一带的菇民都学会了"砍花法"的技术。

蛟垟村，香菇文化的发源地之一，一个值得回味的历史村庄。

（江圣明）

艺精陶仿

溪头村是宝溪乡政府所在地，坐落在峰峦叠翠之中。位于龙泉之西，离县城 62 公里，与福建浦城县交界。许多人说起过它的隽秀，说起过它的安静、古老，说起过它那一湾清澈如镜的溪水。感觉它如世外桃源般的扑朔迷离。感觉它的不争和空旷。旅行者会被那水墨山情所陶醉；书画家会被那份现代和古老的错落触景生情；考古学家会驻足在青石板的里弄里和古龙窑对话；青年男女会穿梭在现代竹建筑群里梦幻未来……

行走在青石板铺成的弄堂里，在四季的轮回，岁月的变迁中，那些交错参差的古老民居和纵横曲折的清水巷陌，一个个匍匐在山岚上的沧桑龙窑，构成了这个村庄最动人的风景。

溪头村历史悠久村里居住着陈、周、李、王、张等十多个姓氏居民。据陈氏家谱记载：陈姓的姓氏源于皇帝部落的重要支派——陈丰氏。南北朝时，宣帝的第五个儿子陈叔明，第八代孙陈诩公由浙江长兴迁入龙泉将安（今八都），后迁宝溪溪头为陈氏始祖。

　　悠久的村史，蕴育了一代又一代的历史名人尤其是制瓷名人。沿着石板村道，依稀可见清代的王家大屋和民国初年建的"李怀德故居"，几幢清代民国的建筑显得古老和沧桑。

　　再往前走，可见一处幽静恬然的民国时期的大屋，悠然感觉到一份瓷意徐徐而来，感觉到一位瓷意老人正在向你叙说着他们制瓷的复杂历程……

　　据龙泉瓷厂厂志记载，1825 年间，宝溪乡溪头村李君义在当地建窑称"李生和号"，这是近代龙泉青瓷史上有记载的最早的私人窑厂。因此走进李怀德故居，必然会引发李怀德一家的制瓷史话。

　　李君义（1882—1949），李怀德的父亲，既是一个手工制作生活用瓷的熟练工人，又是一位富有探索精神的古青瓷研究者。在龙泉青瓷烧制技艺传承与发展中起到了重要的作用。据有关材料介绍，民国初年一位蒋姓青瓷艺人来到溪头李家，与李家兄弟同吃同住共同研究青瓷烧制技艺，不到一年时间，青瓷就在李家龙窑烧制成功了。李氏兄弟和蒋师傅一起，将溪头村附近的献堂、笋户、高际头、户头，甚至大窑等数处的主要原料（胎料或釉料）紫金土、白土的矿点，各矿点原料及原料的性能都搞得一清二楚。原料配方、釉色调配操作自如，得心应手，青瓷生产技艺全盘掌握。

古龙窑

　　李怀德，1918 年 11 月生于龙泉溪头，1989 年去世，龙泉青瓷薪火传人。一代宗师，青瓷巨匠，为龙泉青瓷的传承与发展做出了重大贡献。李怀德 15 岁就进了碗厂，学习做碗、画花、刻划、堆塑、制釉、上釉等手工工种，他不怕吃力，对制瓷艺术很有兴趣，每日都在厂里工作，学会了青瓷制作的陶瓷工艺程序。

制作工艺包括以下几个流程：

1. 原料制作（釉料→球磨细碎（球磨机）→除铁（除铁器）→过筛（振动筛）→成品釉

2. 成型（拉坯成型法：适用于制作圆形、弧形等浑圆的造型，比如盘子、碗、罐子等，它的特点是作品挺拔、规整，器物的表面会留下一道道旋转的纹路，在拉坯时其力道要控制得非常到位才能不变形。另外，在成型过程中还要表达作者的手法和构想。雕塑也是一种体现技术的主要工艺之一，要根据造型不断进行观察、比较。泥塑工具，可用于刮、削、贴、挑、压、抹、泥塑和造型）。

3. 施釉（施釉讲究技巧，釉层好坏直接影响到烧制后作品的成功与否，施釉有喷釉、醮釉、浇釉、刷釉、荡釉等各种技法，有时需要综合运用。）烧窑过程更加复杂，需要在温度控制、烧窑时间及还原过程的控制等工艺。

那时，李怀德父亲就已经仿制青瓷多年，他经常与父亲一起制作青瓷（不是长年的），但数目不多，效率不高，都是手拉坯成型。16 岁的时候，李怀德父亲又与八都吴兰亭先生合伙做了一批人物和动物，李怀德先生就是在这样的环境下，从小耳濡目染地学习龙泉青瓷的传统烧制技艺，从而也练就了他扎实的青瓷烧制功底和技艺……据当时的县长徐渊若在"哥窑与弟窑"一书中介绍，1935 年，宝溪乡乡长陈佐汉曾将宝溪诸家仿制的弟窑产品《牡丹瓶》《凤耳瓶》等 70 余件委托龙泉县县长徐渊若，邮寄国民政府实业部请功，获蒋介石题赠"艺精陶坊"条幅。其中"生和瓷业"精品甚多。1949 年，仿古青瓷精品"云鹤盘"通过外交途径运往苏联以国礼作为斯大林 70 寿诞贺礼并得到苏联政府的答谢……

新中国成立后周恩来总理作出了恢复龙泉窑的批复。如何进行很好的恢复呢？原浙江轻工业厅厅长翟翕武在后来的回忆中说："为了找到恢复的线索，我去找了陈万里，他告诉我，要恢复龙泉青瓷，就要找到工艺配方；龙泉有个叫李怀德的老艺人。他手上有祖传的秘方。李家祖训非常严格，传男不传女，传长不传幼，秘方几百年来都秘密地传了下来。李怀德是个全才，青瓷的原料处理、造型、烧制、雕塑、刻花、配釉等样样在行。但这个釉色的配方绝对保密，找到他，能找到一些门道。有了点眉目，我们很高兴。"由此可见，李怀德在恢复龙泉青瓷传统烧制技艺中的地位和重大作用。

据张高岳老人回忆录记载，1955 年，浙江省政府按照周总理批示成立了 11 人的仿古小组，由他牵头，连他在内，包括李怀德、李怀荣、李怀川、张照坤、龚庆平等共有 7 位宝溪青瓷艺人参与其中。当时，仿古小组把地址也设在了宝溪溪头村。在溪头村，现存的几支龙窑依岗而建，气势不凡，窑室多为宽 1.6—1.8 米，一般为 19 间，多则 26 间，整体风貌保存完好，不少民国时期的手工制作青瓷精品都出自这里的龙窑。因此，它是溪头村仿古青瓷的一个缩影，也是溪头村的瓷魂所在。

这些青瓷故事的发生，大多与"李怀德故居"有关，故居有两个天井，十几个开间，木制的窗格显得简易而质朴，石条的门户和鹅卵石砌成的地面细致而宽敞，走进这样的故居我们没有被古民居的建筑风格所打动，却为故居里的主人对青瓷的情份而感动，由于有他们这一批老青瓷艺人孜孜不倦的刻苦追求，龙泉青瓷传统烧制技艺才得以传承下来。

如今，溪头村的小桥流水，亭阁楼台，淡淡清辉呢喃着瓷意未改，在龙泉人的记忆深处收藏了多少瓷性情怀……

（龙泉市农办）

青田石雕

青田石雕是我国著名的手工技艺之一，其发祥地是青田县山口镇山口村。在石雕之乡青田，山口村的石雕历史渊源最早，工艺水准最高，从业人员最多。在青田石雕这一行业里，山口石雕最具有代表性。

据有关出土文物证明，早在新石器时期（距今4200—5300年），"山口村"这块土地上，不但有人聚居，而且有人从事叶蜡石雕刻。

1989年冬江西新干县出土的商代文物"玉羽人"，所用石头是山口村封门山上特有的石头，从而得以考证出殷商时代，山口人已经能用石头雕出较为复杂的作品。

六朝（222—589）时，有人把青田山口人雕刻的小石猪作为墓葬品。到五代吴越时期，山口的石雕技艺已达到一定的水平，从制作简朴的实用品，发展到能雕刻写实、生动、精细的圆雕宗教艺术品了。后又经过一千多年的历史，而今的山口村，石雕产业闻名全球，该村也成了全球名石名雕市场的集散中心。

山口石雕的工艺流程大致分为选料布局、打坯戳坯、放洞镂雕、精刻修光、配垫装垫、打光上蜡六道工序。作品一般都自始至终由一位艺人完成。

1. 选料布局。选料大致可分按料选题和按题选料两类。

按料选题首先要对石料作最基本的选择，主要考虑是否结实，脆软。然后根据石料的形态、质地、色彩，苦心经营，精心设计。石雕和一般的绘画、雕塑相比，既有确定主题、选择题材、经营位置、刻画形象的共性，更具有受到既定物质材料强烈制约的个性。所以，石雕从布局开始就要"因材施艺"，艺人往往要将石料摆在案头，横摆斜置，细致观察，反复构思，当面前的石料与脑中的某一灵感图像相契合，产生创作冲动时，才挥锤握凿，确立作品雏形。

按题选料则先有主观构想，然后苦心寻找合适的石料，比如准备雕刻某一类题材的作品，要对石料作针对性的选择，主要从作品的要求方面考虑。雕刻人物题材要求石色纯净文静，花鸟题材的石料以绚丽多彩为佳。山水题材的石料最好是形态突兀多变，精雕作品则要求石料质地优良，石色丰富。许多题材还要求石料有一定的体积。

2. 打坯戳坯。石雕艺人仅打"腹稿"就直接在石料上敲打落形，只有极少数大型作品或构图复杂的作品，要画设计图或捏泥塑稿。打坯是雕刻作品的第一步，用打坯凿大刀阔斧地劈削出作品的外轮廓，景物的大块面，以最简练、概括的手法，将构思变成视觉形象。戳坯是用阔凿戳出景物较小的分面，一些小作品也有不用打坯而直接用阔凿戳坯的。

（1）放洞镂雕：这是一道费时最多、技艺最复杂的重要工序，它是为了给镂雕创造条件，镂雕是放洞的继续和深入。

（2）精刻修光：精刻用以深入刻画细部，修光用以修饰外貌，使作品显得更有生气，更美观，更传神。修光是为了抹去作品上不必要的刀痕凿迹，使作品简洁可爱。

（3）配垫装垫：座垫分石质、木质两类，对主体起衬托、充实、补充作用，尽量与主体形式协调，大小相称，色调稳重，繁简适度；充实内容，弥补缺陷。石质垫造型分岩头垫、水波垫、几何形垫、云垫、连花垫等几种。木质垫分造型垫与自然垫两种。装垫时，一般大型作品及高档作品都用螺丝，稍小的作品用竹钉，小件作品则在上蜡时用蜡黏合。

（4）打光上蜡：先用水砂纸将石表打磨光滑，再用蜡涂于石表。

打光上蜡可使作品外表光洁、明亮，充分显现石料的材质美，色彩美，使作品显得高雅、艳丽，并便于陈设观赏。

3. 表现手法：

山口石雕的表现手法，从形式上分有圆雕、镂雕、浮雕、线刻、镶嵌五种，以圆雕、镂雕最常见，尤以镂雕最具特色。从风格上分有写实与写意两类，以写实为基本倾向。

（1）圆雕：圆雕作品的造型比较单纯，不追求丰富的层次，可以四面观赏。此技法广泛用于石雕人物、动物、炉瓶、印钮等作品。它亦称立体雕，由于构图比较简单，所以在设计中特别讲究立体的动态。

（2）镂雕：镂雕主要用于山水，花卉作品，可分单面镂雕，透空镂雕和立体镂雕。

（3）浮雕：浮雕按表现景物的立体度强弱分高浮雕、浅浮雕和薄浮雕三种。高浮雕常用于炉瓶身上的装饰和一些质佳、有色层而厚度不足的石料上，薄意主要用于石章的印身雕刻。浮雕从高到浅到薄，其三度空间的雕塑感逐渐减弱，而二度空间的绘画意味则愈来愈浓，尤其是薄意雕，从题材到构图都已颇具中国画的气韵。

（4）线刻：它是以刀代笔在石雕上刻划出来的阴线。诸如人物的须发，服饰图案，动物的皮毛，鳞片、山水的屋宇瓦楞，花卉的叶筋、炉瓶、印盒上的装饰图案，都广泛应用线刻技法。它如中国画中的白描，十分讲究线条美。

（5）镶嵌：在石雕上运用的镶嵌手法，有以石嵌和玻璃嵌两种，一般用于表现动物的眼睛，起画龙点睛的作用。

（6）写实：山口石雕中的大部分作品追求形似、色像。刻画景物时，尽量按照其真实面貌，同时还尽量利用天然俏色去模拟近似景物的色彩。

（7）写意：历史上山口石雕也不乏写意之作。艺人通过变形、夸张、装饰等手法，使作品别具一格，其渊源一是古代，二是民间。

4. 技艺特色

山口石雕的技艺特色可概括为：因材施艺，形象逼真，镂雕精细，层次丰富。因材施艺即取势造型、依质布局、因色取俏。镂雕在山水花卉作品中应用较广，其技艺主要有放洞镂空和带筋化筋。放洞是镂空的基础，带筋是在石雕作品中保留的连带体，它像房屋中的柱、梁，起固牢作品的作用。

山口石雕基本手法有圆雕、镂雕、浮雕及线刻四种；分相石，开坯，粗雕、细雕、封蜡、润色等六道工序。石雕艺人们根据石材的特点展开构思，因材施艺，依色取俏，化"腐朽为神奇"，使青田石雕具有独特的艺术魅力。附：山口石雕技艺口诀：

人物比例

全身七头最相宜，身三腿三脚是一。

肩宽为头两个长，臂宽一五不必疑。

头面双目中间取，面阔五分眼占二。

手按下颌与眉平，眉鼻横平与耳齐。

人物表情

若要笑，眼角下弯嘴上翘。

若要愁，嘴角下弯眉紧皱。

若要善，观音面。

若要奸，三角眼。

若要恶，眉眼鼻口挤一撮。

鸟

嘴长尾必短，嘴短尾必长。

翘首便要鸣，动尾将要飞。

山峰

主山高耸白云绕，群峰环抱众山小。

山小

半崖腰中有平台，台上凉亭能远眺。

溪涧

高山流水叠三叠，山涧弯转折三折；

小坑细流汇成溪，微波粼粼江边水。

树木

当门主树高又大，疏密有致忌均匀，

三五成林相参差。远处小树山沿排；

水口亭

宕口岸边树成林，林荫下面设榭亭；

檐角高翘窗棂细，游人凭栏赏风景。

雕花基本规律：

先花次叶后有枝，花叶重叠显层次。

主花盛开向人笑，其余花苞争相绕。

隐现穿插有节奏，"爱丝"曲线成枝条。

牡丹（一）

主干弯曲老又苍，新枝嫩直势粗壮；

一梗三三九进叶，花瓣复复多皱褶。

牡丹（二）

牡丹千叶形不同，老干新枝参差容；

刀圆叶面线刻筋，花冠扭卷雕刮深。

荷花

花如圆钵叶似盆，叶边凹凸里外翻；

新叶卷拢像画轴，蓓蕾顶尖似笔头；

瓣成羹匙楚楚形，荷梗纤长立婷婷；
尖刀刮出莲花心，雕叶多让圆刀上。

菊花：

（一）

瓣长瓣短，有平有卷；
茎干细直，不方不圆；
腋生嫩芽，叶缺边缘。

（二）

雕花刮叶，尖刀出力；
茎桠叶腋，刺芽点缀；
多洞多刺，层次交替。

梅花

无"女"不成梅，新技似箭开；
三五成花瓣，枝上苞蕾满。

松

无"工"不成松，干枝曲如龙。
树皮龟纹裂，金钱扇形叶。

竹

无"个"不成竹，刀叶聚三五；
弯节不弯干，枝梢顺风舞。

（陈介武）

里地造纸术

隆宫乡里地村位于隆宫乡东北角，距县城30公里，距乡政府所在地10公里，海拔510米，地处浙闽交界与政和县、庆元县淤上乡蒲谭村毗邻，现有3个村民小组，106户285人，耕地面积328亩，林地面积4846亩。里地村交通比较方便，生态环境优美，四周被青山环抱，有溪流通村而过，村边有"白水济"瀑布群景点，还有十里竹海景观，被评为市级生态村，是生态休闲旅游开发的好地方。该村现存有明清古迹和古民居，历史文化和产业文化内容丰富多彩，既是一个文化古村落，又是新农村建设的美丽乡村规划村。

里地村，一称李地，据考始于元大德年间（1279—1307年），李氏置，距今已有700余年历史。据族谱记载，甘氏于明泰昌元年（1620年）迁入。最初时，甘氏帮助李氏放牛，李氏住现里地村下村，甘氏在放牛时发现，牛喜欢栖息在李地村北面的草地上，不肯回下村，甘氏认为这是因为北面草地是风水宝地，适合居住，从那时候起，甘氏就在李地村北面的草地上建房定居、耕作，繁衍生息。在此之后，李氏家族逐渐衰退，最终

退出了李地村历史舞台，后人遂将村名更名为里地村。甘氏则兴旺发达，成为里地村最大的家族，时至今日，甘姓还是里地村第一大姓。

　　自古以来，里地村人靠着勤劳肯干、锐意进取的精神，在那古老的村寨里，书写着平凡而又辉煌的历史。

　　造毛边纸术便是里地村历史长卷中不可磨灭的一页。造纸术是我国古代的四大发明之一，至今已经有 2000 多年历史，可谓历史悠久，源远流长。据《甘氏族谱》记载，里地村造毛边纸术可追溯到明末清初时，距今 350 余年，甘敖公等甘氏族人为全村族人生计考虑，出门学艺，最终将造纸术引进里地村。由于里地村位于山峦峡谷之间，竹海连绵，流水潺潺，甘敖公便就地取材，将竹子作为造纸原料，当地人称"造毛边纸"。就这样，造毛边纸的历史一直从明末延续到 1951 年，在造纸鼎盛时期，里地村造毛边纸厂数量多达 17 座，平均每家一座纸厂，有的家庭一家便有三座纸厂，现在里地村还留有许多古老造纸厂的遗迹，只是那人头攒动、众人造纸的景象已淹没在历史的长河中。1951 年至 1953 年里地村改发展明笋产业，1953 年后开始直接贩卖竹子。

里地村现在还口口相传着造毛边纸的技艺，听老人讲述，造毛边纸原料有：毛竹、杜生根（植物强力胶水）、石灰等。石灰矿是隆宫乡源头村的矿产，要在年前十二月到源头村采矿，一担石灰要挑上一天回里地村储备。生产的过程非常有讲究，须天时地利人和。

选材：要在竹笋刚冒尖的时候，也就是三月三，上山砍竹子，竹子以有 2 枝竹杈的为最好。

加工：竹子砍好打捆运至家中，立夏后 3 天，削竹老师来对竹子进行削皮加工，将表皮削去能使竹子更快变软。

腌制：将削皮后的竹子放入家门口的水塘中，一层竹子一层石灰进行腌制，腌制至小暑和大暑之间。

洗料：等到大暑时，将竹子上的石灰进行清洗，石灰洗净后，每日都要更换水塘中的水，早上放水，晚上再引水入塘，周而复始，面积小的水塘换水半个月，面积大的水塘换水 20 余天。

竹子泡在水中直至冬季，每年的这个时候，泰顺工人就如约而至，里地村民选好工人，在自家的造毛边纸厂中开始造纸。

造纸：里地村每一座造毛边纸厂需 6 名工人。一人拣料，到水塘中选取适合造纸的竹料，将竹料洗净并用石块压榨干带到厂里；一人踩料，用人力等把软化的竹料捣打成泥膏状，使竹料中的纤维分丝和帚化，能够交织成具有一定强度的纸页，踩料是造毛边纸操作中最繁重的一道工序。二人撩纸，又叫入帘或抄纸。撩纸是先把纸浆和水放入抄纸槽内，使纸浆纤维游离地悬浮在水中，然后把竹帘投入抄纸槽中抬起，让纤维均匀地平摊在竹帘上，形成薄薄的一层湿纸页，最后把抄成的湿纸移置在抄纸槽旁的湿纸堆上。一人榨干，是把湿纸页内多余的水分挤压出去，使湿纸具有一定的强度，以利于刷纸、干燥。

当抄造的湿纸页累积到数千张时，利用压榨设施施加适当的压力，使纸内的水缓慢地流出。压榨时不可加压过猛，否则会影响湿纸页的质量；压榨后湿纸所含水分也不宜过多或过少，以防分纸时揭破或焙纸时发生脱落。一人焙纸，也称烘纸或晒纸，就是把湿纸页变成可以使用的成品纸。焙纸的方法是把经过榨干的湿纸一张一张地分开，再将其刷贴在烘壁外面，利用壁内烧火的热量，传递到外壁蒸发纸内的水分，使纸页变干。焙纸时烘壁表面温度不可过高，不然纸页易起皱和发脆。裁纸，这是最后一个步骤，一把长约 1 米的裁刀，将纸四边裁平，形成 1 平方米大小的纸张。

一家造毛边纸厂一天大约可以制成成品纸张 5 担，一担 18 捆，一捆 180 张纸。纸张的包装也非常有学问，在半担纸外先用加厚的纸张进行包装，再用捡来晒干的笋壳将四边包裹得严严实实，既牢固又防水。里地村村民肩挑两日将成品纸挑到梅溪码头，再由码头运至全国各地进行贩卖。虽然里地村古老的造毛边纸技术受到现代工业文明的冲击早已退出历史舞台，但是口口相传的造纸故事和那旧厂遗址依然如一位老人，向我们述说着古老中国的文明历史。

（潘增辉）

昆曲十番

2000 年，遂昌县文化部门在石练镇淤溪村石坑口自然村发现赖喜能先生等五六个昆曲十番老艺人，并有萧根其先生保存的《白雪阳春》昆曲十番抄本，恢复了石坑口十番队。2001 年 8 月该十番队参加在遂昌召开的中国汤显祖研究会（筹）首届年会表演，得到与会专家的高度评价，引起了媒体的关注和各级领导的重视。此后，遂昌县建立了昆曲十番传承基地、昆曲十番传承学校和昆曲十番古乐坊，昆曲十番得到有效的保护和传承。2008 年 6 月，遂昌昆曲十番被列入国家级非物质文化遗产保护名录。

十番是明末以来流行于江南民间的一种器乐演奏形式。是以多种乐器组合，轮番演奏多个曲调。"十"是数量词，表示概数，多；番指遍、次。十番意为重复多次演奏几个相同的曲调。

十番在江南一带流行，各地的十番因乐器组合和演奏曲调的不同，形成不同的风格特征，名称也各不相同。从演奏内容来说，以不同的内容和流行的地域而区别，前面冠以地名、特征，如浙江有"遂昌昆曲十番"、萧山"楼塔细十番"，福建福州市"十番音乐"，江苏淮安市"楚州十番锣鼓"，广东佛山市"佛山十番"等。

遂昌昆曲十番是各地十番中较为独特的一支。它以笛、笙、三弦、双清、提琴、扁鼓、檀板、梅管、云锣等乐器组合，演奏《牡丹亭》《紫钗记》《南柯记》《邯郸记》《长生殿》《浣纱记》等传统名剧的昆曲曲牌，在国内罕见。清末民初，遂昌县城、大柘、石练、湖山等地都有十番队表演。以石练的十番队最多，石练街上、柳村、淤头、石坑口等四个村有十番队，还有女子大班和小班十番队。

遂昌民间调查的昆曲十番曲谱有《响遏行云》《昆山遗韵》《五音六律》等手抄曲本。其中民国初年署名有文氏的《响遏行云》抄本记录 93首曲牌，还附有十番乐器总诀。现在能看到的有石坑口村萧根其先生保存

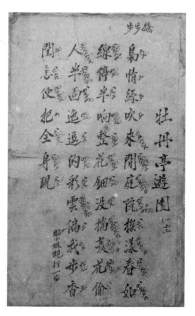

《牡丹亭·游园》［步步娇］工尺谱

《牡丹亭·游园》［皂罗袍］工尺谱

的民国 38 年（1949）的《白雪阳春》昆曲十番手抄曲本，记录 22 首曲牌，柳村村上官春成先生保存的昆曲十番抄本，因前后缺损，存 104 首曲牌。

十番队在练习

　　昆曲十番历史悠久，老艺人祖辈相传。石练的昆曲十番活动，因石练七月会各坦（村）轮值 12 年一个轮回。过了 12 年，原先十番队的人年龄大了，就组织年轻人学习，形成了石练昆曲十番的独特传承习俗。石练几个十番队的老艺人都是民国时期学习昆曲十番，最晚的石坑口和淤头十番队是民国 38 年（1949）学的。

　　昆曲十番的传习都是业余的，空闲时组织年轻人学习。石练因有七月会，学习一般都在正月里开始，经过近半年时间的学习和训练，七月会参加表演。村里组织教习的老师在过年前就物色好人选，做好年轻人及其家长的思想工作，正月过年时召集年轻人学习。开始时，每天学唱一首曲牌，老师教一句，年轻人学一句。据老艺人回忆，一开始学的就是《牡丹亭·游园》中〔步步娇〕〔醉扶归〕〔皂罗袍〕〔好姐姐〕的曲牌。老师按照曲谱教唱，对板眼有严格的要求，学唱时一边唱一边按照板眼打着节拍，从而形成习惯。学唱时，识字的年轻人会借老师的曲本抄录，一个阶段结束，把抄录的曲谱装订成册，在封面写上曲本的名称。不同的学习班次，曲本的名称会有所不同。淤头村毛马堂先生民国 38 年学习昆曲十番，原先的抄本已失，近年他按《白雪阳春》本抄录一本，而在封面题上他当年学习时的曲本名《盛世唱音》。

　　年轻人学会唱几首曲牌后，老师根据各人的特点，分别教学不同的乐器。刚学乐器时，大家集中在一起，老师一个一个地分别教。在教的过程中根据各人对不同的乐器有领悟的情况，老师会个别调整学生所用的乐器。学生在集中学习后，回到家里也自己练。每个人的乐器学会之后，老师就组织大家坐在一起练习合奏。一般情况来说，正月的时候白天组织学习，正月过后，农村里忙起来了，就晚上组织练习。经过两三个月，年轻人学会了坐着演奏，就组织练习行走着演奏。通过半年的学习，七月会开始，新学的十番队参加迎神巡游表演。

十番队在劝农节表演

石练十番队在七月会迎神巡游表演时，用笙、笛和梅管的人手执乐器吹奏，鼓板的人用带子系鼓挂在胸前，一手执板，一手打鼓，用云锣、提琴、双清、三弦的用带子扎住乐器，挂在身上演奏。巡游队伍两人一行排列，一般情况下两支笙在前，两支笛第二，鼓板与云锣在中间，后面是梅管、双清、提琴、三弦。在固定场地表演时根据场地的大小，有八字形排列和前后两排等形式，各种乐器的排序并不严格。一般情况下八字形排列的鼓板和云锣坐中间，笙和笛在两边的前面，后面是梅管、双清、提琴、三弦。有时以鼓板为中心，其他乐器自由站位。

老艺人在学习十番时都用工尺谱。近年来恢复十番队，老艺人用工尺谱教唱，年轻人会把工尺翻成简谱，以便于学记。

十番队参加七月会巡游表演

20 世纪 50 年代初，庙会活动中止，昆曲十番沉寂了几十年，濒临失传。2000 年冬，石坑口村恢复了十番队，得到专家媒体的关注和政府领导的重视。2004 年 3 月，遂昌昆曲十番被列为浙江省民族民间艺术保护工程扶持项目。遂昌县政府公布石坑口村为昆曲十番传习基地，县实验小学和石练镇小学为昆曲十番传承学校。2007 年，遂昌昆曲十番被列为浙江省非物质文化遗产项目名录，赖喜能先生被公布为浙江省第一批非物质文化遗产（昆曲十番）代表性传承人。2008 年，遂昌县被文化部命名为中国民间文化艺术之乡（昆曲十番）。中央电视台、浙江电视台、上海东方台先后报道了昆曲十番。2008 年，石坑口十番队应邀到上海参加东方卫视的《文化寻根》节目录制专题片。

（罗兆荣　摄影：陈敏民）

南屏草纸

遂昌县应村乡东源村竹山延绵如海，村里用竹丝制造土纸历史悠久，产品销往福建、江西、江苏、安徽、上海等地。土纸制造也成为当地重要产业，邻近各村都有一定规模（专业槽工 20 人以上）的造纸作坊。民国时期有 28 爿63 个槽桶，槽工 500 多人。新中国成立初期，这些纸槽基本保持正常生产，每天出产成品南屏纸近 100 件。

当地的造纸作坊俗称"纸槽"，劳动者称"槽工"，多为本地人，也有江山、玉山、安徽等远地人。工种分为：做纸工、焙纸工、打料工（兼烧饭和打槽）、挑料工（兼磨纸和捆扎成品纸）、剥料工、砍柴工（兼烧焙笼）等。一爿槽每个工种人数不同，最少 1 人，多的 5—6 人。产品紧俏、生产忙时还要雇临时工加班。槽工的工资按件计酬，事先由槽老板与槽工双方议定，每件纸工价最低时 1.5 斤大米，最高时 6 斤大米。

纸槽的"槽老板"，多数只拥有一爿槽，有的拥有两爿以上。槽老板都精通纸槽管理，业务经营良好，资产积累较丰厚。纸槽主要建筑设施：槽屋、槽桶、纸浆桶、焙笼、榨、料碓、工人宿舍、仓库、贮柴房等。

土纸历来都是手工操作生产，俗名叫"草纸"，正名叫"南屏纸"，开张为 1.2 尺×1.2 尺即 40cm×40cm，后来改装为"四六屏"，开张为 4 寸×6 寸即 13.3cm×20cm。改革开放后，引进外地技术，逐步改为机器生产，产量质量均大幅提高。

造纸过程：

1. 筑湖塘。选一开阔地挖一个约 2 米深、6 米长、5 米宽的大塘，四周用石块砌好，塘壁底部选排水方便处做一个直径约 20 厘米的排水洞，再用石灰拌黄泥夯实四壁和底部，使不漏水，用作腌料，故此类湖塘也叫料塘。

2. 砍竹丝。造土纸的原料是嫩竹，砍伐嫩竹腌料叫砍竹丝。毛竹农历四月间新竹刚开始出叶时，从小满这天开始伐竹，称"开山"，一直延续到芒种前后新竹叶快出齐止。因为毛竹太老了用石灰要多，还不易腌烂。

　　3. 剖竹丝。把嫩竹剖成3—5厘米阔的竹片，集中搬放到平地上，裁成约150厘米长为一段，缚成捆，运到湖塘旁边。

　　4. 腌竹丝。湖塘底先垫上石块和木头架子，把成捆的竹丝平铺到木架上，铺一层竹丝，撒一层石灰，再铺一层竹丝，又撒上石灰……

腌在湖塘里的竹丝

　　直到竹丝铺满腌塘，倒上石灰封面，这最后一道石灰叫"封面灰"。最后用段木和大石头把塘里竹丝压实，并灌满水。整个过程叫"腌竹丝"或"腌料"，也叫"落塘"。用料：每100斤竹丝约需15斤石灰。每百斤竹丝可生产一件成品纸。一次腌不完的竹丝，可晒干存放，以后再腌。晒干的竹丝叫竹丝干。每百斤竹丝干需用石灰24斤，可生产两件成品纸。

　　5. 松塘。竹丝腌了两个月左右，要把压在上面的大石头木头搬开，用撬棍从四边戳到塘底，把竹丝撬松。以后过十几天又撬一两次，叫"松塘"。

　　6. 洗竹丝。经过两三次松塘，再过半个月左右就要洗竹丝。把腌过的竹丝一捆捆捞起，用清石灰水洗去粘积在竹丝上的石灰浆，堆放在塘沿一圈。全塘竹丝洗完后，将湖塘里的石灰水放干，然后又将洗过的竹丝一捆捆重新放回湖塘，铺好后在上面盖一层稻草，压上竹条，竹条上再用木头石块压牢。"洗竹丝"这道工序是很辛苦的，工人都要在齐腰深的石灰水中浸泡大半天，有些人事后全身都要脱层皮，有的还会溃烂。

　　7. 沤料。把湖塘里洗好的竹丝灌水泡一两天，再放干，再灌水，反复两三次，以排掉污水，然后让其浸泡腐烂，2—3个月便可用来造纸。

时间沤长一点也没关系，不过沤的时间太长了纸的颜色就没那么白净。

8. 剥料。待湖塘的料已下陷，说明料烂熟可以用了。先把湖塘的水放干，扒去压在上面的稻草，取出竹丝，将熟料的料皮（竹青）与料肉（竹篾）剥离，分开堆放。

9. 担料。剥好料皮可摊开晾晒，料肉可用料榨榨干水分。晾晒后的料搬到槽碓里，料皮、料肉分开存放。

10. 碓料，也叫"打料"。先把料皮、料肉分别倒进石臼碓细成料末，取出分别堆放。

待每次料肉碓细后，再冲一部分捣成料浆，倒进槽桶，供做纸。

木制料碓头

11. 打槽。把料皮末和料肉末按比例放入槽桶内，两个槽工相向站在槽桶两边，各人手握一根1米多长的小竹竿在槽桶中用力"哗啦！哗啦！"划，将料浆划散，均匀地悬浮在水中，使捞起的纸张厚薄均匀。

12. 捞纸。按照纸的开张需要，用大小不同的纸簾。一般长约80厘米宽约40厘米。捞纸时把簾置放在活动的簾床上，工人双手托着簾床放入槽桶把纸浆捞起，沥去水分，提起纸簾，翻转覆在垫板上，提起纸簾，湿纸就粘贴在垫板上。连续重复一张一张捞浆，覆纸，待垫板上湿纸叠到一定高度时，用纸榨将水榨干。然后在湿纸底部中间横垫一木块，双手在湿纸两端用力一按，湿纸即依簾的粗线条位置折为两块。榨好的成块的湿纸叫纸坨。捞纸有单手和联手之分，即同一个槽桶一个人操作，还是两个人轮流操作，相当于单班制和双班制。做第一班的叫上手，做第二班的叫下手。一般两个槽桶4个人操作，三个槽桶5个人操作。1个人1天可生产成品纸1.5—2件。

13. 焙纸。焙纸又叫"晒纸"，将纸坨放在操作台上，将右上角一张一张分开，五至六张一起扒下，用纸刷把湿纸贴在焙笼壁上烘焙。焙笼是用耐火砖砌成拱形的窑，长约10米，高约2.5米，顶窄底宽成梯形，中空，进柴一头口大，出火一头口小。焙笼两个斜面外壁用石灰粉刷光滑，供贴纸用。每天烧2—3次焙笼，一次约需柴300斤。柴快烧完时，把焙笼两头封闭，使热气跑不出来。焙纸工也有单手和联手之分，单手即一人管两个焙笼面，联手只管一个焙笼面。晒纸的方法叫"软焙"，即不用焙笼单靠日头晒，好处是节省砍柴工，缺点是遇到长时间阴雨，纸不易干燥，影响出产品进度。

14. 扒纸。纸焙干了，把它一张一张扒开，每90张叠在一起称为"一刀"。40刀为一件，用两块预制木板夹紧，先用纸锉，将整件纸的四面锉平，再用砖磨光，放在纸榨上榨实，用纸篾扎好，就可以出售了。一件南屏纸40多斤重。

以前交通不便，人工肩挑到纸行出售。绝大多数要挑到40里外的龙游溪口纸行，抗战时则挑到遂昌渡船头纸行。一天一趟，力大者一担能挑5件，一般挑3件，年老体弱的只能背1件。新中国成立前夕，每件发脚（工资）1.5—2斤大米。

成品土纸

（邱耕荣）

稻草编制技艺

在群山环抱的遂昌牛头山麓，有一个深藏不露的古村落叫"苏旺村"，位于遂昌县濂竹乡西面与松阳交界处，村中皆为雷姓和蓝姓，是一个畲族小村。地处松荫溪梧桐源中游分支源头，空间狭小，所辖面积不足3平方公里。

由于村庄位于山峦地带，凡出村、出乡、进城都得爬山越岭走山路，很是劳累，还经常要遭受风霜雨雪之苦。于是就有慈善者出资在山路上修建凉亭供行人中途小憩。在浙南山区，山道上建凉亭的事并不稀奇，但是，当你走进苏旺村附近的凉亭里，就会发现一个独特的现象：凉亭的柱子上总是悬挂着一双草鞋，原来这是行善者的功德行为，是为人们途中鞋子破损而临时接济的，这种习俗一直延续至今。去年参加一次野外活动经过其间的一座凉亭，看见柱子上还是挂着一双草鞋，只是上面灰尘厚积，无人使用，其意义已经从古时候的实用功能变成了纯粹的民俗文化符号。

在没有交通工具的年代，鞋子的损耗量非常大，一般平民之家几乎消费不起。但是，山路崎岖，荆棘丛生，能不穿鞋吗？于是先人就发明了以草制鞋的技术。农家稻草非稀罕之物，除了少数用于满足耕牛温饱，大多为废弃物，却为制作草鞋提供了取之不竭的材料。草鞋技术含量低，制作方便，既可以自产自销，也可以批量生产用于市场贸易。于是，在中华五千年的文明史上便留下了名不见经传的草鞋文化。

一双草鞋具体由鞋经、鞋纬、鼻子、耳朵、后跟、鞋带等要素构成。从制作到使用，关联着生动的民俗故事，说来话长。

编制草鞋需要系列工具：

1. 草鞋耙。是一块长方形厚木板，上有 5 或 9 个向上的木齿，用来固定鞋经，耙子一面装有一个大木勾，用来勾在板凳一端，以固定耙子。木勾与板凳之间有一个三角形的空间，打草鞋时放置稻草；

2. 草鞋撬。为木制三叉，形状类似自行车前叉，只是多了一个叉，

打草鞋 1

用来随时撬紧鞋纬；

3. 大木锤。木制，直径约为 20 厘米，锤柄长约 50 厘米，用于捶打稻草；

4. 石墩。即一块平坦、光滑的大石头。使用时一人持草把置于石墩上，另一人拿大锤子不停敲打，两人配合默契，直把生硬的稻草敲打得软绵绵为止；

5. 小杵子。形状与捣衣杵相似，只不过是方柱形而非圆柱形，使用时与撬子配合，一面轻敲鞋边，一面撬动鞋纬，以此将松散的鞋纬撬紧。

6. 腰扼。约三四厘米粗的牛扼形的杂木料，中部前侧凸出一个小纽，两端用以系绳，打草鞋时扎在腰间，固定草鞋经；

编制草鞋除了主要材料稻草外，还需要一定的辅助材料，一般为麻类纤维，为了节省成本，也可以用芒杆芯代替，即野生芒类植物最后长出的尚未成熟的叶鞘。稻草以质地坚固的糯谷秸秆为宜。麻类或芒芯用作鞋经、鼻子、耳朵、后跟；稻草用作鞋纬。为了使草鞋磨损均衡，延长使用寿命，还可以在鞋板的后跟、前掌部位辅以布条或葛根纤维（葛根取淀粉后的废料）。

制作过程　把草鞋耙勾住条凳一端固定，将预先搓好的细绳按草鞋尺码要求编结成鞋经（纵向四条，中间的两条叫内经，两边的叫外经，成人鞋经长约 25 厘米），捶好的稻草一顺地扣在草鞋耙的勾间。人两腿分开面朝鞋耙骑坐在条凳上，把鞋经一头套在鞋耙上，一头系在腰部的腰扼上，绷紧鞋经。首先用辅料编制鞋鼻子，留足约 40 厘米前鞋带；然后用稻草来回编制鞋纬，编了几道之后，用草鞋撬插入鞋经间，一手握住向面前搒紧，一手用小杵轻敲两侧，把稻草纬敲紧实。编织几道后要适时添加稻草，连续地编纬、撬敲。待编到鞋掌位置时，分别在两侧外经上各制作一个前耳朵。编到脚踝附近位置时，分别在两侧外经上再制作后耳朵；整个脚板面编好后，将鞋经打两股交叉成一个环，在尚未编入的稻草上添加辅料，将交叉环间编绕五六圈，然后将长出的两个拉紧，制成后跟。拉紧后长出约 8 厘米的鞋经为后跟带。至此，一只草鞋便制作完工。编制草鞋一般都在农闲季节或晚间进行，村里男女老少都会。

编草鞋虽为粗陋活计，但是由于手巧程度因人而异，制作效果就有着天壤之别。行动敏捷的人一天能编出七八双，笨拙者只能编两三双；手巧者编制的草鞋纬度匀称、形象别致、尺寸适脚，简直是一件精美的艺术品；而笨拙者编制的草鞋则纬度不匀称、形象不端正、耳朵不对称，只能凑合着穿。农家打好的草鞋，一双一双扎在一起，有的搁到厨房锅灶上方的烟棚上，有的挂在灶前的墙上，据说新草鞋经过烟熏后，可长期保存。

打草鞋 2

草鞋的用途　从前，一般农家在晚上洗脚前都是赤脚或穿草鞋，无论农活、行路、挑担、休闲都不例外。农家草鞋不仅为自己制作，还要为上门或经过门前的认识或不认识的客人准备。要是有人在你家附近穿破了草鞋，那你就要为他提供一双新草鞋。

民间传统，死者出殡叫上山，上山要行山路。于是，亲人都要为死者穿上一双草鞋，以便他能够从容行路。如今，草鞋还是白喜事礼品店里的必备商品。

草鞋换粥的传说　苏旺村附近的牛头山麓黄岩坑，因曾开采银矿，地名称"银坑山"。古代采出的矿石要运到遂昌县城东的金岸村，当时挑运矿石的民工都穿草鞋。传说，金岸村有一个饭店的老板看到民工穿坏了丢弃的草鞋上粘满了矿砂，聪明的老板想出了一个破草鞋换粥主意。凡是挑运矿石的民工，用一双破草鞋可到饭店里换一碗粥。民工们都把破草鞋带到饭店来换粥吃。饭店老板每天把收来的破草鞋拿到屋后的一个水池里淘洗，把粘在草鞋上的矿砂洗下来沉淀在水池里，洗净的草鞋又晒干用来烧水。时间长了，饭店老板因洗草鞋积累了大批银矿砂，从此发了财。至今，草鞋换粥的故事一直在当地民间流传。

（楼晓峰）

包山花鼓戏

"一月春兰，花正放；二月桃花，淡淡红；三月牡丹，屏叶下……"这是云和包山花鼓戏《大花鼓》中的"十二月花名"选段。婉转动听的唱腔在舞台中萦绕数百年，将包山人勤劳、乐观、执着的精神风貌展现得淋漓尽致。

包山村地处偏僻，四周高山合围，海拔 670 米，村落沿山麓呈块状分布，小坑水沿村南东流。同治年《云和县志》云："苞（包）山，在县东南三十里，层嶂包罗，围团如盎。居民结庐凹处，桑麻鸡犬，非复人间。"这完全是一个"桃花源"的描述。村民保存的清乾隆四十七年（1782）重修的《徐氏族谱》道出了它的不凡身世，其序首篇云："先世英贤叠出，皆承偃王支派……自青二公迁徙浮云乡大徐居焉，旺盛子孙千支万叶，至数世，徐福公徙迁此地，曰包山。"《徐氏族谱》开门见山地阐述了包山徐氏为徐偃王之后，并道明包山徐氏是从云和大徐迁来的，包山建村已经有七百多年。

徐偃王，嬴姓徐氏，名诞。西周时徐戎（徐国）国君。统辖今淮、泗一带。不息的战乱迫使北方人民纷纷南迁，尤其是"五胡乱华"后，徐偃王后人形成了一次持续时间长、规模大、范围广的大迁徙，形成了三大支流，其中一部分被称为"青徐流人"。他们辗转迁徙，沿淮水而下，越过长江后，定居于太湖地区，更远的则到达浙江、福建沿海一带。东晋至南朝，政权上层人物多出于这一支移民。这支队伍中，徐姓人为最多，故称"青徐流人"。明正德十四年岁次丙子（1516 或 1519）徐奎光撰的《徐氏源流记》详细记录了大迁徙其中一支的"路线图"：

庸公派下子孙分居松阳之南州；次支觐房派下，分居浮云乡之大徐及小徐、南坑；佐公派下庆一公，分居丽水及西阳乡之钱椿。世孙三宣二公，生念四宣义，以下从大徐分徙丽水二十九都，地名曰包山，娶室项氏，创基立业，幸生子为粮为俚。至景泰三年（1452）分析云和七都包山，自此绵远流长。

或许正是徐偃王后人经历了战乱和颠沛流离的特殊经历，所以他们选择落脚于"层嶂包罗，结庐凹处，非复人间"的"桃花源"内休养生息。曾为望族的徐偃王后人，在这远离尘世的包山村耕读传家，闲时以花鼓戏自娱自乐，以此打发漫漫长夜，久而久之，就形成了自己的剧种——包山花鼓戏。

包山花鼓戏由安徽"凤阳花鼓"衍变而来，经历代艺人的嫁接创新，自成一体，是一种介于民间歌舞、曲艺和小戏之间的艺术形式。据传，明朝时期遭遇大旱，凤阳花鼓戏艺人便到全国各地讨生。来到云和的时候，一对花鼓戏艺人兄妹因旅途劳累和疾病倒在路边，奄奄一息。包山村一名打猎回来的徐家后生发现倒在路边的兄妹，将他们背回家细心照顾。兄妹身体稍稍复原后，就在村里为村民表演花鼓戏，徐家后生跟着兄妹俩学起了花鼓戏，艺人哥哥发现徐家后生善良聪明，就有意安排妹妹与徐家后生同台演出，两个年轻人日久生情，最终水到渠成喜结连理，包山花鼓戏也因此在包山落地发芽。查考《包山徐氏宗谱》，其祖先徐福公，于元成宗元贞乙未岁（即公元 1295 年）徙居包山。族人繁增期正是在明清之际。

据《丽水地区戏曲志》记载："该（包山）村花鼓历史悠久，从明代开始，代代传递相沿不绝"。距今已有四百多年历史。

包山花鼓戏是由多个民间贺年灯舞组成的表演艺术，用包山地方方言演唱和对白，并进行穿插和变阵表演，唱词通俗而富有哲理。角色除了沿袭凤阳花鼓一男一女两个角色外，还外加大相公和花鼓囡两个角色，以表现花鼓艺人不但受尽流离之苦，还要遭受地方官僚豪绅欺凌的生活状况。包山花鼓戏还增加戏剧的调侃性，而对白和唱腔则融进浓重的包山本土方言，具有鲜明的地方特色。包山花鼓戏剧目丰富，有《大花鼓》《卖小布》《补缸》《双看相》《卖花线》《卖草囤》等二十多个传统剧目。节日期间，包山花鼓戏班到各村巡回演出，深受村民喜爱。

随着云和"小县大城"战略的实施，目前包山村有三分之二的村民下山进入了县城，村里剩下的人口主要是老人和小孩。包山人下山进城后，把花鼓戏带到了云和县城。花鼓戏的十多位演员来自各行各业，有的办厂、有的开店、有的务工，空闲时就聚在一起排练和探讨花鼓戏。在徐氏后人徐锦山的带领下，二十多年来，他们自发组织排练花鼓戏，每年正月初二开始，他们都会走遍二十来个村，免费为村民们表演花鼓戏。包山花鼓所用曲牌主要有《柳条金》《闹长沙》等十多个，村民们创作了《牡丹对课》《断桥》《祭塔》等外来剧种嫁接演变的小戏，所用曲调丰富多变，汇集了许多民间元素，表现力极为丰富。"遍青山啼红了杜鹃，那荼蘼外烟丝醉软。那牡丹虽好，他春归怎占的先?"包山版的《牡丹亭》承继了原作，故事情节跌宕起伏，引人入胜。再加上扮演杜丽娘的演员独特的唱腔，使人情不自禁跟着与剧中人物同悲同喜。

2009 年，包山花鼓戏被列入浙江省非物质文化遗产保护项目名录。从凤阳花鼓兄妹包山传艺开始，包山花鼓戏穿越历史烟云一路走来，曲曲折折，断断续续，曾经鼎盛，曾入低谷，绵延四百年，不曾断绝。如今，它又化蛹成蝶，翩然飞舞在百花争艳的民间文化艺术之苑，成为云和传统文化的一张金名片。

（方丽娟）

黄田佛香

黄田村位于海拔 798 米的黄田山东北，坐落在半山腰上。黄田山，古名"宝盖（盖的繁体字）山"，因"望之形若宝盖"而得名。黄田村下是广袤的松古平原，天高日朗之时，在村庄位置环顾四周，整个松古平原一览无余，素有"松古平原天然瞭望台"之称，站在村庄的后山上，能从西看到东，最西面是松阳与遂昌边界之村赤寿乡界首村，分界处狭窄，然而过了界首就逐渐开阔，有豁然开朗的感觉。

据《千义坑村刘氏宗谱》记载，宋颍川令刘焕第十三世孙刘文仲在清朝道光年（1821—1850），因打猎路经黄田村，见其山明水秀，故由千义坑卜居于此，距今已有 370 余年。全村 53 户，182 人，90% 以上的村民姓刘。村庄坐西面东，全村房屋依山而建呈阶梯状排列，错落有致，后排的房子借助山石的堆砌，将房子的前侧或左右侧的墙基砌高，克服个子矮、地势陡峭的缺陷，砌得跟后侧齐平，然后用黄田村特有的黄土夯墙，黄田山上的树木做栋梁、隔板、栅栏和门窗。民居款式为三间二轩，或五间二轩，层次分明，排列有序，泥墙青瓦，冬暖夏凉。村庄至今仍保留有十余幢清代至民国的古建筑、古泉眼、古石水槽、古亭、古石桥、古墙磡、古道、古树、踏碓、水井、梯田等，文物文化遗产和非物质文化遗产丰富。有拜祭、求雨、道教超度等习俗。

黄田村位于松古平原西北的黄田山，自古有种植油茶的历史，油茶是该村的主要经济作物之一，森林资源丰富，覆盖率达 92%，林地面积 1353 亩，毛竹、松树、山菅柴等资源丰富，"松风送出空中语，竹韵分传静里声"。

据民国《松阳县志》卷一《舆地·山川》载"宝盖山，在县西三十里，望之形若宝盖。昔有道人结屋于此，亦修真之胜地也。上有广慈寺，下有法昌寺。"广慈寺，在县西三十里。梁大同二年建。旧名田石。隋大业间改为院。元至正间（1341—1368）重建，改名广慈寺。久废。法昌寺，在县西三十里，梁时建。旧名灵岩。隋大业间废。后复建，改名法昌寺。元至元间（1264—1294）又废。明洪武六年（1373），有化成寺僧诺然重修。现在的法昌寺，前殿为清代建筑原物，中殿、后殿、厢房为1990年重建。一直以来，是松阳县最大的寺庙之一，香火鼎盛。有诗为证，据民国《松阳县志·艺文》载"宝盖凤鸣，华峰挺秀庆云生，故老曾传威凤鸣。宝盖岂容凡鸟集，仙间应动世人惊。幡幢影拟虞廷彩，即足腔成乐府笙。自此高山欣仰止，登临仿佛听英声。"

得天独厚的地理条件，特有的种植业，以及佛光香火的兴旺，给黄田村的制香创造了极好的条件。过去焚香是人们生活中的一件大习俗，从南到北，从东到西，无论是汉人还是少数民族，几乎无处不焚香。逢年过节、祭祀祖宗、求神祈福、红白喜事都离不开焚香。在现存的历史典籍中对制香、焚香都有详细的记载，最早可追溯到五代时期，古人甚至一度将焚香当成了一种生活情调，所以香的用途至今广为流传。具有悠久历史的松阳也不例外，农村红白喜事、供菩萨、祭祖先、驱邪驱鬼……对香需求量极大。黄田村制香手艺鼎盛时期，全村家家户户都做佛香，赶集时大家一起挑着下山去卖，供应全县家居、庙宇祭祀、祈福用香。制香成为该村百姓生活的主要来源。

黄田村制香的主要原料有毛竹、山菖柴和油茶籽壳。主要制作流程：一是削竹签。香签原料是三年以上的毛竹，将毛竹劈成长30厘米至40厘米的毛竹筒，将截取的毛竹筒用大刀劈成竹爿，去掉竹黄与竹青，劈成规格不一的竹篾，然后剖为竹签，长的签粗点，短的细点，粗细厚薄要均匀，然后晒干（注意：留有作为拿手的位置，作上记号，可将原毛竹立地的方向放，不要倒立）。

二是制香粉。香粉原料为山菖柴、油茶籽壳，旧时利用水碓舂粉，将树劈成短小杆状晒干后放入水碓石臼中，臼炼一天后用粉筛在柜内将细粉打筛下来即可。做成的佛香香气悠悠，闻着使人精神倍爽。为使佛香美观又好闻，还需要作色香粉。将野生的香叶、松树根拿到水碓石臼中炼细，用制香粉同样的流程制成色香粉，用该色香粉做成的佛香不仅颜色沉着稳重，给人以温和的感觉，而且香味更加浓郁。

三是搓香坯。第一步，拌香泥：磨好的油茶籽壳和石菖按1:1混合，再加适量水搓成团状，调制成"香泥"；第二步，将香泥放在"矮脚盂"等器具中；第三步，在已放入香泥的"矮脚盂"里，将每根香签裹上一些调制好的"香泥"，用手将香粉均匀地撒在裹有香泥的香签上；第四步，把色香粉加入干香粉，铺在简易台案上，将裹起香泥的香签放在简易台案上来回转动，然后进行搓揉，再用小木板压实、搓圆后，一根根半成品"香"就制成了。

四是晒成香。在家门口向阳处用竹子搭起简单的晾晒台，早上赶工而出的香被均匀地铺开，经过一天的暴晒，把那些没有完全附着香泥的挑出，香的成品就算完成了。

五是售佛香。将成品香，进行分包，捆成小捆，作为商品出售。

黄田村虽然产香历史悠久，但一直是手工操作，效率低下，到20世纪80年代初，随着机械化制香的兴起，黄田村的手工制香业遭到了冲击，前来购买的人越来越少，黄田制香业逐渐走向下坡，趋于式微，村里的年轻人纷纷放弃了这门手艺，转而选择了前往城市营生，就剩几个留守的老人还在坚守。谈起村里的制香现状，村民们无不感慨，担心在不久的将来这个祖辈留下的老手艺将在村里绝迹。

由于黄田佛香采用的都是纯植物的天然原料，方法也是大自然最原始生态的手工制作，不论是制作过程中，还是在点燃时，都会发出一股浓郁的香气。当今时代，随着生活水平的提高，人们开始崇尚回归自然、返璞归真的生活，越来越多的人认为工厂规模化生产的香烧不出那种记忆里的"味道"，到黄田定制手工佛香的人又逐渐多起来了，这个美丽山村即将消失的老手艺重新焕发了生机。

这种自然而然的回归，在黄田村这种自然而然的延续和坚守中得以实现。30年前，从父亲那里学会制香的郑仁钗，是村里还在坚持这个传统手工艺的最年轻的一辈。农闲时，她都会坐在自家阁楼的窗台前制香用以贴补家用。她念小学的女儿对制香也颇感兴趣，在她手把手的传授下，已经学得有模有样。虽然她心里希望女儿以后要飞出这座大山，但更欣慰于这门技艺能在下一代的孩子们身上传承下去，让黄田佛香的幽幽香气长长久久萦绕黄田村。黄田村人制香都很专注，无论订单价格多少都要把香做得漂漂亮亮，决不会为这已延续百年的技艺抹黑。

（王香花）

堰头三洞桥

　　风景优美的堰头村，因位于浙江省最古老的大型水利工程，国家级重点文物保护单位——通济堰的源头（堰首）而得名，也因通济堰而闻名于世。

　　堰头村距丽水市区约25公里，是丽水古老的"通济古道"的必经之处。通济堰直接惠及丽水西乡大部分平原，历史上都由处州或丽水官府修缮与管理。但作为通济堰坝址所在地的堰头村，在历史上曾经隶属松阳县与遂昌县。

　　据史料记载，明清时期，松阳县旧设六乡二十九里二十六都，堰头村属惠洽乡忠原里二十六都。民国期间，堰头村曾为松阳县靖居区堰头乡（民国十九年（1930）实行乡镇制，里编为镇，村编为乡），1944年，行政区划调整，堰头乡撤销，堰头村属靖居区裕后乡。1958年11月松阳县并入遂昌县（笔者按：1982年1月，恢复松阳县建制）后，堰头村隶属遂昌县靖居区联溪乡。1963年5月，堰头与堰后等四个行政村从遂昌县联溪公社分出，纳入丽水新合公社，现属莲都区碧湖镇，居民282户，789人，以叶姓为主。

　　堰头村除村名与通济堰有着密切联系外，整个村落的格局也与通济堰密不可分。通济堰，建于南朝萧梁天监四年（公元505年），距今已有1500年历史，是浙江省最古老的大型水利工程。通济堰是一个以引灌为主、蓄泄兼备的水利工程，它由拦水大坝、进水闸门、三洞桥、渠道、叶穴等组成。整个水利工程，连同碑刻，是研究我国古代水利工程的珍贵资料。2001年6月25日，通济堰作为南朝至清代古建筑，被国务院批准列入第五批全国重点文物保护单位名单。2014年通济堰成功入选世界灌溉工程遗产。通济堰有3个世界之最，即世界上最早的拱形坝体，世界上最早的堰渠管理规程——范大成所制定的通济堰堰规，还有就是世界上最早的水上立交桥——三洞桥（即石函）。1991年，国际友人、日本的福田先生曾站在三洞桥上赞叹说："当世界上尚无立交桥时，中国人民在这山乡已建造了水的立交桥。"

从堰首引水入渠至"石函"约 300 米，两岸千年古樟弥漫，古道自东向西沿渠的北岸而过，古道即是村街，村落的建筑沿古道而建，有路亭、有社庙、有民居、也有店铺，至今保存的二十多处古民居和古建筑中，沿渠就有十多处。古堰渠、古道、古民居形成了堰头村特有的古村落格局和风貌。2006 年，堰头村被公布为丽水市文化名村。

通济堰在水利世上的突出地位，反映在堰头村的三个世界第一：

宋乾道年间参政何澹改建的拱形石坝为世界上最早的拱形坝体；

北宋政和初年（1111）乡人叶秉心倡建的石函（又呼三洞桥）首创世界水上立交桥之先河；

世界上最早最完整的堰渠管理法规宋乾道五年处州知州范成大亲自制定的《通济堰规》。

石函，俗名"三洞桥"，位于堰头村东首，距大坝进水闸门约 300 米。因有一条山坑（名畲坑、泉坑）横贯渠道，宋以前，每逢大雨，泉坑水发，挟带大量泥沙、卵石冲泻而下，淤塞渠道。北宋政和初年（1111—1115 年）丽水知县王褆采纳乡人叶秉心建议建造，系一立体交叉石函引水桥。这一水利古建筑设计独特，使泉坑水与通济堰渠水两条水流呈立体交叉流动而互不相扰，泉坑水从桥面流入瓯江，通济堰渠水则从石涵洞流过，避免砂石淤塞通济堰渠道，形成了溪水不犯渠水的科学格局，改变了以往渠道堵塞的困扰。据考，石函在北宋始建时为木质，南宋乾道四年（1168）改为石质，石块之间，浇铸铁水。1954 年重修。现石函总长 18.26 米，净跨 10.24 米，桥墩高 4.75 米。

在数百年的堰头村民口耳相传中，三洞桥还有另外一个名字叫"脚纱桥"。这个故事的主人公是一个目不识丁的老婆婆。

通济堰篱枝渠建成后，渠水流经现在的三洞桥处时，常被泉坑冲下的沙石淤塞。沙石抬高了这一带渠道的河床，使渠水难以畅流，造成灌溉用水不足。虽然年年动用许多民工修渠排淤，可是暴雨一下，坑水猛泻，顿时又冲下沙石堵住了水渠。此事成了一桩难以解决的难题。

北宋政和初年，扬州人王褆来丽水任县令。他很重视农田水利，到任不久，就了解到通济堰渠道淤塞的情况。于是，请了一位办事认真又懂水利的县学助教叶秉心，负责承办治理渠水淤塞的事。叶秉心生长在丽水县碧湖街，对家乡的水利事业特别费心。他承担这项治理水渠淤塞的任务后，查阅了大量水利文献，但都得不到借鉴与启示。他日夜焦虑，废寝忘食，就是想不出个完美的法子来清淤疏流，每天从早到晚徘徊在山坑和渠水交汇处，冥思苦想，望水兴叹。

一天傍晚，叶秉心又在渠边徘徊，见一个白发老婆婆在泉坑和堰水交汇处洗涤缠脚纱。她洗了又洗，口里好像还唠唠叨叨地念念有词。叶秉心感到奇怪，就上前问道："老婆婆，天快黑了，您还不回去？"

老婆婆答道："我要等一位为民操劳，但脑子却像渠道被泥沙淤塞不开窍的治水先生。"

叶秉心觉得惭愧，就说道："不瞒婆婆，我就是在这里治理水渠淤塞的叶秉心，你有何指教？"

老婆婆看了叶秉心一眼，乐呵呵地说："心开窍，干事巧，万事都需动动脑！"说罢，把那长长的脚纱往水面一抛，然后随手抓把沙石抛在脚纱上，口中又念念有词道："脚纱脚纱水面飘，飘到水面成条桥。沙石淤泥桥上泄，清清渠水穿过桥。"说也奇怪，那些泥沙随着流水顺着脚纱布很听话地溜了过去，却对布下面的流水毫无影响。叶秉心一下子悟到其中的奥妙，高兴极了，连连向老婆婆作揖致谢。

"脚纱水面飘，沙石漂上桥。"在老婆婆的启示下，叶秉心连夜设计了一座石函桥。然后，按此设计，在泉水和渠道的汇合处，架造了一座上层供坑水流泄下层为渠水畅流的立体桥函。自从建起了这座立体桥函以后，沙石便被坑水直接引向瓯江了。这样，水渠就畅流灌溉，不需年年清淤排堵了。因为这座石函桥是在老婆婆脚纱的启示下设计建造的，所以人们就称它为"脚纱桥"。

堰渠传说故事是先人们对大自然抗争，变水害为水利的本质反映。它作为一种富于想象的口头文学，它所反映的内容，不一定是当时的事实真相，它所记载的事件、人物、时间、地点等，也不一定和事实相吻合，但有一点可以肯定：传说故事反映出来的情节，定当比真实的事实更强烈、更集中、更典型、更理想化，于是能在千百年的历史长河中，口耳相传，流传至今。

（吴志华）

板龙舞艺

西溪村，古时又称锦溪，建于唐朝元和年间，今属丽水市莲都区雅溪镇，以李、朱两大姓为主，另有徐、韩等姓。李舒为西溪建村发族之始祖。据《锦溪李氏宗谱》载：李舒之六世祖李泌，京兆人（今西安），唐玄宗、肃宗、代宗、德宗四朝元勋、十年宰相，赐封邺侯。高祖李繁世袭父爵，荫封邺侯、官领隋洲刺史，宪宗元和十二年转括州（处州）刺史。李繁三十岁时，正值安史之乱，宦官当权，忠良遭殃，看清官场险恶，不愿继续为官，所以远离京都来到括州，居住于城西九盘山脚。传至五世李舒，于唐末迁至西溪元鹤峰下定居，以耕读传家，繁衍生息，形成西溪村，并一直延续至今。2011 年，西溪乡土建筑现为省级文物保护单位。2014 年 4 月，被公布为国家级历史文化名村。是年 11 月，西溪选入第三批中国传统村落名录。

西溪村板龙最早始于何时，谁也说不清。据村中长者回忆，从民国 9 年（1920）正月起，村中就有舞板龙的习俗。至于为什么要舞板龙，村里广泛流传着一个离奇的故事。唐贞观年间（627—649），唐都长安连年旱灾，赤地千里，黎民百姓天天逐魃求雨，就是盼不到一星半点雨水。有一个叫鬼谷子仙师的人算定第二天午时三刻有雨，城内三点，城外七点。掌雨的金角老龙（一说是泾河龙王）不信，与鬼谷子仙师打赌，他回府打开风雨簿查看，次日果真有雨，簿上写得清清楚楚：辰时布云，巳时行雷，午时下雨，未时雨停。雨点与鬼谷子仙师所说一点不差。于是私自篡改雨簿，把城内三点改为七点，城外七点改为三点。

结果，城内普降暴雨，淹死许多黎民百姓，城外却只落三点，田地依然干旱，禾苗枯死，庄稼颗粒无收。有一个忠臣把这件事奏闻玉帝，玉帝大怒，降旨将金角老龙斩首示众。金角老龙情知不妙！极为恐惧，立即进宫乞求唐皇李世民保命，李世民念其是开国元勋，恩准免去死罪。第二天李世民设计请执行监斩的魏征丞相进宫下棋，行刑时刻已到，魏征无计脱身，末了，伏案酣睡，梦斩金角老龙。顷刻，血淋淋的龙头滚入皇宫。金角老龙哪肯罢休，天天缠着李世民。于是，李世民对老龙承诺，每年正月，在都城亲自为老龙恢复原形，祈祷游行。李繁来丽水后，教士民于正月十五舞龙灯，以庆元宵。李舒定居西溪后，把原在长安舞龙习俗也继承了下来。

民间手工艺制作，素以高长雄伟，娴于舞阵而闻名。板龙由龙头、龙身和龙尾三部分组成，全长一般在80—100节，每节长2.2米，2005年达到81节。板龙以竹篾扎缚，糊以皮纸。龙头制作精美，装饰华丽，高大壮观，高2.5米，宽1.5米，抬时需46人。龙眼可活动，龙头镶以金纸。龙头视大小而点燃蜡烛，一般是龙嘴含着的龙珠一支，龙角下侧各一支，龙头内三至五支，龙身三支，龙尾五支。龙身一般第节为1.5米（前面部分第节为1米），造型为拱门形，上方有三个鳍，龙身图案为龙鳞，鳍上图案为龙鳍，颜色为红绿黄相间，每节龙身为一块条凳式厚板，木板的两端凿有小圆孔，供节与节之间插上硬木棒以作连接，每人一节，用肩扛龙身，手执小木棒，跟随龙头行进．龙尾弯曲翘起，高1.7米，尾鳍与龙头齐平，龙尾需三人抬，前一人执连结的木棒，后两人要使劲把龙尾往后靠拉，以免发生龙身折断现象．整龙全身全长170多米，需120人舞龙，主要阵式有"盘龙阵、烧香带和半个月"三种。

舞龙对村民来说是一件大事，因为表演板龙灯需要年轻力壮的人员，一般的村庄是没有这个能力的，表演的阵势也非常壮观。因此，不仅西溪村的村民喜爱看，邻近的村民也经常邀请板龙队去表演。板龙灯不仅好看，而且也寄托着村民们良好的愿望，那就是"五谷丰登""全家平安"。每年舞龙的期限一般正月初二至十五日前，特殊情况如十五前连降雨雪等恶劣天气或要求舞龙的帖子较多，也可适当延迟，但最迟不超过正月十八日。

西溪舞板龙还有一些特有的习俗。在舞龙当天下午出游前，要请板龙先到离西溪村北的丽水名胜——鹤山道院（主供玄武大帝、赵公明等）上香、鸣炮，称之为"开龙眼"。然后，板龙下山正式出游。一条板龙出游，前导以大号，双面锣开道，锣鼓、提灯、彩旗、引珠，龙尾后面以大号、锣鼓压阵，共需青壮者200多人。每节龙身1人擎举，龙尾弯曲翘起，尾鳍高与龙头齐平，3人擎举。西溪板龙的龙阵最常用的有箍桶阵、小香带和半月亮三种。舞龙时，最常见的动作是引珠前后上下左右不停摇摆，龙头做戏珠状，引起龙身游行飞动。

板龙的舞法很多，常见的有蛟龙漫游、龙首戏珠、龙头钻档、首尾盘旋、蛟龙摆尾等。夜幕中，五彩斑斓的巨龙，在锣鼓声中昂首摆尾，蜿蜒游行在田畴村落之间，场面甚为壮观。

板龙灯不仅好看，而且也寄托着村民们美好愿望，祈求"五谷丰登""全家平安"。请舞板龙，每家每户都要设摆香案，邀请板龙光临的第一户人家，要包大红包，一般为当年数额最大者。只要邀请一方的中堂空间能容纳板龙"几"字形旋绕游行的，板龙必须进到中堂。在有些空间太狭小的人家，板龙就在门口游行一圈然后离开。

西溪舞板龙还有"生龙蛋"的习俗，也称"板龙产子"。这是村民们对板龙一种特殊的情结。相传源于西溪一李姓富商，年近 40 而无子，求神拜佛都没有如愿，后来他邀请板龙到他家去表演，并且企求产子传宗接代，结果当年的 12 月就产下一子，后来是儿孙满堂。因此，村民每年都邀请板龙来保佑村民们产子，这一求子习俗一直延续至今。

一些人家新媳妇过门后久未生育，就会请龙到家里"生龙蛋"。当板龙来到请求"生龙蛋"的人家，龙尾巴就会后退到主人卧室的床榻上，然后由扛龙尾者为主人献上"龙蛋"（用红色染料染就的鸡蛋）。

西溪板龙在"文化大革命"期间曾停止活动，20 世纪 80 年代得以恢复，特别是 1995 年通过创新恢复后，舞龙活动走向正常化，每年春节期间西溪板龙到各村巡演，深受各村村民的喜爱，以此祝愿村民四季平安，万事如意。西溪板龙 1999 年底参加原丽水市迎接新世纪"金龙杯"民间传统文艺大会，荣获铜奖。2005 年，西溪板龙作为莲都板龙的重要成员被选入浙江省民间艺术之乡名录。是年，西溪板龙参加中国丽水国际摄影文化节"龙腾狮舞闹莲城"民间传统文艺街活动，荣获铜奖。

（吴志华）

河阳剪纸

河阳村位于缙云县新建镇的西边，是一个以朱氏宗亲血缘为纽带、聚族而居的千年历史村落。河阳村是全国重点文物保护单位、首批中国传统古村落、中国历史文化名村。河阳村，以朱姓为主（占全村人口94%）。

河阳村已有1000多年历史，"河阳古民居"也是目前江南现存规模最大、历史延续和保存最为完整的明清古建筑群。在河阳古村落中，千百年来，一直保存着一门传统的技术绝活，那就是堪称"中国一绝"的河阳剪纸。河阳剪纸因其特有的普及性、实用性、审美性，犹如一株常春藤，古老而长青。缙云河阳剪纸，是缙云民间传统文化的一个重要部分，从河阳剪纸鼎盛时期，流传至今已有400多年历史。

剪纸是我国传统农耕社会中重要的民俗艺术门类，在传统的民俗生活中有着不可取代的地位，在这些看似单薄的平面图像，滋养和促成了本土民间艺术风貌的形成，所承载的是本土传统文化的视觉符号与艺术精神。早在汉、唐时代，民间妇女即用金银箔和彩帛剪成方胜、花鸟贴在鬓角为饰的风尚。唐朝崔道融词句中有："欲剪宜春字，春寒人剪刀"，其中的"宜春帖子"就是人们所熟悉的剪纸。

提起河阳剪纸，自然与千年古村河阳有关。公元932年，原吴越国掌书记朱清源兄弟俩为避五季之乱，定居缙云，因其原籍河南信阳，故取名"河阳"。河阳村是缙云历史上有名的富庶之地。俗话说："有女嫁河阳，赛过做娘娘。"朱氏历代祖先重视"耕读传家，重农经商"，因而，人才辈出，富甲一方。他们的到来，为河阳谱写了一部建筑艺术与传统文化完美结合的传奇篇章。宋元两代曾出八位进士而建"八士门"，门前有明太祖朱元璋御赐的石"稀罕"；村中三教合一的宋代古刹"福昌寺"，历山骑龙宫；十多座古祠堂、百栋旧第计1500余间，大多为明清两代所建，是宗族庄园式古民居建筑群。古民居建筑以150米长的古街为中轴线，古街左右各有5条横巷，分布着"廉让之间""耕读家风""循规映月"

"十八间"等建筑群。这些徽派建筑气势宏伟、构思精巧，让人叹为观止。古民居外墙马头高耸，犹如 32 只马群仰头长啸，气势磅礴。部分建筑外白墙上保存十分完整的古画、古诗、匾额；房内木梁、木柱上有栩栩如生的木雕；还有雕刻精细、细如筛洞的木雕窗户方格子；还有遗留的古代大桥、农具、家具，以及历代农民义军的遗迹等。河阳古民居，现已经被列为浙江省历史文化保护区。

正是河阳古村历史与文化的积淀，催生了独树一帜的河阳剪纸。河阳剪纸在当时主流社会的高官升迁、贵门喜事中荣耀登堂；在重大祭奠中庄重出场；四方乡邻在重大节庆中，也往往以求得"河阳火红剪纸"而寄托希望。

河阳朱氏，素为缙云望族。大家闺秀待字阁中，花楼刺绣，剪纸镂金，风俗颇盛。河阳剪纸与河阳建筑、河阳人心理，莫不有着密切关联。河阳剪纸，风格独树。不独见于剪工，更重要的是体现了独特的宗族文化，体现出自明代以来河阳商家富而望贵的心理现象。"河阳剪纸"获得国家文化部"中国民间艺术一绝"证书。

河阳剪纸制作工艺精巧，具有明显的贵族遗风和浓郁的江南风格。传统河阳剪纸制作：有打样、钉纸、剪、刻、裱等工序。先用白纸垫底，把花样纸粘上，然后在松烟上烟熏，再用四五张两面红纸与熏谱叠在一起，订上密密麻麻的小纸订，用小剪刀把黑的部分剪掉，取掉小纸订，将一张张剪纸夹好，河阳熏谱就制作完成。最后按照制作好的熏谱剪，一张张"千刻不落，万剪不断"的剪纸作品就完美呈现出来了。

河阳剪纸十分注重艺术性表现，刻画人物，脱形取神，衣褶阴刻，背景阳刻，恰成对比。背景直线纹，曲线纹交替穿插，与画面中的亭台楼阁互相烘染。内容多为民间吉祥图案、琴棋书画、花草禽兽、石榴莲子、龙凤麒麟、蝙蝠蝴蝶等。处州一带流行乡间的婺剧更是为河阳剪纸提供了丰富的题材。因此，河阳剪纸较复杂的作品多取材于戏文。人物多为小姐少爷，柳下亭中，感情表达细腻，场景空间用传统的"卍"字变形细线连接。多表达女性情感。人物一般不刻脸部，以动作身段表达内心活动。河阳的建筑雕刻，也是无尽的剪纸题材。富家闺阁少女终日闲空，仰望便是雕梁画栋，心生灵犀，便将立体的雕刻变为平面，跃然纸上。

近代以来，最具代表性的剪纸作品，是已故老人李宝凤留下的。她的剪纸风格细腻、秀丽、抒情，已脱开了饰刷、祭品、喜化等实际功能的范畴，具有纯审美的效果。她的《太白回书》《感恩亭》等十多幅作品，曾于1994年入选国家文化部"中国民间艺术一绝大展"，并获证书，她的剪纸作品，堪称"中国一绝"。

现年90岁的麻义花老人夫妇，是河阳至今健在的少数河阳剪纸传承人。两位老人虽然年事已高，步履蹒跚，但性闲心静，其作品玲珑剔透，构图精美，保留了当地以戏剧故事为主题的传统风格。近年来，由于身体原因导致双手抖动而不能创作，以前的作品已经成为家中藏品。承传老人技艺的，是年近70的儿子朱松喜和儿媳李赛莲。

朱松喜先生年轻时，就在上海做生意，2000年回到缙云，向父母学习剪纸。他的经验是："剪纸要有好心境，一定要静得下来，沉得下去。"由于年龄关系，他眼神不是很好，经常与老伴相互配合，一年来共创作了上百幅作品。其中《巨龙腾飞》展现了一条巨龙昂首阔步、腾云驾雾，横亘在长城之巅。热情讴歌了祖国繁荣昌盛、蒸蒸日上。既保留了河阳剪纸的传统韵味，又注入了新的时代特征。他高兴地说，现在儿媳、孙女也对剪纸表现出很大兴趣，表示要学习剪纸，希望这门艺术能延续下去。

此外，60多岁的周雪莺女士和40多岁的朱润珊女士亦是河阳剪纸传承人。她俩的作品人物造型优美、线条流畅，深得群众的喜爱。其中，周雪莺女士的作品多次在全国各种大赛中获奖，2011年周雪莺女士的作品《红楼梦》获"浙江省民间巧女技能大赛金奖"，《金陵12钗》获"第四届神州风韵全国剪纸大赛铜奖"，《大观园》屏风获"第四届神州风韵全国剪纸大赛创意三等奖"。

为弘扬和传承缙云县非物质文化遗产，将优秀传统民间表演与传统技艺进行集中展演与展示，2012年3月，在新建镇河阳村举行了首届"非物质文化遗产节"。缙云县文联、丽水剪纸专委会、县老年大学在河阳小学，联合举办了"剪纸艺术精品展"，共展出200多幅风格各异的作品。在展出现场，河阳小学的小学生向市民协剪纸专委会的专家、媒体记者和游客，展示了他们的剪纸能力。随着剪刀上下翻飞，几分钟后，一只"展翅欲飞"的蝴蝶展现在人们面前。孩子们娴熟的剪纸技艺，令大家大开眼界。

2010年6月缙云县成立了首批非遗文化剪纸艺术传承基地，如县老年大学、河阳村、河阳小学、七里小学、仙都小学等。两年来，这5个传承基地培养了一大批剪纸爱好者，也取得了一定成效。2011年6月，七里小学麻秋燕老师指导的剪纸作品《升国旗》在全国大赛获奖。缙云县文联组织剪纸爱好者参加"庆祝中国共产党成立 90 周年丽水剪纸艺术大赛",喜获 1 金 2 银 5 铜、56 名优秀奖。其中,县老年大学剪纸研究会钭银菊的《继往开来》一举夺得金奖;七里小学麻秋燕的《升国旗》、县剪纸协会应国强的《世纪伟人颂》获银奖;仙都小学杨美蓉的《普天同庆》、县老年大学剪纸研究会虞慧群的《出阁》、应淑爱的《庆祝中国共产党成立九十周年》、顾汉铭的《莲都美》、应梅蕊的《祖国万岁》获铜奖。2014 年丽水剪纸艺术作品展在丽水市群艺馆开展,缙云县喜获丰收。缙云县文联、县剪纸协会组织选送的 80 多件作品中,有 62 件作品入选,其中获金奖作品 2 件、银奖作品 4 件,铜奖作品 8 件,优秀奖作品 21 件。

随着河阳古民居旅游业的发展,"河阳剪纸"艺术让越来越多的人们所了解。河阳部分剪纸精品,已经被县博物馆收藏和保存。河阳村还利用当地资源开发旅游,专门开设了一间"河阳剪纸、窗花陈列室"供游人参观欣赏。

缙云县在传承和保护剪纸艺术的同时,正在积极探索剪纸产业化发展之路,鼓励剪纸艺术家将作品变成旅游商品,扶持剪纸产业化的发展。在县文化相关部门牵头下,刘夏英、丁耀杰、朱润珊等河阳剪纸艺术传承人先后成立了"个人剪纸艺术博物馆"供游人参观欣赏,游客参观后纷纷购买了作品以作留念。河阳剪纸已经走出了庄户人家小院,走入现代生活的广阔天地。

(钭华英)

猷辂拳艺

谱曰："拾柴子午要吞归，分金滚剪快如飞；忽然一棍从上下，树皆等风自然回……"这不是诗歌，是一百多年前当地老拳师用本村方言"猷辂腔"写成的拳谱。

猷辂拳板凳舞

"猷辂拳"是浙江省常山县新昌乡猷辂村民间流传了二百来年的地方拳种，以古村落"猷辂"命名。主要在本村严、谢、刘、李、鄢诸姓家族子孙代代传承，享誉方圆数个县市。常山、衢州、开化、淳安以及江西婺源一带，也遍布拳师们的足迹。

在常山民间只要一提武术，人人都知道"猷辂拳"。过去，习武的村民大部分是文盲，学武术靠师父口口相传，用"官话"反而听不懂。于是，个别识字的师兄弟，就用土话方言记录拳谱。所以只有会本村方言的才看得懂。这真有点像金庸先生写的武侠小说中的武功秘籍了。

"猷辂拳"，世代相传留下了很多习武练拳的动人故事和励志传说。

相传严氏拳术，是当年清朝时太平军战败后，一个将领躲避追杀，四海漂泊时，来到村里，为了生计偷偷地给村民传授武术。严氏拳法，短小精悍，刚猛有力，讲究"快准狠"，实战性很强。套路主要有"五步"

"七步""连步""单凤晒翼""落地梅花""大小红拳"等；器械有双刀、枪、铜、棍、扁担花、板凳花……这些器械都是与当地劳动人民生产生活密切相关。

严、谢、刘、李诸姓，都是在清朝康熙和乾隆年间（约 1700—1750 年）陆续从江西南丰和福建建宁等山区迁来。开荒种地，筑棚而居，繁衍生息，子孙后代世代联姻。目前，猷辂村有 2600 多口人，6 个自然村都以姓氏命名。

"谢家拳"以文功见长，讲究以柔克刚，四两拨千斤。它与严家拳术一刚一柔，相辅相成，刚柔相济。主要套路有"珍珠散""三十六宋江""三角梅花""双凤朝阳"等；器械以棍代枪，"蟒蛇卷竹"最出名。另外还有双铜、扁担花、板凳花……谢家拳术最早传授是一个云游道士，最著名的要数"应"字辈的武秀才谢应登了。

"好！"只见晒场中那位年少的武师，一个扫堂腿，将一个碗口大的石头从场中扫出一丈开外，村民们异口同声地叫起好来。

"你外甥功夫了不得。"下场后，有位长者告诉拳师的舅舅。

"有什么了不起，'武秀才'只有我们严家有。"他舅舅却冷冷地说。

言下之意外甥当然听明白了，便暗下决心，自言自语："舅舅，我也要考个'武秀才'看看"。

这位年少的武师就是谢应登，排行第八，人称"老八"或"老八先生"。

回到家里，谢应登把这事告诉了父母和兄弟们，大家都鼓励和支持他。于是更加苦练武艺，并四处拜访名师，准备考个武秀才。

清朝时，猷辂村到常山县各个村落都是靠双脚走路。这天，他来到一个叫韭菜弄的小村落，突感身体不适，就在路边石头上坐下休息。刚好，一老者见状，就请他到家中小坐喝口水。老者见少年气度不凡，得知他准备考武秀才很高兴，便留他在家中住宿。晚上，老者让谢应登展示了武术。原来老者也是一位武术大师，并懂得考试的规矩和课目，就指导他一些考试方法和秘诀。

文曰：

水浸蛇头高三寸，
扣膝中拦左右扶。

传出长枪蛇头枕，

铁棍风至魔廉铲。

召陵执棍使铁鞭，

青蛇拦路在身旁。

面前一打洛阳桥，

上过二打深山虎灭亡。

三打黄龙转身势……

考武秀才时，谢应登先是打了一套谢家拳中最有名的"蟒蛇卷竹"。

只见他衣袖筒中枪把转动如车轮，枪花刷刷有风，艺压群雄，无人敢上前交锋。

第二局举老虎，笼中放出一只二三百斤的大老虎，刚一伸腰，欲跳时，说时迟那时快，只见他一扎马步，双手顺势抓住虎腹一托，举了起来。原来，他干爹教他的秘诀就是要借力顺势托举老虎。否则别说武秀才，就是武进士来考试也举不起老虎来。

老八考上武秀才后，名声大振，喜报直接送到了舅舅家里。

猷辂人有拳。确实，从清朝到民国。新中国成立后，只要社会不稳定时，学拳习武之风就更盛。父传子，爷教孙，兄弟同习。防匪寇，逃壮丁，保家护院等。为此猷辂村还赢得了一个"小梁山"的美名。

清咸丰年间，太平军正兴时，民不聊生，灾祸连连，兵匪遍地。有一群叫"逃荒人"的流寇来邻近的小山村为非作歹，欺压妇女老弱，强迫妇女赤身裸体拉磨碾米取乐。严姓村民看到了，气愤地说："他们敢来猷辂作恶，我们就让他有来无回。"此话传到了"逃荒人"耳中，他们真的纠结同伙要到猷辂来。

族中头人虽然责怪说话者多事，但马上召集各姓氏族长共商拒敌之策。首先到"社公庙"求社公社母保佑，集全村中青年子弟准备武器。那天，"逃荒人"气势汹汹成群结队地从邻村过来，刚到谢家时，只见"社公庙"里黑压压冲出一个红脸将军，带着一队神兵迎着"逃荒人"就砍就杀，还有锣鼓声助阵。再说这边，族长带着后生们拿起武器也加入战斗。这时谢家新屋刚结顶准备盖瓦片，于是就把屋上的栓子全部削尖当武器用，让帮工们也加入战斗。一时间，喊杀声震天，打得"逃荒人"尸横遍地，落荒而逃。

从此，"小梁山"的名气就这样传下来了。

数百年来"猷辂拳"伴随了我们一代又一代猷辂人。天下大乱，社会动荡时，就用来保家防身；太平盛世就用来休闲娱乐，强身健体。

猷辂拳传承脉络清楚，严氏拳术，第一代主要以"正"字辈为主体，下有"维""良""传""国"共五代。谢家拳第一代从谢应登"应"字辈起，下传"民""良""仁"共四代。2005年，浙江省非物质文化遗产项目保护工作开始后，常山县委、县政府高度重视，县文广新局干部下村，调研发掘"猷辂拳"。组织习拳者上文化馆大棚车舞台到各乡镇表演、展示。并向省文化厅申请省级"非遗"项目保护。2008年，"猷辂拳"成为第二批浙江省非物质文化遗产保护项目之一。

由"猷辂拳""洗马舞"（另一个省级"非遗"项目）组全新编的大型群舞"猷辂木马"舞蹈，还参加了当年中央电视台CCTV-7在常山举办的"中国三农人物在常山"活动的文艺表演，获得央视导演好评。8月参加了在宁波举办的"浙江省广场舞"比赛。10月参加了省委省政府在杭州举办的"千村万镇种文化"活动文艺会演，并荣获两个银奖。

如今，"猷辂拳"这个以村庄名字命名，以严、谢诸姓祖传武术为载体的省级非遗，依然活跃在社会主义新农村建设的舞台上，仍然传承着偏僻山区厚重的传统文化。

（谢章华、朱爱良）

枫石瓷艺

江山市南约 38 公里处峡口镇地界有个枫石村，位于仙霞古道要津，方圆 7.05 平方公里，12 个村民小组 739 户 2585 人。

枫石村原名红石，明代属于江山乡廿七都、廿九都，到了清朝又转属于三卿口庄。2007 年 11 月子里安村并入，今辖新屋、车水潭、虎龙头、枫石坂、后门青、生牛铺、莲花山、鹭鸶桥、金家堂、乌里垄、上子里安、碗厂、石门、老屋、下子里安、芭蕉坑 16 个自然村。

在上海博物馆的古陶瓷展厅内，展出的中国现存最古老的窑址，不是名冠华夏的江西景德镇，而是浙江江山的三卿口古瓷村，陈列室展出了三卿口窑址的各类器具与模型。三卿口古瓷村是中国早期青花瓷的发祥地之一，同时又是古青花瓷原料——釉果的产地。

三卿口古瓷是众多古陶瓷作坊中的一个，地处仙霞古道由峡口往南 2 公里、沿溪而上的一个小村落。村里数十户人家，自然铺展在山坳两侧的坡地上。小村环绕着小溪，纵列着十余架木制水碓、层层叠叠的泥池和一片低矮的瓦屋。其间，一条依山就势、蜿蜒匍匐的龙窑是小村标志性建筑。

江山属仙霞山脉，优质瓷土贮藏十分丰富。早在距今 3000 年前的商周时代，陶瓷业尚处原始瓷时期，江山峡口一带已是瓷窑林立。到唐宋时期，江山碗窑一带更是汇集了当时全国各大窑系的工艺与产品。其中最著名的是青花瓷器，它以品种丰富、釉彩独特而名传一时，为收藏家所青睐。

三卿口古瓷 1979 年引起文物考古界特别是北京、上海考古专家的注意。专家们曾多次进行现场考察，认为它是当今仍然使用传统工艺生产、保存得较为完整的制瓷工场，具有十分重要的研究价值。其保留完整的生产设施、工场布局、技术工艺及生产组织方式，帮助今人了解和认识古代制瓷业的工艺技术、生产经营方式，是一部活化石、活教材。

古窑村又称窑村、瓷村、古瓷村、碗厂，最初称作紫灵庵。清乾隆十一年（1746 年），从福建连城来的黄氏叔侄任正中、大远二人，因避战乱灾荒途经江山，看到这里有各种各样的瓷窑，便忘却了浪迹天涯的困苦，踏着仙霞山脉，沿着须江流水直往上行。终于，在峡口古镇往南的 2 公里处，他们找到了一条溪流。溪边的山上，布满了质地纯正的瓷土。丰沛的溪水、纯正的瓷土，叔侄俩各捧一把，激动得热泪盈眶。从此，叔侄俩在一座名为紫灵庵的小庙里住下，凭着从家乡所学的制瓷工艺开始建窑制瓷。他们的后裔便在此代代相传，瓷窑也渐渐地被做大。四方的人们纷至沓来，带着不同的期望和目的。有一天，这份平静被日寇的飞机和枪炮打破了，整个窑村葬身于一片火海中。然而，随着日寇枪炮声的远去，很快，这里又恢复了往日的生机……

枫石村以手工制瓷闻名遐迩。制瓷作坊，又名窑村、碗厂，今称三卿口制瓷作坊，属子里安自然村。作坊占地 4.13 万平方米，一宽 5 米小溪随山势落差，贯穿村中。

现有龙窑 1 条，水碓房 11 座，拉坯房 40 余间，淘洗池 7 组，拉坯转轮及工具若干套。整个生产工艺流程：开采原料、粉碎、淘洗、成型拉坯、装饰、上釉、叠窑、烧窑、出窑。作坊区的民宅也还保留原有的历史风貌。这些设施和传统的生产工艺，对了解和认识古代制瓷生产、经营方式及经济性质具有重要的参考价值，这里是再现古代制瓷工艺流程的活标本。

龙窑是一种半连续式陶瓷烧成窑，依一定的坡度建筑，以斜卧似龙而得名。龙窑一般长十几米到数十米，一次可装烧上万件瓷器，对瓷器的发展起很大作用。龙窑逐渐增长，各朝的倾斜度和结构也不断改进，龙窑烧成效果不断完善，直至当今，南方有的地区仍然在使用龙窑烧制陶瓷器。

龙窑窑室分窑头、窑床、窑尾三部分。多依山坡或土堆倾斜建造成一长隧道形窑炉，约与地平线构成 10—20° 角。窑头有预热室，窑尾通常不设烟囱或设置矮小的烟囱，因龙窑本身自带烟囱的作用。面积以窑头最小，便于烧窑开始时热量集中，利于燃烧，中部最大，窑尾大于窑头而小于中部。拱顶成弧形，两侧上部或窑顶有多排直径约 0.15 米的投柴孔，窑身两侧有两个窑门。全窑结构简单，建筑费用较低，不需尺寸严格的拱砖。龙窑作业时，在窑室内码装坯体后，将所有窑门封闭。先烧窑头，由前向后依次投柴，逐排烧成。

这里的生产设备和作坊式厂房的布局与龙泉已发掘的宋、元时期的古窑址布局状况基本一致。整个厂房包括水碓房、泥料淘洗池、拉坯房、窑炉。整个工艺中，碓泥工序是一个最具生命力的古老的工序。每座水碓设有一个木制的转轮、4个石质的方形碓头和4个石臼。水自流、碓自舂、溪水不断，水碓不停。早年一般一户一副碓头，继后每户两副碓头，新中国成立初每两户一座水碓房，窑户自建自用。

淘洗池以户为单位建设，多在房前屋后，便于引水操作。每组分三池一槽，第一为粗淘池，二为精淘池，三为沉淀池。第三池有一水槽通第一池，供三池的清水回流到一池。淘洗泥料需间歇进行，多由妇女承担。现存完整的淘洗池虽已不多，但当年的辉煌仍依稀可见。经淘洗后的泥料便进入拉坯房进行制坯成型，拉坯房呈一字形排列，三至五间为一组。拉坯房为夯土墙，无梁柱，以檩条构架，正面无墙、门，三面不设窗。每间拉坯房分前后两半间，前半间左右相对各置一副拉坯用的转轮，中间堆放泥料；后半间正中以一墙相隔，分为左右各半，有多层木头搁置，构成多层晾坯架。拉坯房前有一通道，路侧置以木架，供露天晾坯用。拉坯房一般由两户合建合用。

碗坯制成并在晾干后才能正式进入窑内煅烧。一条长条形的龙窑由各户共建、共用，前低后高40米长窑依山势而建。窑室分成30间，每户各用一间，劳力少者两户合烧一间。由于烧窑时前后间会有温差，致使产品的质量有别。所以各户在定位时以抽签的形式确定，而后周而复始、依次轮换。叠窑煅烧的方法多有讲究，特别是叠窑，若叠得不妥容易倒塌，所以，没有经验的窑户都请有经验的人代叠。煅烧从窑头开始，窑头所需的柴草由各户分担。烧至一定窑温后，各家自备柴草依次投柴自烧。这里还需要一定的看火技术，虽然大多数窑户都能掌握，但个别窑户还是要请人代看的。

在这些冗长繁杂的工序中，劳力的分工几乎成为一个约定俗成的千古定律。开矿取泥、拉坯晾坯、进窑煅烧、运输出售等工作一般由家庭中的主要男劳力承担；碓捣、淘洗、画花、上釉等则多由妇女、老人承担，加之技术传授上的保密性，使得这里的生产者没有雇佣和师徒关系，这就比较合理地调配和使用了家庭中每个成员，每户不仅无闲人，而且人人都有一技之长。

这里的产品以青花和灰白釉碗为主，另有各类瓶罐，质地与它古老的厂房、设备、工艺一样，没有大的变化。在市场经济的今天，它能走过来，实在是一种奇迹。

窑村的经营管理以一家一户为生产和销售单位，生产资料基本属于私有。宗族共有的生产资料，仅见窑户集资投工建造的一座窑炉和窑户共有的矿山。如此孤寂的坚守，恐怕在中国陶瓷史上堪称奇迹了。无怪乎许多学者认为江山三卿口古窑村是我国古陶瓷的一块活化石，是一部活教材。

（江农文）

和睦陶瓷

一位诗人这样描述和睦的陶:"前世,是土,是水,是火。土说:最软的也是最韧的。水说:即使被蒸发,也要留下最缠绵的波纹。火说:热情就该美丽地绽放。于是,今世,它的名字叫陶。"

和睦彩陶文化村生态环境优美,村口一座大象山,一座狮子山,一个荷花湖,守卫着和睦村东大门,显得别具一格。这里环境优美,景色诱人,清秀的长台溪欢快地扑面而来,又柔静地擦身而去,村中白墙黑瓦飞檐的浙式农舍,扇扇门窗上镶嵌着一幅幅清新美丽的田园山水风光,碧绿的稻田与清清流淌的小河嵌入各家阳台,呈现出一幅幅亦土亦陶的天然艺术画面,足以令人久久凝望。

她位于江山市东南方向的清湖镇地界,和睦的土陶瓷历史要追溯到很早很早的年代。在新石器晚期在和睦这个地方就有人类活动。据考古发掘发现,和睦乌里山是商周印纹陶遗址。和睦在唐宋时期就人丁兴旺,明清时期更是十分繁荣。

从古到今,和睦这个地方就以制泥烙壶、瓦片闻名于闽、浙、赣三省。这里的文化古迹丰富,是个以土陶窑为主的古窑村落。该村现保存着清——现在的土窑40座,兴盛时期达100余座,还保持着原始的制瓷工艺流程。如此密集的馒头状土窑和尚未失传的工艺流程,在全国少见。整个村落以家庭作坊式为主,每家每户都曾建窑烧制,以制陶为业,留下了大量的文化遗产,保持着原始的古陶村的原貌。

江山古代是制陶、制瓷民间窑的重地,据考古学家考察发现,江山有商周印纹陶遗址79处,覆盖面积达近30万平方千米,从六朝(从三国的吴国开始近400年间,连续有六个朝代:吴、东晋、宋、齐、梁、陈。)至清代发现古窑址26个,其中六朝1个,唐宋时期10处,宋元9处,明清6处,其中面积最大的达5000平方米,一处有5条龙窑。江山出土的陶瓷产品,不仅丰富多彩,而且许多是极品,在浙江乃至全国都具有深远

的影响。特别是商周印纹陶在浙江乃至全国都具有代表性。和睦的土窑是
江山陶瓷业奇异的瑰宝。

和睦土窑的生产流程：可以分为以下几个阶段：

1. 采泥。土窑泥来源于稻田，取稻田面下30厘米经过沉淀、过滤的
泥，最适宜制作茶壶产品。

2. 练泥。练泥一般分三个环节，首先以牛踩或人工锄捣或脚踩，增
加韧性，而后堆积。再进入手工练泥，经过拍刨、揉，使泥细腻柔软。拍
即简单翻泥形成泥团。刨则用木制刮刀刨下薄片泥，发现粗砂子挑拣掉，
如同揉面粉反复揉，增加韧性。

3. 陈腐储存。将练好的泥堆成小山包，用稻草或遮雨布使泥土自然
陈腐，进一步增加韧性。

4. 拉坯制作。把木质转轮置于地上，利用手脚使之旋转，在转轮中
放入泥料，完成拉坯和制作，尤其是泥烙壶、药罐的主体和壶嘴及盖子要
分开制作，在未干前完成整合。一个熟练工一天可制作茶壶或药罐
100个。

5. 晾坯。将制作好的泥坯放在阴凉处，待晾到基本干时可以晒一下
太阳。

6. 叠窑。产品晾干放入室内叠烧，叠得好的话，同样窑可多烧产品，
而且还省柴，产品率又高。据老窑工王中兴介绍叠烧窑的合格率达98%。

7. 烧窑。烧窑必须先要制窑，和睦的土陶基本上是两种形式：一种
是烧茶壶产品的窑，一种是烧瓦片的窑，两种窑不能混烧，制法不同。泥
茶壶窑和瓦窑最大的区别是烧瓦窑产生的烟雾由4—5个壁式烟囱中排出。
而烧泥茶壶的烟雾前期排出，后期将出烟口堵上，使烟雾还原回炉进行
"熏陶"。两窑的主要差别是烟囱的制式不同，瓦片和花礴等产品颜色为
红色，烙壶药罐等产品的颜色为黑色。

和睦土陶最初是烧制土瓦片，后发展为工艺较为复杂的泥烙壶、花
礴、药罐、炭炉、酒壶，甚至飞跃到彩陶工艺精品。说起和睦人的技术发
展，那是在清朝末年。众所周知，大清末年，外国列强用武力强行撬开我
们的国门，鸦片毒品害了大半个中国，民不聊生，再加上天灾连年，南方
水患成灾，堤溃田毁，房倒屋塌比比皆是。北方是另一道景象，旱灾超级
严重，连树皮野菜也让饥饿的人们掠个精光。好些人家饿得实在受不了，
就吃观音土填饥，结果造成肠道堵塞而死。像这样的惨象，在北方丝毫不

见稀奇。

就在这个节骨眼上，一位逃荒落难的湖北人，他沿古道走着走着，长时间的饥饿寒冷，也不知几个月没吃过饱饭，寒颤颤的身子不知坚持了多久。待这位湖北人走进和睦村时已贫病交加，不知不觉中，倒在一位姓陆的人家门口。陆家奶奶看到这种情形，立马萌生怜悯之心，她说服了家人，不仅收留了他，还给他请医生治病。湖北人深受感动，他非常感激陆家人的恩德，便将祖上传男不传女的泥烙壶手艺教给了陆家人。俗话说得好，种瓜得瓜，种豆得豆，因为陆家奶奶的善良，上天赠给她一个天大的元宝。于是，做泥拉壶手艺在和睦村诞生了，陆家人的命运也从此发生了巨大的变化，他们由当初的只会烧制工艺简单的瓦片，跨越为能够烧制较复杂的泥拉壶。和睦人天生聪明富有智慧，在泥烙壶的工艺技术上加以适当的改进，又派生出了药罐、炭炉等，产品从建筑陶提升到生活陶。农村人用这些陶器烧水、盛水、煎药，有不馊不腐的功效。

现在的和睦人做出的陶瓷产品，从红色的瓦，火炉、花礴、火熜礴，到黑色的泥茶壶、药罐、沙锅、酒壶，直至彩陶仿古产品，应有尽有。和睦陶瓷不仅在全国陶瓷工艺比赛中获得过大奖，还连连走出国门，为我们国家挣回了大把大把的外汇。和睦人凭借陶瓷技艺，彻底改变了自己的命运，物质与精神面貌双丰收。

（江山农办）

龙游皮纸

龙游县沐尘村，是省内外闻名的历史古村，是畲乡古村，有过余绍宋等文化名人的足迹，在这块土地上，现在还生产着龙游皮纸——与中国宣纸齐名的好纸。

龙游纸生产起步可追溯到唐朝，当时生产藤纸、竹纸等纸品，其中竹制"元书纸"被列为贡品。宋室南迁，中原一带的士人南下，龙游造纸业随之兴盛，逐步成为浙江省重要的纸产地之一。土纸以竹浆为原料，主要品种有黄笺、白笺、南屏3种，出产最多的是南屏纸。手工造纸作坊称为"纸槽"，每条纸槽由料碓、槽桶、木榨、焙笼等组成。明代作坊设施简陋，到了清代，造纸技术日臻完善，制作工艺日渐规范，发展到30多个产品。林巨伦清时从福建来龙游定居并开办纸槽，成为龙游巨富。民国年间，龙游土纸以薄匀、白净、挺韧而声名远播。

龙游宣纸实则是龙游皮纸，是从土纸生产的基础上发展起来的。20世纪60年代初，沐尘的利文纸厂与惠文纸厂合并，组建利文蜡纸厂，利用山麻皮（也称石麻皮）等原料，经多次探索，试制成功浙江省第一张宣纸。因龙游蜡纸厂于1962年并入衢州勤业纸厂，所以，那时生产出的宣纸称"衢州宣纸"。可惜的是，1965年，正当衢州宣纸作为国庆献礼产品和重头产品准备大干一场时，"文革"来了，宣纸就此停产，它犹如一颗闪亮耀眼的流星，绚丽绽放星空后，惊艳刹那，转瞬即逝。

1971年，沐尘造纸厂重新开始探索宣纸生产技艺，多次派技术人员到安徽泾县乌溪宣纸厂取经，1973年，又聘请对方的两位退休技工来厂传艺。经过多次试产，获得成功，纸品档次和品位逐步提高。1974年"龙游宣纸"开始批量生产，沐尘造纸厂成为浙江省首家宣纸生产企业。当年产4.7万张"寿"牌净皮四尺宣纸，1978年，沐尘造纸厂改名为龙游宣纸厂。所产宣纸首次出口日本、韩国、新加坡等国。1983年，"寿"牌棉料四尺宣纸投产；1984年，高级书画纸投产；1986年，产品获省优称号，在南京举办的全国性宣纸试笔会上，得到书画家一致好评；1989年，生产龙须草出口书画纸；1992年，研制成功 ADD 高级龙康手漉画仙纸，试销日本，受到日本书画界好评，1993年，该产品获国家级新产品称号。1994年，龙游宣纸厂与香港申港企业发展有限公司合资，组建浙江龙游辰港宣纸有限公司。因厂址位于沐尘水库淹没区，2001年迁址灵江工业园区。

"龙游宣纸"制作技艺，于2011年以"龙游皮纸"制作技艺项目，入选"第三批国家级非物质文化遗产名录"。这当中，为何更名，有一段小插曲或小风波。

2011年5月17日，文化部网站上公布了《第三批国家级非物质文化遗产名录推荐项目名单》，当时以"龙游宣纸制作技艺"列入项目名单。对此，安徽省宣城市相关部门与泾县县政府联合向文化部提出疑义，认为"宣纸产于安徽泾县。泾县晋时属宣州郡，唐时属宣州，皆为贡品，世称宣纸"（《中国实业志》记载）。"浙江省龙游县"不应作为"宣纸制作技艺"的申报地区，不应该以"宣纸"的名义申报国家非遗项目。

龙游宣纸师出泾县，要与自己的"师傅"争名，也的确是不大忍心"撕破脸皮"，再说，根据《地理标志产品保护规定》，安徽有关方出于保护地方非物质文化遗产的角度，提出质疑，也是情理之中。但龙游宣纸无论是制作技艺还是产品本身，申报国家非遗项目，也是够资格的。为此，文化部裁定，以"龙游皮纸制作技艺"入围第三批国家级非物质遗产名录。

民国《龙游县志》卷六《食货考·物产》，对于土纸生产工艺有完整的记载。

龙游皮纸制作有2个流程、30多道工序、100多道操作程序，总体上与龙游土纸生产有相当的传承关系，但要求更高。

一是皮料制作流程，主要有砍条、蒸料、剥皮、蒸皮、踏洗、摊晾、制皮坯、撕选、蒸煮、揉洗、挤压、摊晒、洗涤、打料、选皮、洗涤、晾干、袋料等工序；

二是成品制成流程，有榨料、皮料下槽、划槽、加汁、搅拌、捞纸、榨纸、焙纸、检纸、切纸、包装等工序。制作中需要烧山刀、刮皮刀、铡刀、蒸锅、纸帘、帘床、槽角等50余种工具。

制作过程全凭手工艺人的肉眼观察、手感经验和内心感悟，来把握其中微妙的差异。从原料加工到成品纸制作，技艺难度高，劳动强度大，学艺周期长，学徒必须具有较高的悟性，才能三年学期满后顺利出师。比如山桠皮制浆，就要将枝条先蒸煮，再浸泡，然后剥皮、晒干，加入生石灰与纯碱再蒸煮，然后洗涤干净，再将其撕成细条，晾在朝阳之地，经过日晒雨淋自然变白。除了经过每道人工工序的精心操作外，还必须结合天气情况，完成曝光漂白。还有龙须草，要掐头去尾后在水中浸泡 7 天左右，再用生石灰腌 1 至 2 个月，而后蒸煮、洗干净，再放到露天翻晒数次，经受风吹日晒雨淋 5 至 6 个月。加工后的皮料与草料还需分别进行配比打浆，加入植物胶充分搅匀，再经过抄捞、挤榨、烘干、剪切等抄制成品。这样的生产周期特别长，从投料到成纸，要历时一年左右。

在这些工序中，抄纸是最有技术含量的一环。纸张的厚薄和绘画的墨晕效果都在这关键一道。竹帘在纸浆中抄一下要打 3—5 个浪，必须操三下打 9—15 个浪才完工，凭的全是手上功夫和抄纸师傅的心灵感受。抄纸师傅的双手长年浸泡在水里，为了不影响"手感"，不能以器械操作，手上也不能带防护品，而且两人抬帘的动作要协同一致并一气呵成，宣纸的厚薄、纹理、丝路就全靠手上的感觉和双方默契的配合。

烘纸是在专门用砖砌的焙笼中，或屋中央立一面光滑的铁铸火墙，温度一年四季都保持在 50 摄氏度以上。据厂长万爱珠描述："一张抄好压榨过的湿纸，工人左手的手指一捏，右手里的排笔一托，转身就把湿纸贴到了笼壁或铁墙上，排笔上下一挥左右一抹，'刷刷刷'六下，简洁干脆，没有一个多余的动作，整张纸就笔挺地贴在了上面，一点皱纹都没有。"这样一道工序，听起来蛮有意思，但要纸服帖、不起皱，不是一朝一夕就能做到的。

龙游皮纸主要有传统山桠皮纸和野棉皮纸两种。按制作工艺分画仙纸、国画宣纸、特种纸等；按用料配比分为净皮纸、特净皮纸、纯楮皮纸、纯野棉皮纸、山桠皮纸之类；按帘纹还可分为罗纹、龟纹、绵连、蝉翼等。1983 年，在全国宣纸质量检验中，与安徽"红星"牌宣纸并列第一；1988 年全国成立"文房四宝"协会，龙游皮纸被誉为"书画之宝"，有"墨韵酣畅，挥洒如意，润燥自然"的品质。2000 年第八届全国文房四宝艺术博览会上，龙游皮纸被认定为"十大名纸"之一；2001 年，被中国国际农业博览会认定为名牌产品。

龙游皮纸冠华夏。由于纸张洁白绵软，画后不拱不灰、晕墨性好，立体感强、渗透力好，因此，不少书画名家都喜欢用龙游宣纸，诸如启功、陆俨少、谢稚柳、沙孟海、郭仲选等，有的一直坚持使用。书法家启功先生曾为龙游皮纸挥毫泼墨题诗："龙游佳制艺称殊，挥洒云烟笔自如。移得后山名句赞：南朝官纸女儿肤。"

龙游皮纸的第一代掌门人是王树清，沐尘村人。1989 年，万爱珠接任，至今已有 25 年，目前已是省工艺师和国家非物质文化遗产传承人。她于 1972 年 18 岁时便向毛华根、毛元福等老一辈造纸师傅学习皮纸制作，娴熟掌握了原材料制作、各式皮纸的捞制、炸纸、焙纸、检纸等全套技艺，成为一名技艺精湛的龙游皮纸制作师傅，先后培养了 20 多名技术骨干。主要传承人有毛华根、毛元福、万爱珠、徐小军、张成茂、邱国民、王日水、刘海英等人。其中比较有影响的是毛元福，被称为是龙游传统手工造纸技艺的奠基人。

（龙游县农办）

溪口土纸

溪口村位于龙游县城南 50 余里，灵溪与柘溪交汇处，原名双溪、双溪口，为水陆交通枢纽，龙游与遂昌、松阳三县的交通要津，是龙游南乡最大的市镇，历史上就是造纸和山货竹木纸张的贸易中心。

龙游民谣："灵山豆腐庙下酒，铜钿银子出溪口。"流传甚广，耳熟能详。意思是龙游南乡地理富庶，物阜民丰，商业自古繁华，堪称养人聚财的上佳之地。

造纸术是我国四大发明之一。据当地志书记载，溪口造纸历史悠久，早在唐代就开始造纸。当地盛产毛竹，漫山遍野，竹海涌浪，碧波无垠。毛竹是造纸的原材料。他们就地取材，手工制作，产有南屏纸、元书纸和大小黄笺三个品种。南屏纸又名烧纸，是浙江名产，远销山东、河南等地。该纸质韧价廉，用于裱糊窗壁。元书纸是文化用纸，适宜毛笔书写，古时列为贡品，专供皇帝朝廷使用，誉满京华。

史书记载，"造纸之法，率十分割粗得六分净。溪沤灰盒暴之沃之，以白为变沦灰，大镬中煮至糜烂，复水泄之沤一日，拣去乌丁黄眼，又从而愈之。捣极细，盛以布囊，又于深溪用辘轳椎荡极净。入槽乃取羊桃藤捣细，别用水桶浸按名曰涓水，倾槽间与白皮相和搅打匀细，用帘抄成张，榨经宿，干后于焙辟，张张摊刷，然后截沓其为之不易如此。"

据调查，溪口造纸方法与上述所记略有不同，技术已经更为先进，已不应用火煮这道工序，而是采用石灰腌烂毛竹料，再加捣春终成竹浆而后制纸。村人劳锦荣，"南乡故多竹，其父业纸槽。锦荣自幼矫健，出入修竹篁箐间，督工制纸以为乐"。他家的纸槽造纸生产周期很长，至少要 7—8 个月才可制成纸张，有五道工序，现作简单介绍：

1. 破竹丝，取材阶段。从山上采伐嫩竹，时在小满至芒种间为宜，去其首尾，截为竹筒，约长 6 尺，破为片，阔 2 寸，约 75 公斤绑成一捆。

2. 腌料。把竹丝置于石块砌成的深约 3 米的长方形水池中，水池底部有一小孔可以放水。水池大小不一，大者可腌料200余担，小者可腌料50担。竹丝150公斤为一担，凡100担，即竹丝15000公斤加石灰600公斤。腌竹丝很讲究铺陈的方法，第一层敷以干石灰，第二层则以水和石灰泼之，分布均匀后再引水浸透，使两层都沾湿浸透，再铺第三、四、五层，方法如同第二层。待至竹丝满池，用老竹裁成池之长阔纵横盖架竹丝之上，用大石块严密压榨引水满池浸透，再加以干石灰敷其水池平面之上。经过40天，用大竹竿或巨木挠之，使腌料浮动，过4—5天再挠之，经一个月，捞起竹丝，放去水池，再裁杉木如水池长阔置于池底，每隔1米纵放一条杉木架，每隔1尺横加对开巨竹一根，木纵竹横成架，把竹丝置于上。最上一层竹青朝上，用稻草覆盖，上面纵横加上巨竹压上大石块，引水漂浸一天，放去浸水，这叫作退灰水。经10天再漂浸一次，放水，叫退黄水。再经10天又漂浸一次，隔5天放水，叫拖水。又经10天漂浸，经50天，待竹丝全部腐烂，腌料工序才算结束。

3. 剥料打料。剥去竹青竹黄，竹青称料皮，竹黄称料肉。制笺纸不用皮，制屏纸需皮肉并用。打料先晒燥料皮，置石臼中捣成细末。料肉则先榨去其水分。制屏纸需用料皮四成，料肉六成，合置石臼中捣成纸浆状，把纸浆放纸槽桶中调以水，这叫打槽。

4. 抄纸（捞纸）。抄纸工先将纸浆打槽所得之纸浆液放在帘床中，用纸帘（竹丝制成帘状）双手持帘于帘床中兜纸浆，使纸浆均匀布于纸帘上，待水干后将纸胚倒扣下来，脱离纸帘黏于板上，依次抄纸，待累积至1米左右，再加压榨去水分。这是造纸的关键工序，纸之厚薄全视抄纸工的经验。抄纸工工作很辛苦，站在槽旁双手浸在水中操作，冬天双手冻僵也不能停息。

5. 焙纸（晒纸）。以砖或竹筑成焙笼，以5—6张为一叠，布于焙笼中焙干，然后分开纸张，剔除破纸，整理成一叠。每叠约90张谓之1刀，48刀为1块，2块为1担。也有用太阳晒干的，叫"原焙"，成本较火焙为低，但质不如火焙。

明万历《龙游县志》有载，溪口烧纸在明代已很有名气，"多烧纸，纸胜于别县"。《中国实业志·浙江省（八）》载，"浙江之纸，宋代已负盛名。余杭龙游所出之烧纸，均著闻于时。"用现在的话说，龙游烧纸在宋代就是省级名牌，而它的出产地就在溪口一带。

明清时期，龙游商帮悄然崛起，纸张是其重要经营行业。商路活络，极大地刺激纸张制作，以溪口为中心的龙南山区，造纸作坊不断增多，产量提高，历史上最高时达300多条纸槽，工匠6000多人。纸产量超过30万担。

溪口村盛产纸张，还是纸张的贸易中心，这也是该村的地理位置所致。明代商书《新刻士商要览天下水陆行程图》共列出全国水陆行程100条，其中第16条即"处州府由龙游至衢州陆路"，龙游境内第一站即为溪口村。新版《龙游县志》也载，民国时期溪口村有三条大道分别通往遂昌、松阳、金华和路头等地，长百余公里。其中通向遂昌北界的大路为"松阳担"的要道。村口码头桅杆林立，昼夜繁忙，灵山江航运百舸争流，千帆竞发，直下钱塘沪杭，再转运河北抵京城。据民国《龙游县志》记载，溪口纸张交易"繁盛乃倍于城市焉"。清光绪二十年，村里有纸商9家。在民国年间，有正泰、元大等纸行6家，老板分别来自上海、杭州、宁波、常州等地，生意十分兴隆。

1916年，浙江省政府在溪口投资创办省立改良造纸传习工场，其用水碓作动力拖动小型打浆机，生产手工竹浆纸，质量提高，产量增加，成为当时全省技术最为先进的造纸企业。厂长张葆灵，宁波鄞县人氏，曾留学日本，系同盟会会员。他在溪口一边用先进工艺造纸，一边传播民主革命思想。乡贤汪子望、华岗都深受影响。1922年张葆灵返回宁波，汪子望、华岗也先后到了宁波，开始职业革命家生涯。

1929年，溪口商人邱樟保不惜巨资买下省立改良造纸传习工场，改名邱和记造纸厂，采用新工艺生产皮纸、元书纸，风光一时，名声远扬。1935年，浙江省衢州专员公署租用该厂，创办改良造纸厂，开发生产文化用纸，供省内报纸、杂志、教科书印刷及各县文化教育之用，是全省同行业龙头老大。1942年，日寇侵占溪口，工厂停办。

新中国成立以后，人民政府大力引进先进造纸技术和先进设备，极大地发展了生产力。土法造纸工艺遂逐步退出历史舞台。

在改革开放的春风春潮中，溪口古村正挥笔续写着复兴之梦的新篇章。如今，工业园区初具规模，造纸、压板、茶叶等企业欣欣向荣；市场繁荣，生意兴旺；古村落保护与开发并举，新楼林立，村容整洁，人们安居乐业，在淡淡的乡愁中创造着新的生活。

（龙游农办）

茶辽竹编

临海市永丰镇茶辽村，原名"茶寮"，是一个有着历史悠久的古老村庄。其海拔300多米，距临海城关20公里，素以古道、古枫、奇松、竹海而闻名。尤其是秋天，层林尽染，"枫"光无限。"茶辽风情"，旧时为临海八景之一。

全村共17个村民小组，326户，965人。自宋代以来，温州、台州通往绍兴、杭州的官道必经茶辽。茶辽枫岭上的石砌古道至今仍保持着原始风貌。在枫岭两侧，矗立着近两百株树龄在一百年到五百年的参天大树，以枫树、松树、樟树为主，其中枫树最多，为临海市现存规模最大的古树群。夏天绿荫如盖，为天然氧吧，避暑胜地；秋天枫叶红火，竹枝滴翠，是远近闻名的观赏红枫胜地。

说起这个村的来历，还得从村名说起。"茶辽"其实为"茶寮"。寮者，茅草小屋也，茶寮意即喝茶茅屋。据传，自宋代以来，路经茶寮胡道路？为皇家官道，是温州、台州前往绍兴、杭州的必经之地，往来的人虽有商贾官吏，但大多是挑担脚夫。山高岭陡，行人从岭脚走到岭头的时候，哪怕是冬天，也是汗流浃背，口渴难忍，这个时候他们多么希望能有一碗水喝。但当初此地了无人烟，行人只有喝生水解渴。

喝了生水，容易生病。这个时候，有一位善人，或者说是茶寮村的第一位村民，姓名已不可考，在山上路边的平坦处搭了两间茅草房，一间作为住室，另一间为茶室，布置了木桌木凳，免费为过路客人提供茶水。

茶水种类很多，有凉白开，有薄荷茶，有茶叶茶。而薄荷、茶叶都是他劈山开地自己种自己制作的。过路客人非常高兴，奔走相告。每当走累了想歇一歇，他们就会相互鼓励，说"再坚持一下，到茶寮喝茶"。从此茶寮就成了过路客人主要歇脚喝茶之所，后来还给客人提供饭食。主人一律不主动收钱，全由客人随便给。主人也因此成为许多客商的朋友，他可以成年不出门，但他如果需要买些什么，只要说一声，这些过路人就会给他捎上来。

茶寮村就此得名。后来，宋嘉定年间，唐代著名学者郑广文博士之22代孙郑养晦因为羡慕茶寮山清水秀，风水极好，就从三门高枧举家迁来，茶寮村从此慢慢地兴旺发达起来。现在，茶寮成为台州各地游客休闲度假的好去处。

每年到茶辽休闲和观赏枫叶的游客数以万计。现村里已发展农家乐22家，新建了停车场、公厕、郑广文祠堂、新环线、摄影基地等，初步形成了景点与旅游环线和摄影旅游线路共同发展的格局。2010年茶辽林被评为浙江省旅游特色村、2012年被评为浙江省新农村科技示范点。2014年被评为台州市农家乐特色村。茶辽村传统竹编工艺有着悠久的历史，其富含着中国古代劳动人民辛勤智慧的结晶。

茶辽地处山区，山民们靠山吃山，利用山上丰富的竹林资源，将竹子做成竹席、竹帘、竹笥（即竹箱）、竹扇、竹篮、竹篓、竹筐等生活用品，竹编技术成为茶辽村村民世世代代相传的手艺。在元朝时，茶辽村的竹编工艺就有了一定的发展，那时茶辽村的祖辈们编织日常生活用品，走亲戚担的竹笋、进庙烧香拎的香篮、做针线活时盛针线的鞋篮、盛粮果用的盘盒等，都以竹篾编成，尤其是竹笋工艺，在当时已经编织得相当考究。

据老辈茶辽村民介绍，竹笋工艺大体可分17道工序，依次为砍竹、剖竹、成简、剖篾、成丝、截筋、制底、编筐、成筐、制签筋、插签筋、敲笋身、链边口、制笋弦骨、缝笋弦口、制笋底竹板夹、烤笋底竹板夹、装笋底竹板夹。在编织过程中，以经纬编织法为主。在经纬编织的基础上，还可以穿插各种技法，如：疏编、插、穿、削、锁、钉、扎、套等，使编出的图案花色变化多样。需要配以其他色彩，就用染色的竹片或竹丝互相插扭，形成各种色彩对比强烈、鲜艳明快的花纹。

茶辽村每户人家都会编笋筐，男的劈竹女的编筐。在"文化大革命"时代，茶辽成立了笋筐合作社。至今这里的笋筐还是很受欢迎，一个笋筐可以卖到80元，竹编也成了村民的主要营生。随着茶辽的知名度提升，村里的编笋技术得以渐渐改善，从原本的实用型到现在的美观工艺，为茶辽的旅游更添一份文化色彩。

竹笋制作工艺流程说明图片如下：

一、砍竹————→剖竹————→成筒————→剖篾————→成丝

二、戴筋————→制底————→编筐————→成筐

三、制签筋————→插签筋————→摧（戳实）笋身————→链边口

四、制笋弦骨————→缝笋弦口　　五、制笋底竹板夹→烤笋底竹板夹→装笋底竹板夹

笋筐成品

坪坑村地处尤溪镇江南大峡谷旅游线之顶端，该村四面环山，林密竹茂，村内古屋毗连，重檐构架，有闽浙山村的建筑风格，村边老桥秀逸，风光迤逦，置身其中，宛若身在仙境，让人感受到江南山峦的自然美。

该村居者全为戴姓，据《戴氏族谱》载，族祖为唐代宰相戴胄。戴胄（？—633年）字玄胤，相州安阳（今河南安阳）人，早年在隋朝为官，曾效力于王世充。归顺唐朝后，为秦王府士曹参军。唐太宗继位后，拜为兵部郎中，封武昌县男，擢升大理少卿。戴胄生性忠直，数次犯颜直谏，兼任谏议大夫，升任尚书左丞、太子左庶子。贞观三年（629），署理吏部尚书，主持官员铨选。四年（630），以户部尚书参与朝政，成为政事堂宰相。七年（633），戴胄病逝，追赠尚书右仆射、道国公，予谥曰忠。嗣子戴至德袭爵，官至尚书左丞等职。

南宋咸淳癸酉年（1273），戴胄27世孙戴祥凤进士及第，不愿为官，次年从福建泉州同安县举家出走，后游到仙居黄婆滩（今皤滩），因钟情仙邑山水，遂定居，后避兵乱，于南宋景炎三年（1278）携13岁长子大佐、11岁的二子仁安、8岁长女斯韵迁临海义城西北山坑一空阔处，筑屋而居。一日与子登山览胜，诗兴大发，笑吟："深山坑潭百丈深，流泉若镜可净心；幸得滩场三千尺，乐在坪坑享太平。"从此，以坪坑为地名。后属义诚乡大佐庄，大佐，即戴祥凤长子。

此后，戴氏后人在此安身立命，耕织为生，逐渐形成气势宏大的古街道、古建筑群，房屋布局既考虑到生活功能又有着浓厚的地方色彩，具有风格独特的民俗风情。村内瓦屋鳞鳞，巷道纵横，房屋多以砖石砌成，更有依山而筑的石层，随势打成，古朴自然，奇绝无穷，可惜多毁于土改前夕。现存房屋多为清末与民国年代，六合院双台门，前后台门中还有消防通道；四合院大道地，三合院倒挂楼，七间面转碗楼，五间面转碗匚字楼，一字楼等。房屋因顺山而建，别有情趣，为游人叫绝。

坪坑原为括苍支脉，四面环山，绵延不绝，山势起伏有致，左右形成9个背斜和向斜区域，平行相间排列，宛如龙爪，横贯南北。地势特点是：向斜气势开阔，背斜紧密梳状，地势朝南撒开并逐级攀升，向西呈弧线弯突，溪水由东南而向西北，南宽北窄曲折而行，大有潜龙向水之状，堪为风水宝地，

村南，至今保存着南宋时代的块石桥——瑞仁桥，据说，此桥为南宋商人金玉麟所建，至今，该村还流传着"戴祥凤三拳毙豺救瑞仁"的故事。

由于坪坑地处深山，旧时少有游人光顾，南宋时独有商贾金玉麟常有往来，每次入村唯经栅下顺小道而来。

金玉麟，字瑞仁，号瓯海散人，浙江温州人，世代经商，家业殷实，产业遍布江南各州县，后迁居临海白塔桥，为当时临海最大商贾，有货号为瑞仁商行。他与进士戴祥凤素有交往，凡有供给，必亲自送达。

一日，瑞仁像往常一样，找了四五个挑夫，带着南北货与腊肉等从临海白塔桥出发，在中津渡口雇船顺灵江进入义城港，在晒衣寮（今称沙衣辽）下船，抄近道经双坑过栅下，向坪坑进发，傍晚时分临近坪坑，此时阴风阵阵，兽嚎鸟鸣，甚是吓人。正当他们欲过二木单行桥时，一群豺狗嗅出腊肉味来，紧随商队后边，吓得一群人直哆嗦，大呼救命。

恰逢戴祥凤带十余壮汉从漏斗峡打猎归来，见状直扑过去。此时，瑞

仁已在桥上，有只豺狗咬住不放，双双跌入深溪之中，眼看要被溪水冲走。戴祥凤飞速赶向前，跃入水中，三拳击毙豺狗，硬生生截住瑞仁，瑞仁魂不附体，一病半月有余，戴祥凤悉心照料，瑞仁感激救命之恩，两人逐成生死之交，世代交谊不断。

后来瑞仁为了报恩，在原木桥处建桥一座，村民为感谢金玉麟，以其名字作为桥名。该桥全由普通块石筑成，呈拱桥状。这种桥是两边砌的，两边合拢对接时，在正中间放块骑石，这一块石头，是最重要的一块，直接关系到桥梁的牢固与否。此桥以磐石托底，环形挤砌，雅朴有致，造桥方法匠心独运，即使山洪冲撞，亦安如磐石。瑞仁桥作为历史产物的宋代石桥，尽情展示着典雅的传统文化，成为古村落一大亮点。

自此，戴金两姓交往不绝。听说金玉麟的后人迁居杜桥穿山后，还与大佐裔孙裕兴、裕祯有交往，见坪坑盛产毛竹，帮助裕兴、裕祯就地创办纸坊，以竹草为原料，生产黄角纸、藤纸。

造纸工序复杂，毛竹硬、脆、易断，技术处理尤为困难，其具体步骤据说可以细化到72道工序，《台州府志》载："制法采青竹皮蒸过，劈去粗质，掺石灰浸渍三日，踩之使熟。去灰又浸七日，复蒸之。擢去泥沙，曝晒经旬，舂烂，水漂，入胡桃藤等药，以竹丝帘承之，俟其凝结，掀之白上，以火干之。白者以砖版制成案桌状，圬以石灰，而厝火其下也。"

据健在的坪坑老农回忆，毛竹造纸主要过程为：

每年腊月砍毛竹，次年清明节后开始作纸，把毛竹截成5尺5寸长短，浸泡在生石灰池里沤3个月，把毛竹沤泡腐烂为止，然后捞出腐烂的毛竹，洗去石灰，把它们斩开，然后拿到木屋，用最原始的水碓，在水力的带动下一下一下地捶烂。棒槌用得是一根有1米多高、直径20厘米的木柱，舂成纸浆。接下去最需要耐心和技术的是"抄纸"：用极细的竹丝编成的帘子在浆池中轻轻一荡，滤掉水，便剩下一层薄薄的纸浆膜，干了以后就是一张纸了。纸张的厚薄完全取决于抄纸师傅的控制水平，这是造纸的关键工序，抄纸工荡得轻了，纸就会薄；下手重了，纸又太厚。宋应星《天工开物》载有抄纸有"柔轻拍浪""持帘迎浪而上""抄浆着帘的一瞬间震动纸帘"这三要素。一个熟练的工人一天只能抄到一案纸，大约1500张。

抄出的纸有1米高的时候，就需要用外力去压干纸中的水分。新抄的纸水分很重，要用一种大型的自制工具"吊"把水分压榨出来。然后是

"松纸"。松开的纸，用一种纸农自己设计制作的背架背到向阳的地方晒干，然后整理包扎，才算完工。一个生产周期需要 8 到 9 个月。

坪坑造纸用本地原料，如青竹、藤状植物制造纸张。由于坪块毛竹质地好，制出的纸张受到普遍欢迎，远销杭绍湖丽婺瓯诸地，台州更是抢手。一时成为产业，带动各家各户，成了坪坑产业品牌。

坪坑纸张色白、柔软、光洁，常用于雕版印刷、制作雨伞和风筝等。粗劣的则制成黄角纸，用作物品包装。

坪坑造纸是坪坑人对自然资源，特别是竹资源与水资源的充分利用，其悠久的历史，优良的纸质为浙江，尤其是台州文化与销售市场提供了丰富的物质基础，推进了台州文化和商贾业的繁荣和发展，竹纸、藤纸制作技艺是坪坑戴氏传承七百余年的手工造纸技艺，可惜，新中国成立后坪坑造纸业走向绝迹，没有传承下来。现八十岁以上的老人多数知道黄角纸、藤纸的工艺，这是珍贵的民间工艺，亟需抢救。

（章伟林）

南蒋竹箩

南蒋村是临海市境内保护最好、群体最大、形制最齐、文化内涵深厚的四个古村落之一。据蒋氏宗谱记载，早在300多年前，黄岩北垟前蒋村铁潭蒋氏第25世始祖元云、元定两兄弟迁居南蒋繁衍生息，遂形成村落名南蒋村，又称蒋家山。在始祖创建南蒋村的几百年历史中，留有许多南蒋百姓艰苦创业的传说，其中村民们制作竹箩的传奇及制作技艺代代相传，直至当代仍与当地农民的生产生活息息相关。

南蒋村位于临海市沿江镇西山区，从南蒋南端的斗虎岭到北蒋村（隶属临海市汛桥镇）北头的岭头堂，横跨10里山区，古称10里横盘，全村有468户，1761人，耕地458亩，大部分是旱地，村庄四周漫山遍岭，是密密层层的竹林。在山靠山，历史上村民依靠几千亩的山林，砍柴砍竹木出卖，长年累月，奔波劳碌，艰难度日。

清乾隆年间（1787），村里出了个蒋一南，他从小头脑灵活，手脚勤快，敢于吃苦，乐于助人。年轻时与北蒋村人交往甚密，得知该村有一金氏老伯，有一手编织竹箩好手艺，且有一品貌端庄的女儿，便拜托村里一望族老者为其做媒，天如人愿，蒋一南娶得金氏千金为妻。此后经常去岳父家帮忙，帮他种地，帮他编竹箩，偷偷学习竹箩编织技艺。两年后，一整套编制竹箩的流程烂熟于心，到了第三年，他开始在家里专业从事竹箩编制，技艺日益精湛，日子越过越好。为了让村民们都过上好日子，蒋一南于嘉庆二十年（1815）请蒋氏族长出面，安排村中金氏、冯氏、任氏三房家族各派两名心灵手巧的年轻代表集中一起，向他们传授竹箩编制工艺。经过两年尽心教学，六个徒弟人人成为编制竹箩的高手，蒋一南又要求徒弟们人人带徒传艺，于是一传十，十传百，经过若干年后，竹箩制作在全村普遍开花，南蒋村成为远近闻名的竹箩制作村。

制作竹箩是一门相当繁杂、极为辛苦的手艺。从锯竹蒂竹梢开始，到编成竹箩，共有72道工序流程，一只竹箩需要篾丝400多米长，要绕

300 来圈，一个娴熟的手艺人，需要连续工作 12 个小时才能完成，制作好一双竹箩，需花 1.5 个工日。

南蒋村村民大部分人以制作竹箩为业，他们制作的竹箩用料考究，技艺精湛，坚固耐用，远近闻名。村民们农忙时，白天去田间、山地劳作，晚上夜以继日地制作竹箩。在当地流传着一首民谣："有囡勿嫁蒋家山，日做竹箩夜铲铲，一铲铲到半夜后，大虫（老虎）叼去没一口"。这首民谣一直流传了 200 多年，道出了南蒋人艰难辛酸的历史。南蒋人不怕苦、不怕累，以这种自强不息、艰苦奋斗的精神，代代相传，让这个古村落不断地发展壮大。

19 世纪中，南蒋男女老少都成为竹箩制作者，竹箩的年产量达 6 万双，扫帚年产量达 30 万把。随着产量不断增加，市场逐渐扩大。竹箩主要销往黄岩、临海两地，并不断向周边地区发展，南面的太平县，北面的天台、三门，西面的仙居，覆盖全台州，市场广阔。各地使用的竹箩款式有所不同，制作工艺也大有区别，南蒋人充分发挥各自的聪明才智，不断改进创新制作技巧，创作出许多种类的竹箩。最通用的是大青箩，用途最广，数量最大；工艺上乘的是大圆箩，形状如无足之古鼎，古色高雅，美观大方，是农家逢年过节供佛祭神或存放礼品的理想盛器；黄岩地区需求量最大的是橘箩。每逢霜降时节，黄岩柑橘开始采摘，家家户户准备好多双橘箩来盛放柑橘，一双橘箩能盛放 100 多斤橘子，橘子多的农户要购买几十双橘箩。橘箩制作粗糙省时，制作一双橘箩是制作大脚箩的二分之一工时，价格也便宜。橘农通常会连橘箩一起卖掉，因此橘箩的需求量很大，原材料又省，是最能赚钱的品种之一。

南蒋人还能制作海边渔业生产用的渔箩、虾皮箩、商店卖炊皮咸烤的如盆状的箩筐；最大的箩是粮站用的大竹箩，每只竹箩能装 300 多斤粮食。村民们瞄准市场，八仙过海，各显神通，制作出五花八门的箩筐挣钱养家活口，有一首民谣反映了村民竹箩制作的精巧："一株毛竹四架开，卅二根篾皮劈出来，共有百根小篾丝，一双箩帽做成团。"

南蒋人以制作竹箩为主业的历史长达 100 多年。20 世纪中期，农村走集体化道路，村委会把社员集中起来制作竹箩，竹箩由集体经营，社员出工记工分，按劳计酬。当时村中流传着一首顺口溜："一株毛竹像青龙，集体生产最光荣，大家都走合作化，富裕生活乐无穷。"改革开放后，竹箩产量逐年递减。近年来塑料制品取代了竹箩，竹箩年产量仅有鼎盛时期的三十分之一。

20 世纪 90 年代以来，南蒋村 70%村民迁移下山，他们走南闯北寻求新的发展道路，仅有 30%年老体弱者留恋故地坚守山上，仍然操持编制竹箩、扎扫帚等老行当。如何保护和传承编制竹箩这一非物质文化遗产，将考验南蒋人的聪明才智。近年来，南蒋村两委积极向上级部门申报"中国传统村落"，消息传出，部分企业到南蒋村考察，利用南蒋"古村落"的品牌效应和得天独厚的自然环境，计划开发休闲养生民宿旅游事业。对此，村民盼望把竹箩编制列为游客参观、体验项目，借此能够保存和传承竹箩编制这一文化遗产。

（临海农办）

下岙石窗

"石窗何处见，万仞倚晴虚。积霭迷青琐，残霞动绮疏"。唐代诗人陆龟蒙所描绘的石窗景色，如一幅绮丽的图画，让人感受到乡村的恬淡安宁。走进三门湾畔，穿过狭窄幽深的卵石小巷，时常能见到白墙黑瓦的乡村古宅，镶嵌着一扇扇雕工精美、构思巧妙、寓意深远、题材吉祥的石花窗。历经数百年风雨沧桑，石窗依然如江南女子般风姿绰约，又如一个个长者，娓娓讲述烟雨迷蒙中的江南村落。

下岙周的美，美在自然，美在与环境浑然天成的和谐。这里一砖一瓦、一宅一院十分注重人与天、地、山、水的相互融合，或枕山而立，或择水而居，随形就势，一步一景。青山绿水间，一片粉墙黛瓦，飞檐翘角，在朦胧的薄雾中，俨然一幅江南乡村水墨丹青画卷。

这里保留着奚氏宗祠及边上道地、外台道地、穿堂道地、中央台道地、上面道地五座完整的清晚期及民国时期的古宅院。宅院均为两层，四合院式砖木结构，风格迥然不同。以乱石为裙肩，盘筑至肩高，上砌青砖，一抹到顶，覆以重檐黛瓦，厚实凝重、古朴大气。

观其外，高高耸立的山墙有骄傲睥睨的表情，也有叠巧飞扬的韵致，使静态的建筑赋有动态的张力，不动声色地将凝固之美与飞扬飘逸融为一体。灰白的墙壁被时间之手涂画出斑斑驳驳的线条，记述着村庄的历史，盈溢着凝重、沉静、不安与骚动。赏其内，雕栏画栋，砖雕、石雕、木雕触目皆是。花窗、花门、牛腿、柱花、石板道地，无声地展示着匠人们的布局之巧，结构之妙，装饰之美，营造之精，文化内涵之深及主人的喜好、追求、理想。作品既凸显了晚清精美繁复重雕饰的情趣，又体现了民国简约大气注重流畅的风格。其中的中央台道地重门复檐、雕花铺石，尤其奢华。走南闯北，见多识广的下岙周人，在建筑中还吸收了当时的时尚元素，将上海的钟楼图案作为山墙装饰，格调迥异，体现了下岙周人不因循守旧，善于包容多元文化的胸襟和品性。

然而，最吸引人眼球的是民居中石窗的大量运用，使建筑更显厚重、古朴、空灵。镶嵌在宅院外墙的石窗纹饰多样、大小不一、形态迥异，可谓是三门石窗博物馆，被三门县人民政府列为古村落石窗保护点。

窗，在人类建造居舍之初本为采光、通风之需。最初，窗无窗扇，随着人类文明的进步，窗渐渐有了窗扇，有了文化内涵，出现了木雕窗、砖雕窗、石雕窗等。其中，以三门石窗最为典型，在世界艺术石窗中占有举足轻重的地位。

三门湾历史悠久，人杰地灵，民间艺术源远流长，造就了独特的地域文化和民间艺术，石窗就是这优秀文化遗产中一颗璀璨的明珠。石窗俗称石花窗、石漏窗，是三门湾地域传统砖木结构民居中普遍使用的建筑构件。三门石窗源于宋，兴于明，鼎盛于清及民国时期。因其历史悠久，造型多样，雕琢精美，图案丰富，寓意深远而深受三门湾百姓喜爱，被称为三门湾传统文化的瑰宝，民间艺术的奇葩，载入《中国民间艺术大辞典》。

石窗题材广泛，真实地反映了百姓们的宗教信仰，文化理念，审美情趣。其所表现的题材释道儒相存相融、诸子百家相融相合，体现了中国文化多元性包容性的深厚底蕴和三门百姓深沉博大的文化胸襟、刚柔并济的人文品性。

下岙周石窗采用浅雕、浮雕、圆雕、透雕、镂雕等多种表现手法雕刻而成，图案栩栩如生，功能性与审美性达到完美的和谐。石窗在形式上主要分为正方、长方、横方、圆形等，纹饰有人物纹饰、动物纹饰、吉祥纹饰、花卉纹饰、文字纹饰、其他纹饰等。主要用于建筑外墙的前壁、后壁、侧面和山墙等各处。石窗打破了建筑单调的平面墙体布局，丰富和美化了居住环境的空间层次，与高耸的马头墙、黝黑的青瓦、鳞次栉比的飞檐翘角组成了协调的人文景观。民间认为"气不能太盛，也不能太漏，宜有藏有露"，故石窗摆放既与建筑整体相适应，又与传统民族文化观念相融合。每一扇石窗，都是一幅立体的画面，一个寓意深厚的故事。这些石窗构想独特，有的开栏，有的开光，极讲究艺术的对比与组合，高低有致、大小适合、有虚有实、疏密对称，和建筑有机地组合成一个完美的整体。

石窗与精美的木雕、砖雕、灰雕等营造艺术相组合，使宅院建筑充满了浓郁的艺术魅力。如果说一座古宅是一位风韵犹存的古典美人，那么石窗就是她顾盼生辉的美目，使她更具风情，更增雅韵。

下岙周石窗多姿多彩，或粗犷大方，或细腻动人，在图案的设计上既传承了传统工艺，又兼具地域特色，题材广泛、纹饰多样。有人物纹、瑞兽纹、花草纹、亭阁纹、文字纹、铜钱纹、几何纹等，构思奇巧，图案精美，寓意深远，体现了释、儒、道三教及诸子百家思想的精髓和百姓们对美好生活的向往和追求，展示了三门石雕艺人高超的技艺和深厚的传统文化底蕴。

下岙周村将石窗作为建筑构件广泛地应用，有其特殊的地域因素和文化背景。下岙周村地处滨海，多台风暴雨，气候湿润，相比于其他材质，石窗美观大方、经久耐用又兼具防火防盗功能。下岙周村石窗历明、清、民国，历代不衰，成了村中的一道靓丽风景。

漫步在下岙周村卵石铺就的老巷，满眼是古朴的青墙黛瓦，"乱石叠、鱼鳞瓦、厚墙、狭弄"，时间仿佛在这里凝固。透过石窗，板桥茅店、竹林疏影、小桥流水一览无余，尽收眼底。

（三门农办）

三门包家村

包家村草编

包家村位于三门县城南 9.5 公里，有黄豹山、鹤山南北相对，亭旁溪、南溪东西夹流，自然环境优美，土壤肥沃，旱涝保收，素有“亭旁谷仓”之称。其东邻叶家庄，南毗狮岭村，西北接杨家村，习惯上与杨家村统称为亭旁。

据民国《亭旁包氏宗谱》载：元末，亭旁包氏“鼻祖伯七府君来自临之留贤，遍览名山大川，得太史公遗意，唯亭旁土沃风淳，可以居焉！”遂定居于此。因系包氏聚居，故名包家。2014 年被列为浙江省历史文化村落保护一般村。2014 年末，全村有农户 509 户，1893 人，耕地 477 亩，村民人均纯收入 10154 元，村集体经济收入 61.71 万元。

包家村历史悠久，文化底蕴深厚。1974 年，在上坟墩出土的夹沙红陶鼎足、陶罐、石斧等文物证明，早在新石器时代就有人类在这里居住，至今已有五千年历史。包姓迁居以来，以耕读传家，人才辈出。明代有包湘，曾任应天府通判、葭州知府、直隶易州知府等职，授京兆大夫，官居五品。著有《两京漫游录》《寇余闲述》《崇俭文》等文集。20 世纪初期有包定、包照光等革命烈士，发动组织亭旁农民武装起义。抗日战争时期，又有包久明、包珠凤、包崇政等爱国志士，投身革命，北上抗日。抗战后期，包白痕以诗才闻名西南，号称“云岭诗人”，出版有《无花果》《火山的爆炸》等多部诗集，作品被选入《中国四十年代诗选》《黎明前的呼唤》《中国当代短诗选》，名载《中国文学家辞典》。

包家草编，是指流传于亭旁镇包家村一带，用当地普遍种植的蔺草（又名灯芯草，俗称“席草”）为原料，经手工拧、缠、勾、编、钉、织等十几道编工序，制成草帽、蒲扇、草篮及草鞋等日常生活用品的一种传统技艺。

据南宋陈耆卿编著的《嘉定赤城志》卷三十六记载：“灯芯（草），泽地丛生，茎细圆，可为席。”可见，至迟到南宋时期，台州一带人民就已经种植席草，并且用于编织草绳、草席、草鞋等日常用品。亭旁镇气候湿润多雨，自然环境优美，土壤肥沃，对席草的生长极为有利。所产席草品质优良，以紧致细密、均匀柔韧、席色青绿、席面光滑清香而著称。席草分为咸水草与淡水草。咸水草生长于亭旁溪入海游港咸水滩涂一带，品质较粗硬，除用来编织粗席外，昔日杂货店与市场商贩常用来捆绑货物。淡水草生长在亭旁溪两岸沼泽地区或直接栽植于水田中，一年可收获二三期，是用来编织帽、扇、席的原料。席草用分枝繁殖，秧苗自移栽至收割约需 260 天。

历史上，包家村所在的亭旁山区是三门县草编制品的主要生产区。包家村民勤耕俭作，在种植稻、麦的同时，间种席草。他们将席草手工编织成草帽、蒲扇、草篮及菜垫等日常生活用品，拿到市场上出售，获利以补贴家用，于是慢慢形成了家家户户利用闲暇进行草编的民风。从事包家村草编活的劳作人群多为居家妇女，她们都是未出嫁前就跟母亲学习并帮忙编织的，草编技艺就这样代代传承下来。据《三门县志》记载，民国时期，国外客商利用三门廉价劳动力和丰富资源，组织加工花边、金丝草帽等挑绣编织，产品销售欧美各国。20 世纪 80 年代，亭旁区乡镇办有草编厂 8 家。1984 年，三门县外贸局还专门建立了草织土特产品加工厂，长期收购包家村一带出产的草席、草帽等，组织出口创汇。

包家草编按其成品可分成草帽系列、蒲扇系列、草篮系列及菜垫系列。按图案花色，草帽可分鸭舌帽、桂花粒、瓦檐头行、方块箍筒、四粒花、木头花等；蒲扇可分为八角金盘、栀子花、枣干娘、五角星等。其中蒲扇编织基本方法有选草、起头、添草、嵌花、修边、散边、收草、削蔑筒、缠蒲扇等。草帽编织基本方法有选草、起头、结帽顶、捏麦鼓、直筒、结花、结檐头、倒钩、散边、收草等。

包家草编中，编织蒲扇是其最重要的民间手工工艺。其编织制作程序有十三道：

1. 选料（选用专用席草，形状较为粗壮者适用于编织草帽）。

2. 用水浆湿席草，使干席草膨胀为席草原形状。

3. 用木质扇楷楷扁席草，以便编织。

4. 用席草打田（编织田字状蒲扇雏形）。

5. 角（周边席草翻蒲扇上方西圆角）。

6. 做北斗。

7. 搓小脐。

8. 大头（席草翻织蒲扇下方西圆角）。

9. 收屁股。

10. 介脐。

11. 插灿（用竹片劈成四根或五根小竹签，插扇中，增加蒲扇硬度）。

12. 绕柄（席草或其他编织物缠绕扇柄夯为龙缠柄、平柄）。

13. 结柱（有花线柱、黄岩柱两种形状）。

编织草席制作程序有七道：

1. 割海江苎、晒干、搓成席边。

2. 络麻用榔头敲软，放潮湿的地面上，再分成洛麻丝加工成席巾。

3. 席草下头的草壳先去掉，长短分开、每条草席一斤半左右长草，一斤半左右短草。如果用粗席草，每样需二市斤。把席草浸水里，洗去在席草上的泥。洗好后放地上半个小时左右。

4. 把席边（绳）按尺寸，穿过席扣，系在席巾架上，一边两根。然后把席巾一双一双地系在席巾架上。

5. 由一人添草每次长草一根，短草一根，一次两根两根地往席巾里送进去。

6. 在席边外的席草用刀割了席扣下面的席边结好。

7. 放太阳底下晒（或用火烘干）把露在外面的草头，晒燥去掉。

包家草编的式样和图案，传达着人们对美的认识和实践，对美好愿望的追求与向往，有着"土"味浓厚的艺术价值。随着经济的发展，草编制品的经济价值逐渐凸显，草编制品由以自用为主逐渐变成了纯粹赚取利润的商品，成为当地百姓的主要经济支柱之一。手工制作的草编制品不污染环境，不消耗能源，具有很高的环保价值，符合目前"低碳经济"的社会趋势。

如同诸多非物质文化遗产项目一样，包家草编工艺也面临着传承困境。随着现代科技的发展和外来文化的介入，机器生产代替了手工技艺，廉价的塑料产品充斥着人们的生活，加之草编制品的经济效益很低，大多数草编传承人已年老体弱，年轻一代又很少有人愿意从事这项既费力费时又赚不到钱的手工活，包家草编逐渐淡出百姓的劳作生活。

（吴强）

岩下村灰雕

岩下村位于三门县城东南19公里，隶属横渡镇。因村四周峰峦叠嶂，千岩竞秀，而名曰岩下。岩下村枕山面水，山环水绕，周围美景多多，目不暇接。古人有七律纪其胜："佳境天成岩下村，山山环绕作屏藩。数声暮磬传梵宇，一岭朝霞护德门。虎伏村边镇地宅，牛眠水畔永乾坤。壁岩匹纷空中挂，石鼓清音静不喧。簇簇锦屏排屋角，亭亭文峰矗天根。堂名保勅宗功远，庙号回龙伏作恩。"

岩下罗氏先祖为北宋著名学者、水利学家罗适。六世裔孙罗雅垢，因游横渡，爱此山明水秀，遂合家于宋淳祐年间（1241—1252年）迁籍桥头。明正德年间（1505—1521年），第十三世罗孟容、罗孟忠兄弟爱此山水，遂率家眷于桥头迁支岩下，是为岩下罗氏始祖，子孙瓜绵菽衍至今。岩下村建筑风格独特，岩下串楼可与福建土楼、广东开平碉楼并称中国"三大民居建筑奇观"。

岩下的小巷里，石雕、木雕、灰雕精美绝伦，在江南民居建筑中堪称奇葩，彰显了岩下独特的人文景观，特别是灰雕技艺在建筑中的广泛应用更是岩下村的一大特色亮点，极具艺术价值，2013年被列为浙江省历史文化村落保护重点村。

岩下村，地处沿海，旧时海盗猖獗，人们为了自卫和防盗，将多家院落聚集在一起，形成了几十户人家聚居在一起的壮观景象，也造就了当地"串楼"这一独特的建筑。岩下古建筑既保持了浙东传统的四合院落形式，又别出心裁地借鉴"三台九明堂"范式，将两座四合院穿在一起，组成了一个"日"字形的大四合院，在浙东甚至江南都颇具特色。串楼，用一个"串"字形象地将这种多家聚集的居住格局展现了出来，充分发挥了古代工匠奇妙的构思，使全村连成若干个整体，居住与院落一体，生活与休闲合一，方便舒适。

沿着石板小道踏进岩下村，两百余间浙东传统四合院落形态的古民居建筑，涵盖了自明以来各个时期的建筑风格，是不可多得的传统民居标本。这里的一砖一瓦、一物一景都雅致悠然，身处其中，就似走进一段被人遗忘的岁月，随处可以倾听古村一段尘封的故事。

岩下民居建筑中，不论在数量上，还是在题材上，灰雕技艺都占有很大的份额，成了一道道独特的风景，具有鲜明的地域特征和民间美术美学价值。虽经历代自然损坏与人为破坏，但流畅自然的线条，灵动美妙的图案，典雅飘逸的设计，无不传递着古代能工巧匠的精工细作和艺术创造力。细细品味，一点一滴，无不是时光留下的印记。灰雕在岩下的完美保存极其罕见，不仅彰显了岩下的历史文化内涵，也是岩下独特的人文古迹，可谓一雕名天下。

灰雕的主要原材料——蛎灰，它是用沿海地区从浅海中捞上来的贝壳煅烧而成，多数灰雕不用上色或只上灰色，所以灰雕能历经多年风雨而永久保留，是古代建筑元素中必不可少的民间技艺，是横渡一带普遍使用的传统建筑装饰手法。灰雕主要应用在古建筑的山墙、屋脊、檐角、照壁、门楼、门窗上，既增强墙体的牢固度又有观赏价值，更有通风、采光、防盗和避邪作用。灰雕作品依附于建筑墙壁和屋脊上，直接雕塑于墙上或檐下，干结后形成各种图案，具有浮雕的艺术效果。灰塑技艺精细，立体感强，题材广泛，通俗易懂，多为人们喜闻乐见的人物、花鸟、虫鱼、瑞兽、山水及书法等图案。

灰雕的广泛应用，打破了古代建筑单调的平面墙体布局，丰富和美化了居住环境的空间层次。民间认为"气不能太盛，也不能太漏，宜有藏有露"，故门窗摆放既与建筑整体相适应，又与传统民族文化观念相融洽。每一个山墙门窗，都是一幅立体的画面，一个寓意深厚的故事。岩下村门窗构想独特，有的方形、圆形、八角形、拱形，有的开光，极讲究艺术的对比与组合，高低有致、大小适合、有虚有实、疏密对称和建筑有机地组合成一个完美的整体。

日常生活中的民间艺术，以实用性为主，装饰性为辅。岩下外墙的建筑装饰一般是在青砖黑瓦上加以灰雕和彩绘，布局和陈设十分讲究协调和美感。门额、窗罩、山墙等部位的精雕细镂各种图案，把传统文化艺术形象地在外墙中表现出来，这些内容实际上是中国人所固守的家风、道德。"平安如意""四代同堂""吉祥瑞庆""耕读传家"等，都昭示出主人的愿望和理想，山墙上镶着"太师少师"的砖雕，门楣上雕刻着"蝙蝠"

"石榴"等，无不栩栩如生，看着就舒坦。墙角上绘着各种吉祥纹样的彩绘，这些装饰物大都具有吉利、祥瑞、祈福的含意。不难看出，古代人们所追求的目标正是儒家文化所涵盖的传统的吉祥内容，是对人生美好未来的祈盼。

岩下灰雕起源于明清，以蛎灰的素白，间以阴阳色，以材料本身的凹凸明暗来体现立体感，远远望去，图案在光影的衬托下更为精美。从形式上灰雕大致分为圆雕、镂雕和浮雕。圆雕是立体的，镂雕是镂空的，浮雕则附在另一平面上。做工方面，岩下灰塑精致细腻，实用美观。

灰雕的主要材料是蛎灰、麻筋、竹片、铁丝、矿物质颜料等，是古代重要的建筑元素。在制作大型灰雕时会在里面加竹片、铁丝等，用于固形，起到骨架的作用。小型灰雕则直接将蛎灰依附于墙体，待稍干后再加以雕刻。

岩下灰雕材料配制及加工分以下几个步骤。

麻筋灰：蛎灰加水不断搅拌，发透稀释使其变得黏稠、有韧性，此过程需要半天。其后，往蛎灰中加水再将它储放在背阴处，即养蛎灰。在使用过程中加入麻筋不断搅拌，使它得以加固，抗拉抗折能力增强，不会脱落裂开，七成干后待用。

构思造型：构思造型是灰雕最难掌握，也是最重要的工序。根据灰雕位置、面积大小和整体建筑的协调，仔细量度、构思，再确定造型，然而用铁丝、竹片捆绑成所需要的灰雕骨架形状与大小，固定在灰雕的位置上。骨架必须小于所做灰雕的体积。

造型打底：在骨架周围用麻筋灰进行初次灰雕形象打底，每次麻筋灰不能太厚，待干燥后再添加麻筋灰。每制一层麻筋灰必须压紧，直至用灰雕定型。但要注意灰雕造型与仰视觉是否达到理想，然后才是精雕细琢，惟妙惟肖的灰雕作品就基本完成了。

上彩：从麻筋灰上彩绘，必须在当天同时完成。因为灰雕有一定湿度，颜料才能渗到灰雕里，灰雕与颜料同步氧化，令灰雕颜色鲜艳，保持的时间长、不褪色。

灰雕发展至今，由于自然灾害和人为破坏，保存完好的已经越来越少。今天，抚寻雨打风吹后的历史印迹，岩下灰雕所彰显、焕发的熠熠生辉的民间艺术魅力，是其延续至今的重要原因。

（陈玥）

大地林石艺

大地林，位于天台县雷峰乡崔岙溪畔，据《天台林氏大宗谱》记载，明成化六年（1470 年），林氏先人定则、定知见此地山峦壁垒，水绕群峰，遂由玉湖迁至此地。因处于群峦叠嶂之间，难得有如此开阔地，故曰大地；定则、定知均姓林，村名为"大地林"。村有"林氏宗祠"，建于清乾隆二十六年（1761），祠堂里的戏台建于清光绪七年（1881 年），整个村坐北朝南，崔岙溪绕过村西。村西崔岙溪对岸有座山，因山形似老鹰的嘴巴，而得名"鹰嘴岩"。该村石料开采，早在元末明初就已经开始，是大地林的一大产业。

大地林作为天台西乡主要岩塘之一，远近闻名。它以质地坚硬、韧、沉，呈微红色，被誉为石材中的精品，受到当地百姓的喜爱。鹰嘴岩下原有一座小庙，名为"岩下庙"，供奉白鹤大帝。近年来，由于开采石料，"岩下庙"迁移。

优质的岩塘，造就了大地林村石匠的技艺。石匠就工作性质分为三种。一是开岩塘，即石材开采，民间称之放岩师傅，大石匠。二是起屋造宅做基础的，也是人们平时说的石匠的主要工作。三是刻花雕像的石匠，应该称为石雕师傅，这是精细石匠。

20 世纪 80 年代，城乡居民的物质生活开始有起色，建新房的越来越多，条石、石板的需求量大增，大地林村石匠活越来越多。村里石匠有上百人，较为出名的工匠有林英章、林仁言、林日文、林传凤、林安国的父亲等。当时，一般的木匠一天的酬劳只有 1.35 元，而大地林一个石匠一天就可挣到 13 元，高出近乎 10 倍，石匠的年收入达 3000 多元。

大地林村鹰嘴岩石材开采是露天作业，岩石开采是第一步。在开采前，一般都要做祭祀仪式，八仙桌上摆猪头、鸡、鱼鲞等，祭拜土地神，祈求开采能平安顺利。

俗话说，篾匠讲层次，木匠看树纹，石匠辨理路。开采石材，主要看石纹。俗话说：石匠不辨石花纹，一世难做掌门人。一般有 1—2 位掌握大锤的石匠。他必须懂得山脉走向，岩石的纵横纹理等地理特征。一块巨大的岩石从岩上劈出来，必须把它分开成若干小块，拿钢凿不分横竖开采，不但劳工费时，还会把上好的石材浪费了，只有按照岩石纹理走向开，才能省工增产。岩石纹理就是岩石花纹走向，大体上分为序绺（正面直花）、边层（侧面直花）、序次（横截面）三种类型。

若是开采石板，首先在岩壁四周打"开岩"，接着，前后打"千金眼"，然后用小钢锥，一个个朝中间针打在"千金眼"上，每个眼的深度、力度都要均匀。打到一定程度后，预期厚度与面积的成块的石板，就会轰的一声与岩体剥离。其后是"拆板"，将毕头石板錾成大小不一、各种规格的毛料石板。

打石条，首先是"平面罡墨"。没有一块条石的平面是平整的，加工平面的方法就是"罡墨"。罡墨是给四角高低不平的石板（条石）找标准点。用墨斗弹两条对角线，然后在两条对角线交点用墨寸量出每条对角线两端平衡以后与中点的误差，以最低角为标准，把邻近角高出部分划出墨线，然后用阔口钢凿打平边沿，再从四周往中间打平整体正面。

百作师傅，石匠活最重。砌条石时，每块石头从开始观察到稳固安放，没有一块是一次到位的，移动沉重的石板（条石）光靠两手双臂是不行的，特别是砌堤坝，有时候连站都要站不稳，何况是移动那么大又那么重的石块。一般情况下石块的前进倒退、左右移动，师傅们依仗的是手中那支不大的撬钎，利用杠杆原理，只要把钎头插入要移动部位，在撬钎长长的力臂作用下，就可以"四两拨千斤"，使石块作前后或左右移动。

老手艺有句行话，"长木匠，短铁匠，石板老司量了量。"木匠把材料弄短了无法弥补，所以取料宁长不短，多余部分只要拉几下锯就解决了。铁匠欠长只要加上两锤，因为铁有延展性，欠缺时锤几下，长度就有了。石匠没法补长，要裁去多余的也很麻烦，所以石匠对于材料的准确性要求很高，每块料总会多量几次再下手，加工很谨慎。

大地林村开采的石板、条石，主要用于建筑。民居中的石门架、石窗架、石柱、石壁、石板地、石板草阶、磉子、灶面等，以及坟墓的构件、墓碑的打造，以及日常的生活用具，如洗衣盆、猪槽、牛槽，等等，由此，大地林也是天台西乡主要的石塘。

1977 年秋，里石门水库北干渠的一群干部来到大地林村。他们为建造"红旗渡槽"选用石料。当时天台县里石门水库北干渠开始动工。为缩短渠道距离，1977年冬开始，北干渠最长的渡槽"红旗渡槽"开始动工。渡槽采用悬链线桨砌条石拱结构，全长888米。正值"拨乱反正、大干快上"的年月，对于这项工程，从县里到各区公社的领导都非常重视。

石砌渡槽，首先需要2万多立方米的优质的石料。大地林的岩石作为选用石材，样品被送往南京的华东地区专门的研究所，进行抗压检测。当时的标准是渡槽的岩石抗压必须达到3000斤以上。雷峰大地林与祥明的后岸村、苍南的椰树村、左溪岙口松山湾等四处的岩石石质，均达标准以上。大地林鹰嘴岩的岩石，源源不断地开采，运往渡槽工地。

当时大地林村上百名的石匠，都投入到"红旗渡槽"的石料加工之中。村前的溪滩成为了石材加工厂。每天运条石的车辆不断。"红旗渡槽"于1980年8月完工，以我国最长的悬链线变截面多跨桨砌石拱渡槽载入《中国大百科全书·水利卷》，2010年列入第六批浙江省省级文保单位。

"鹰嘴岩"岩塘原为集体开采，后归个人承包。天台南门大桥休闲大道、新昌大佛寺、绍兴客运中心、横店影视城、宁波天童寺、萧山白龙寺等工程的石料都是出自大地林，都有村里工匠的辛劳。近年，出于安全，县矿管局关闭了大地林鹰嘴岩岩塘。如今，大地林人经过"红旗渡槽"，就会自豪地说起，那呈微红色的岩石，就是出自我们村的"鹰嘴岩"。"鹰嘴岩"岩石开采，成为大地林村时常说起的一份"荣光"。

（天台农办）

迹溪竹纸

迹溪村位于天台县石梁镇之西，隶属石梁镇，距镇区约七公里。一条山溪穿山而过，村居溪之两岸。这条山溪名迹溪，迹溪源自华顶山，自东向西汇入慈圣大坑。汉代隐士高察曾隐居龙皇堂附近的察岭，他也曾游览至此，留下足迹，溪得名迹溪，村因溪而名。建于山谷间的迹溪村四周山青竹翠，碧水环绕。迹溪之上建有三座石拱桥，村口那座"普安桥"建于清朝。

迹溪村民以金、汪两姓为主。据《金氏宗谱》记载，宋钦宗年间，左班直殿侍御史金友言从杭州迁居天台西关外石栏杆，为天台西门金氏始祖，传至第十世，金一统卜居迹溪，为迹溪金氏始祖，至今有五百多年。之后，明正德八年（1513），汪氏兄弟俩人为官府采办木材，自徽州婺源来到天台迹溪，见此处山水之秀，竹木之美，遂迁居于此。兄汪侨，弟汪端为迹溪汪氏始祖。金、汪两姓先后在迹溪筑室营生，繁衍子孙，乐山乐水，气类相合。

处于深山中的村庄，四周是满山竹林，又有山溪流经村庄，有竹有水，这些自然资源使得迹溪自古就有做纸的手工技艺。村民差不多家家户户、世世代代都有纸工，有的半工半农，有的终生为业。早在唐朝就有寺庙僧人开田种粮，伐竹造纸，用竹造纸江浙一带也极为流行。至明中期，金汪两姓迁居迹溪，向僧人购山置田，传承农工，造纸业得以进一步发展。

至清末民初，迹溪村的造纸为旺盛时期，形成了产销一条龙的产业链，民国年间，本村人口有 300 多人，而外地在此务工人员有 400 多人，当时村中有造纸厂 24 座，主要有大岙新纸厂、大问上下两厂，小地岙里外两厂、融壁湾厂、胡家岙厂、直山上下两厂、箬岭厂、西岙厂、水碓上的上下两厂、村口下纸厂等。1949 年之后，还有 14 家厂继续从事造纸，大跃进时期兴盛一时，之后渐渐停产，转到竹器生产。

民国时期，村中的纸主要销往宁波等地，造纸厂均设在迹溪村，成品雇脚担挑至新昌白竹，经水路运达宁波。当时宁波的纸业由迹溪村垄断，村民在宁波开有多家商铺从事纸张的销售，迹溪纸商有自己的商号，最为著名的有"泰源号""力大号""之山号"等。三千张纸为一件，每件纸的侧面都盖有长方形的商号名。因为造纸业，村中许多村民也都十分富裕，从现在村中所留下的民居来看，当时也都是花了许多钱才能建起来的。泰源号和之山号的主人就居村中的上坎头道地，为三合院建筑，木门的雕刻也非常精致，二家商号拥有当时村中一半竹山。此外，还有里道地、外道地、花门头、高门头、田中央、棉花地等民居。迹溪村自古以富裕称著于一方，有民谣传："迹溪本是京城里，穿鞋着袜让我嬉，白米干柴岩骨水"。虽说是山区，但与城里人一样穿戴体面。"纸桶一响，吃鱼吃鲞"，可见造纸给村民们所带来的财富。

迹溪竹纸分成二类，一类称火纸，另一类称毛边纸。老百姓称火纸为迷信纸，主要用于祭祀，纸略微黄色，由竹青的纸浆制成，约尺半见方。毛边纸也称文化纸，主要用于书写和雕板印刷，这类纸较绵薄、柔韧，白色略带微黄，触墨不渗。白毛边是毛边纸中的精品，通常由纸客人与纸行定做，要聘用技术特好的纸工，另外纸料要求腌渍成熟而且颜色清白，腌渍太久过于腐烂颜色易变黑。粘浆、加白剂配比要求也比普遍毛边纸高。造出来的纸玉白、光洁、厚薄均匀，是专供书画用的纸。这种纸俗称白毛边，就是通常所说的玉版纸。在天台能造玉版纸的只有两处，一是迹溪，二是大淡裘，在天台就有"北有迹溪，南有大淡"的说法。

迹溪造纸的原料就是山上的毛竹，造纸有九道工序。

首先是砍竹，每年五月初，当年的嫩竹刚刚抽枝，竹叶还没有完全展开，从竹山中砍下这些嫩竹，破开之后，截成一米半左右长的竹条。

第二步是放塘。将竹条放入水塘中腌渍，水中放入生石灰。用来腌渍的水塘，都是事先就挖掘好了的，四周用黄泥糊上，还得刷上一些石灰粉和盐卤。村中多时有五十多口塘。

第三步是沤泡和蒸料，竹条腌渍之后，塘中放入清水洗净竹条，构皮经过初步筛选后，通过浸泡和高温蒸煮使其软化，达到作纸浆的要求。

第四步为剥料，将竹条去青分黄，竹青用木质的水碓舂成碎浆，竹黄放在石板上，用人工脚搓的方法，使其成碎浆。

第五步为打浆。将打碎了的竹子放入木桶中，加水经反复搅动，使其成为纸浆。

第六步为捞纸，也称抄纸。捞纸通常有两种方式，纸帘捞纸和槽式捞纸，村中多流行纸帘捞纸。捞纸对纸工有要求很高，全凭心头感觉、手中的功夫。抄纸看起来容易做起来难，若双手把握不好，帘上捞不起来，多次后才能捞起来，但不均匀，厚薄相差很大。这是造纸过程中最难的一步，只有经过长期的反复训练才能掌握这种技巧，让纸成型，厚薄均匀。

第七步为榨干，刚捞出的纸为湿纸，经木质的压榨工具，经挤压，去掉纸张中的水分。

第八步为烘晒。将压成一堆的纸，一张张揭开，贴在墙壁上晾晒，两面的夹墙中间为火炉，所以墙壁有一定温度，便于纸张干燥。先捻一捻纸，使纸角微微卷起，然后一张一张分开，从右向左斜牵下来，用毛刷快速刷平，每工一天能晒纸七百多张。

第九步为分纸，晾晒干后，将纸从墙壁上按先后次序一张张揭下来，整齐堆叠一起。

现村中建有迹溪玉版纸展览体验中心，此中心建在原造纸厂遗址上，展厅中陈列了造纸工具，并建有各道工序的体验馆。人们可以在此体验捞纸、晒纸等工艺。在翠竹青溪中感受山村曾经拥有的那一份喧嚣，那一份富庶。

（天台农办）

山头裘砖瓦匠艺

山头裘，位于天台县城西南，始丰溪南岸，距离县城 5 公里。因地处小山头，村民姓裘，故名。又因村址在安科之东，俗称东宅。始丰溪又称"文溪"，昔日溪岸有"文溪渡口"，清道光二十一年立"文溪渡碑"（现存村中裘氏小祠堂），并建有小庙，供奉"平水大王"，以保一方平安。村民以裘姓、陈姓、王姓为主。北宋政和间，裘氏族人迁此，后有王氏、陈氏族人迁此，村中建有两座裘氏宗祠，一座王氏宗祠，村东南有岩庵山，山上建有慈恩寺，村西有后门山。

山头裘村的砖瓦师傅，自古以来就远近闻名。其技艺代代相传，家家户户都有砖瓦师傅。民国时，村里出名的砖瓦师傅要数裘荣富。师傅们大都是外出做砖瓦，远的到福建、江西、安徽、江苏、湖南等省，有的师傅整年在外包活。他们走南闯北，历经艰辛。当地有句民谣："好人难做瓦场人，一生一世要受苦。"

他们大都是结伴去包活，烧一千块砖、一万片瓦算多少钱或是多少米，谈好价钱，根据需求量约多少师傅，一起背着铺盖出门前往。到达目的地，主人家会安排食宿的地方，预先可称些粮食，待烧窑出砖瓦后再结账。一般是一万片瓦或一千块砖，计 53 斤大米。

制砖瓦首先是"看烂泥"，即找到可制作砖瓦的泥土，一般选择山脚下的"山黄泥"，或是丘田的"田泥"，主要是看泥的黏性，然后将要制作砖瓦的泥，作一个力度试验，将一团泥踹熟，将它竖起来，看它的"立力"，还要看它的"横力"。如果泥的韧性可以，则可定下制砖瓦的作工场。

"打场"就是修整制砖瓦坯的场所，作工场一般 5—6 亩大，面积大小要看砖瓦的需求量。

打窑，也就是建窑。又称"平地起窑"。它是一件技术活。山头裘的砖瓦师傅有不少人会设计建窑。窑一般会选择在作工场附近，便于砖瓦坯的搬运，窑有内外两层。内层用砖坯垒砌，高约 6 米，底部直径一般为 1.5 丈，中间部分称"仰天"，直径为 2 丈，上面如反扣的锅底一般，称"陇口"，用"插砖"砌。窑顶留有直径约 1 米的窑孔，另留有 4 支烟囱，底下有窑门，高约 2 米。如是建大窑，须开有上下 2 个门。一般建小窑需砖坯 2000 块左右。外层用岩石垒砌，厚约 1 丈。

做砖坯，先将泥踹烂踹熟，拣去泥里细石子。再放好砖架，撒上炉灰，将泥摔进砖架，用锯割去多余的泥，翻个身来，退去砖架，就是一块砖坯。砖的规格，厚、宽、长比例为 3 寸、5 寸、10 寸，或是 2 寸、5 寸、10 寸，"作禄砖"只有 1 寸厚，东阳人称之"木砖"、宁波人称之"条砖"。"标准砖"则是 2 厘米厚，12.5 厘米宽，24 厘米长。踹泥是关键，泥踹不熟，做出的砖坯会开裂。一般是踹一天泥做一天砖。一个师傅两天可做出 700 块砖坯。砖坯，不仅要做实，还要做得端正。

做瓦坯，要用特殊的工具"瓦桶"。先将泥踹熟，拣去细石子，用割弓将泥堆的泥割成一片一片，一边割一边拣去石砾，这样至少割拣三遍，再把烂泥打成泥墙，用推尺把在泥墙上推成一块薄片，用手把泥片包裹在缠有屉布的瓦桶外面，围紧做实，用钩尺在瓦桶周围转一圈，再把瓦桶拿到比较平的场地。收转瓦桶，从底下往上揭掉屉布，圆柱形的瓦坯完成了，在太阳下晒干，用手轻轻一敲，便成四片瓦坯，称之"敲瓦桶"，一般的瓦片是 20 厘米高、6 寸宽。将瓦坯摞好，称之"打篷"，上面覆稻草盖，有民谚：一个瓦桶四边开，一篷雷雨转天台。就是说如是瓦坯遭雨淋，只有含泪回家乡。

进窑，窑垒好后，开始"进窑"，就是将晒干的砖坯、瓦坯搬进窑里摞叠好，要按一定的方法，先码砖坯，再叠瓦坯，称"砖下瓦上"。进窑的关键是留好"火陇"，也就是保证火力通道畅通，使在窑里砖瓦能充分烧透。码叠也是要小心，如果码叠不好，砖瓦坯就会倒塌下来，损失惨重，令人心痛。大窑一次可进 6 万片瓦坯，8 千块砖坯；小窑一般可进 1.5 万片瓦坯，3 千块砖坯。

烧窑，又称"开窑"，要"做窑福"。主人家会赶个好日子，在窑前摆设供品，如猪头、鸡、鲞、馒头、豆腐、麦饼等，点香燃烛，祭拜窑神，窑神可以是土地爷，或是当境大帝，祈祷能烧窑顺利，大吉大利。祭拜过后，才开始点火烧窑。主人会将供品烧成菜肴慰劳师傅。柴禾塞进窑门，火力通过"火陇"先冲窑顶，再回到四周，通过烟囱出去。一般小窑要烧三天三夜，大窑要烧七天七夜，柴一直不停地烧，人轮流值班，保证中间不断火，一直烧到里面的砖"熟透"，通过窑门，看见砖坯通红，便知已达"熟"的程度。

闷窑，砖瓦坯烧透，就要将窑门、窑孔、烟囱全部用烂泥封死，停火6小时后，开始"放水"，通过3—4支"龙路"，向窑里放水。放水是细水长流，开始是"香水"，也就是如拜佛时用的香那样细，慢慢放；后来是放"箸水"，箸是当地方言，也就是"筷子"，也就是说，如筷子那么粗的水。小窑需放三天三夜，大窑需放五天五夜。窑里刹那间，水汽弥漫。在水蒸气的作用下，砖瓦开始泛成青白，又称"青砖白瓦"。须一直不停地放水，如果停下来，窑里的砖瓦就可能泛黄。

砖瓦师傅都知道，烧窑、焖窑都是要有耐心。烧火一定要烧透，放水也要一直不停，如果稍微疏忽大意，窑里的砖瓦就会出现泛黄，主人给砖瓦师傅的工钱就要打折，惨的，吃饭的钱都算不回。有的师傅见状不妙，二话没说，赶紧拿起包袱就逃回家了。

出窑，经过焖窑，三天过后，用手背在窑门外的砖上试一下，看是否发烫。如果发烫还不能开，开了就可能使砖瓦坯发黄。如果不烫，则可开窑门，取膛火，清扫炭灰。如果火口的砖看上去墨乌，就知道这一窑砖烧成功了。开窑孔冷却3—4天后就可出窑。大窑砖要5—8天冷却，等一窑砖取光，再进第二窑砖瓦坯。一窑砖从进窑到出窑一般需20来天。

民间有"瓦匠最大，万人要住"的说法。砖瓦师傅在当地人心中，都在泥水匠、木匠、石匠之上。如果一户人家盖房上梁，宴请客人，一定会请砖瓦师傅，而且是坐"东一桌"。

山头裘村的砖瓦匠大都出门做活，村里的砖瓦窑作坊不多。新中国成立至今，村里断断续续打了几个窑。师傅做砖瓦烧窑，生产队计工分。为保证生产队的生产，社员一般不能外出，如果外出，一年要交250元给予队上。尽管这样，山头裘村里的砖瓦师傅还是有不少外出包活。一直到20世纪末，村里的砖瓦师傅才渐渐停做了，如今村东北还留一座砖窑。可村里的砖瓦制作技艺，以及村民关于做砖瓦的故事，却是山头裘村永远无法抹去的记忆。

（天台农办）

上庞棕艺

　　上庞村，地处始丰溪中游南岸，四周地势平缓，古属祥鸾乡二十四都。早年，始丰溪发大水，村庄是汪洋一片。20世纪70年代，丰溪上游建了里石门水库，始丰溪两岸筑坝，才免除了水淹之苦。上庞村是天台县平桥镇的一个大村，有7个自然村，其中有5个自然村的村民都姓"庞"。据《庞氏宗谱》记载，北宋大中祥符三年（1010），庞氏东林派族人由大路庞迁此发族，村在大路庞之上，故称"上庞"。村里的"庞氏宗祠"改为东林小学校舍，"文化大革命"时拆毁。上庞曾是东林乡政府所在地，后并入平桥镇，现为东林办事处驻地。

　　村南至紫凝山的公路旁，有一座为纪念明代邑令岳如有而建的庙宇，名为"岳公纪念堂"，也称"岳公祠"，庙内供奉的两尊塑像，分别是明嘉靖年间天台县令岳如有、庞氏先人庞原积。上庞村地处紫凝山脚，四周平坦，田地众多。为了保证良田能在大旱之年有好收成，明嘉靖年间，上庞村的庞原积会同时任县令岳如有，决定从白衣山下的始丰溪开渠引流。经过7年的努力，终于开凿了20余里长的"硎"。硎水流经大溪何、岙口范、杜塘、贤投、上陈袁、竹塘、上庞等村，灌溉了这一片上千亩的良田。为纪念岳如有、庞原积的丰功伟绩，百姓特建祠，庙里悬有"保有厥士""祖泽流芳""勿药有喜"的匾额。

　　说起上庞村，人们总会想起"海带绳"。从20世纪70年代中期起，该村开始海带绳加工产业，家家户户加工海带绳，由此，上庞村成为勤劳致富的典型。

　　上庞村，历代以手工业出名，特别是棕榈丝加工业，早在新中国成立以前，就远近闻名，村里人编蓑衣的、穿棕棚的、弹棉花的工匠很多。

　　棕榈丝来自棕榈树，这是一种茎直立、不分枝的植物，为叶鞘形成的棕衣所包，其棕衣就是制作蓑衣、穿棕棚的原料。

　　棕榈丝加工，是平桥镇的传统手工技艺，也是当地独具特色的产业。

用棕榈丝加工成人们睡觉的棕棚床，人们从板床过渡到软硬件适中的棕棚床，堪称人类睡眠史上的一次"革命"。2008年，天台平桥镇的"棕榈丝加工技艺"被列入台州市第二批非物质文化遗产名录。

制作棕棚的工具不多，主要是棕棚刀、紧枕、棕线挑子、铁三爪、竹拔钩、正面用长钢铁条、反面用短钢铁条、中心线竹片、棕棚床对角铁拉绞索等。

制作棕棚首先是"打棕线"，从棕榈片成为棕线要经过去边、撕松、搓枯皮、拔棕丝、摇棕棚单丝、合棕棚线等工序。摇棕棚单丝要用一种竹制的摇芯为工具，摇芯有大小2种，根据绳的粗细选择摇芯。棕线的粗细是根据棕棚大小和主人要求而定。每根棕线长12米，一般大棕棚10根一把，小棕棚8根一把。

其后是"打棕棚架"，原料一般是用木湖树。一张棕棚床4根挺，直挺长2米，横挺根据棕棚大小而定。棕棚在串制中由于强大的拉力棕棚挺会往中间收缩，所以棕棚挺必须略呈弧形，才能在串制过程中抵抗逐渐增强的拉力。棕棚的四角有角撑，大棕棚的直挺中间要上肚档。棕棚架放在专用的棕棚凳上，对角两头要悬挂磨盘石稳定棕棚。

第三步是"钻棕线孔"，棕棚挺上的棕线孔因为棕棚大小而有多少，再就是拉对角拉索、套环线、串双连线、敷油等，第四步是"串棕线"，串线是从左上角的正面开始的，棕棚可以一人单串，也可以两人从两对角同串。每边左上角的正面第一孔眼在角尖，第二孔的棕线直接枕入枕木，第三孔开始挑二压二串制。串制棕棚的基本手法是挑丝、侧翻、串拔钩、套钩、拉丝、爪平、紧线、固定等。挑丝是两根一次，每组串制都要过一进一，就是每行挑丝都要向前进一组棕线，然后才能两上两下从左往右前进，最后把反面对应的一双棕线用竹片套钩牵引至正面，这样才能串成人字花，就像篾匠编织席花一样。棕棚上面还能串编小中方块花、大中方块花，整个方块图案由正中一个大方块，四边四个小方块组成。还可以编织双喜花等图案，中间一个大双喜，四角四个小双喜。这种双喜花编织复杂，需要事先设计，按图串制，因为耗工耗时，需要定制给才加工。

最后串入的是中心线，由四根棕线组成，两对角的两组中心线在正中垂直交汇，周围需要仔细匀丝。然后用铁胀枕把每个孔眼锤枕一次，使露在孔眼上的木刺全部消失，保证整体平整平直。经过整理后，一张棕棚床才算制作完工。

建国初期，上庞村较为著名的棕棚工匠有"小佬"、庞清桥等，据说"小佬"左手、右手均可串线，技艺高超。当时"穿蓑衣"的工匠有庞水广、庞宪溪，五六天即可穿好一件蓑衣。目前，村里的棕棚工匠还有庞正瑶、庞正川、庞忠良、庞学云，庞茂法、庞子庆等，都是家庭作坊，制作的棕棚床，有的是人家定做，也有的用拖拉机运到磐安县方前镇或是平桥镇出售。

由于棕绳很柔软，在海水浸泡也不易腐烂，故用于种植海带，称之"海带绳"。海带苗夹在棕绳中，放入海水，使海带生长。海带绳比制作棕棚床的棕线要粗，直径达 3 厘米。根据客户需要，加工成 13 米、15 米长不等。海带绳要求粗细匀称。其加工工具，是一个安装有摇把的转轴。一人转动摇把，带动多个欠钩转动。前面有人不断将棕丝一次次加缠于转动的绳中即可。

1975 年，村里开始从编制棕棚的棕线加工，延伸到加工海带绳。当进村里办了"上三棕绳厂"。由于还是计划经济，海带绳的原料棕榈丝，在供销社属国家分配的二类物资，因此，如何采购棕榈丝是一个难题。村里派人带着介绍信，从云南、贵州等地采购棕榈线，运回村分给农户加工，厂里验收。海带绳销往宁波，后又从宁波开始扩展到省外，如青岛、烟台、大连、威海等。

20 世纪 80 年代初，由于沿海各地发展海带产业，海带绳需求量大增，加工业从集体转向个体。上庞村的村民开始自己外出签合同、接业务，办海带绳加工厂。上庞村家家户户都在加工海带绳，以至于周边的村庄，也加入海带绳加工的行列。有的干脆将海带绳加工厂办到威海、大连等地，产量最多的一家，一年可达 120 吨。上庞村因为加工海带绳，一家一年都能挣五六万元，富甲一方。20 世纪 80 年代，上庞村自建"上三剧院"，造价就达 56 万元，令人感叹。

一根普通的棕榈绳，将上庞村的过去和现在连在了一起。纯朴而勤劳的上庞村村民，在时代的大潮中，敏锐地捕捉到传统技艺与市场的需求，使古老的技艺给村民带来新的财富。

（天台农办）

王氏大花灯

"上王桥头迎大灯，小家桥头雪流星"，民间流传的这段顺口溜描述的正是温岭市石桥头镇上王村迎灯时华灯溢彩、焰火流星的绚丽场景。花灯，又名"彩灯"，是中国传统农业时代的文化产物，是汉民族数千年的民间文化瑰宝，它兼具生活功能与艺术特色。上王村历来以花灯制作出名，尤以王氏大花灯最具特色，工艺流传至今已有300多年。

据王氏族谱记载，上王村祖根可追溯到600多年前，王氏公宗于闽省迁徙台州黄岩伦溪，王氏始祖元兴太公又于公元1353年携子古实徙居于此，先辈们开荒拓地，繁衍生息，历20余世，渐成如今2000余人口之村庄规模。如今的上王村共有17个村民小组，农户704户，全村耕地面积1009亩，村内经济以农业为主，主要从事早稻、蔬菜种植，村级集体经济2014年收入122.26万元，农民人均收入11617元。

王氏大花灯也叫龙凤花灯，主要用于元宵迎灯活动，早在清末民初就以"高、大、精"而名闻台州六县。现存石碑《两保碑文》有"嘉庆十六年""迎灯"等字样。

王氏大花灯始于康熙二十年（1681），王氏公宗颂扬帝德圣恩浩荡，集民间艺人制作八角大花灯一盏在元宵夜供人观赏。尔后，又制作出六角大花灯一盏，六角灯代表男性，花纹以龙为主；八角灯代表女性，花纹以凤为主。龙凤花灯形似宝塔，塔身有 7 层，每一层的盎檐上下和灯壁四周都贴有各色各样的凿纸作品，灯顶还有打开的宝伞与特别夸张的葫芦状宝刹。灯体高度初为 12—16 米，后来发展到超过 20 米。整灯由灯脚、灯身、沿池、胡罗、蓝荷等五部分组成，灯架直径 3 米许，灯体周长 10 多米，灯体质坚细腻，灯架以篾竹为主，薄宣纸糊底，外以手工雕刻（凿纸）花纹图案，秀丽鲜明，龙凤鸟兽，人物描绘，眉目有情，栩栩如生，制作手法简洁流畅，诗文内容丰富多彩，每一盏大灯都重达 1 吨以上，纯手工制作精美绝伦，叹为观止。嘉庆十六年，王氏公宗建宗祠立花灯纪念碑，详备花灯资料立册收藏。光绪十二年，族中监生王桂卿、仲才二公，随清大学士许景澄进使国外，3 年后回归省亲，对王氏花灯之制作加以西洋元素，灯高、宽，灯体都予以改进。抗战胜利前夕，温岭县县长蔡竹屏亲临观灯，玉环、黄岩、太平三县百姓趁夜赶程观赏花灯，人山人海，热闹非凡，真是"门迎珠度三千客，王氏城南五尺天"，观后，蔡竹屏县长对王氏花灯制作技艺表示赞赏，并说要将王氏花灯编入太平县志。后因蔡县长调离，花灯入县志之事未果。

　　新中国成立后，王氏花灯一展风采，在花纹图案绘刻上进行革新，以传扬党的丰功伟绩。1956 年元宵节为庆贺合作化高潮的一次灯会上，王氏大花灯得到温岭县政府和县文化局的好评。但"文化大革命"时期，王氏祠堂被拆，灯架资料一并烧毁，王氏大花灯近半个世纪未有展出。直至 2003 年，经当时已高龄、有经验的长者用堂、伯仁等人回忆讲述，描绘轮廓，磋商具体尺码，由王春梅、王兴辉等十几位村民共同努力，重塑花灯，使王氏大花灯得以重放异彩。2010 年王氏大花灯被列入浙江省第三批非物质文化遗产保护名录。2014 年，上王村建造花灯展示馆与花灯文化广场，占地面积3亩多，其中花灯展示馆建筑面积913平方米，建筑高度11.40米；花灯文化广场路面硬化400平方米，绿化500平方米，建成之后花灯展示馆内将展出各式特色花灯供人观赏。

大灯制作技艺讲究。民间彩灯制作王氏大花灯灯体特高，劈篾、扎制、凿纸、剪纸，技术性要求高。灯骨的选材用料特别讲究，选生长期2—3年的杠竹（此竹产地是黄岩宁溪），而且杠竹要连根挖起，稍作修剪，放在室内阴干，时间需一个月后方可用来扎架，耐火性极强；缠绕绑扎大灯竹架骨干的苎麻绳，全部不打结，依据的古法是：先将糯米煮熟，放在毛竹筒等容器内，捣糊搅烂，使之成为糯米糯糊，再将苎麻丝成束涂抹上，作为绳子缠绕粘贴在"扛竹"要绑扎的地方，等糯米糯糊干后，这种绳子还有收缩功能，非常牢固。

花灯手工制作工序复杂，以牛磨盘为脚，加压石块，外架竹制，苎麻系扎，架外表贴剪纸，灯架内设置游龙斗狮、丹凤白鹤之类工艺实件。由于王氏大花灯形体庞大，属手工艺术，两盏灯，8个人仅扎制灯架需要50天完成；糊、贴、剪、刻画，30人需40天，所以两盏灯40人参加需90天完成。每盏灯重达1000多公斤，在迎灯活动中，每盏扛灯24人，四角拉撩风绳12人，还要候补人员若干。

王氏大花灯代表了群众佛教信仰观。花灯属宝塔式花灯，塔身就有七重，依照佛塔制作，取其镇妖避邪保平安的功用。同时也蕴含着乾坤和谐的人生观。

传说明嘉靖十五年，石桥头下宅金太公创制一盏六角形的塔灯，形态雅致。上王村王洪从太公慕名前往观灯，看后叹息：如此绝妙之灯，如能走动岂不更好！下宅金太公道：老兄弟如能做成会走的大灯，下宅金定当送此灯于上王配对。上王太公回家后细心琢磨并筹资请来工匠，终于在这一年的冬天做成八角形会走的大灯。下宅金太公闻讯，敲锣打鼓将六角形大灯送到上王，从此民间便有六角为雄、八角为雌的传说。

每逢正月十四日至十六日，王氏大花灯向人们巡游展示，龙凤双灯高高矗立，焰火流星，交相辉映，华灯溢彩，美不胜收，各地前来观灯者络绎不绝，人山人海。按照当地传统风俗，元宵节过后，就把大花灯焚烧掉，呈献给"天庭"，以祈求天下风调雨顺，国泰民安。

（梁淼）

增仁村石雕

增仁村隶属仙居县官路镇，是官路镇第三大村，村现有人口1820人，528户。据了解，新中国成立初该村以金、陈两姓为主，故原名金陈村。后嫌太俗，以其谐音"增仁"，有多讲仁义之意，遂改名为增仁村，延用至今。

增仁村离永安溪绿道不足1公里，西南有万明山寺（原名大仙殿），北面有后岭堂，还有能灌溉全村888亩田地的朱沙堰。村内最值得一提的是石文化建筑，其历史悠久，石雕工艺精美，文化内涵丰富，整体遗存较完整，墙面石窗图案不一，具有较高的历史价值和研究价值，整个古村落堪称石文化博物馆。

增仁村的石文化是仙居石雕文化的缩影。仙居民间石雕制作历史悠久，可追溯到距今9000余年新石器时期的下汤遗址。

到了元明时期，各地沿海倭寇猖獗，沿海地区原先土墙改建石墙，需要大量的石材。对石材要求可雕琢、石材粗长高大、细腻、硬软适中、不易风化，能够防冻防腐，用于碑记和城楼建设。仙居县船山石仓洞和增仁下王石仓洞达到以上要求，两地大量石材和石雕成品远销省内外各地城市，如临海、宁海、宁波、杭州、温州等地区，甚至周边邻国也不例外。

据《光绪仙居县志》记载：明嘉靖三十五年（1556年），因倭寇扰仙，知县姚本崇弃城而遁，全城被烧，倭寇屯兵四十余日，经太守谭纶率兵平定。此后姚申请兴筑石城，经台郡审批，准予修筑扩建，之后几经重修。明嘉靖进士林应麒《避寇山中》诗曰："旧说仙居僻，山深好避兵。那知横海寇，翻傍乱峰行。鸟路通夷岛，人家杂虏营。自怜衰劣甚，无计托余生。"因此，随着仙居县城墙的改建，需要大量的石材，要到船山石仓洞和增仁下王石仓洞开采。这时候，大量能工巧匠云集在县城和两个石仓洞，再加上其他各地的需求，石匠人数达到几千人以上，开始规模宏大的石材开采加工。一般开采加工石柱、石板、块石（条石）、石碑等石材；石柱达到 8 米长，石板有 4 米长，经过精雕细琢，打磨成品远销省内外。因此留下大量文物古迹，最具典型的是明嘉靖断桥牌坊石雕、迎晖门石雕、省级文物保护单位明崇祯李氏合葬墓、明代碑记和古祠堂等艺术精品。

清至近代时期，增仁下王石仓各地石材的需求量增大，大量的石材远销外地，普通石材被周边乡村采购，大量的废石堆积如山，严重影响采石进度。增仁村因祖辈采石为生，一直延续到 20 世纪 80 年代 80% 的年轻人都是打石匠，现在村内有石材加工厂数家，村内的石文化古村落形成。由于增仁下王石仓大量废石存在，包括周边村庄历代就地取材，变废为宝，利用自己的手艺，将大量石块、石板片打地基或砌高墙，除了门楼和石窗经典部位使用好石材，其他都是利用废石材建筑。在能工巧匠的雕琢之下，古村内石墙+石窗成了独特的墙面，其具备结构牢固、防洪防潮、防火防盗为一体的功能特点，增仁成为独领风骚的石文化古村落之一。

增仁古村落内石雕艺术非常丰富，它的雕工生动活泼，多深雕、浅雕、浅浮雕，高浮雕、透雕于一体的写实艺术品。图案多为民间喜闻乐见的民间故事、历史故事、花草鱼虫、动物等题材。

1. 门楼文化。四合院门口有各式各样的门楼，代表主人的文化修养、显赫地位以及财富。特别有特色的石门楼匾为薰风南来，内有双龙戏珠、双凤朝阳、平平安安、福在眼前等吉祥图案。

2. 石窗文化。石窗又名石头窗、石花窗、岩头窗；石窗的作用是透风、透光、防盗，具有实用和装饰为一体的功能。该村内石窗一般长宽为：65 厘米×65 厘米、71 厘米×71 厘米、78 厘米×79 厘米、67 厘米×70 厘米等不同尺寸，高度一般离地面 165—170 厘米，少数在二楼有石窗。石窗种类繁多，内容丰富，雕工精美，艺术价值较高，可分为：人物类、花草类、吉祥类、福寿类、动物类、几何形类等，分布在村落建筑群之中，是展现在我们面前的历史长廊，如同一个巨型乡村民俗博览园，是先民们所遗留下的最珍贵的历史长卷。

2007 年，仙居石窗被浙江省人民政府公布为省级第二批非物质文化遗产。

增仁古村落民风淳朴，自然风光优美，历史面貌完整，村落文物古迹众多，儒道文化浓厚，非物质文化丰富，2007 年仙居民间石窗被列入省级非遗，该村可以作为石窗记忆遗址博物馆和非遗创作基地。20 世纪 60

年代，该村就有"五湖四海、三十六塘、十八井"之称。祖辈以采石为生，造就了增仁石文化古村落群。

石窗

石墙

薰风南来石门楼（清）

石屋

（仙居县农办）

山下村根雕

方炳青——一个来自仙居县皤滩乡小山村地地道道的农民，被列为浙江省第二批民间艺术家。方炳青根雕艺术在台州市政府公布的第一批非物质文化遗产代表作名录里榜上有名。

方炳青说："我为什么七八年来放弃其他一切杂念而痴心于根雕艺术呢？我就是想挽留这门渐渐远去、濒临失传的艺术。方家传了这门手艺已有 10 代人，不发扬下去实在可惜。"

方炳青 1948 年出生于皤滩乡山下村，该村是个有名的雕刻村，据方氏族谱记载，已经有着多达几十代的雕花艺术传承，鼎盛时期流传着"36 把斧头"说，意思是村里出现了 36 个技艺高超的雕花艺人。并且"山下派"雕花艺人有一个特殊之处，他们身兼雕花和油漆之长，别地艺人要么仅会雕花，要么仅会油漆，分工很细，两样都会的人少之又少，这给方炳青根雕艺术以后发展提供了方向。方炳青的师祖方荣招，新中国成立前担任过本地手工业协会会长，有一年，他的干儿子在杭州开一家西木店，请他去帮忙，凭着高超的手艺，他雕刻的家具颇受市场欢迎。那年，其他西木店生意大多亏空，而只有他们还是盈利，并且方荣招的一件雕刻作品当时还在杭州市雕刻大赛上获过金奖。

师祖的传奇故事，在方炳青脑海里留下了不可磨灭的印记，让他常在钦佩之余，暗下决心，一定要接过师祖的手艺，把它发扬光大。可惜，在"大跃进"的时候，人们连吃饱饭都成问题，这门手艺既不能养家又不能糊口，就逐渐地淡出了生活舞台。师祖的徒弟们也纷纷放弃手中的雕刻刀，学做其他活计去了。不过，方炳青还是把决心刻在了心底。

到方父一代，雕花手艺在农村生活里还只是偶尔"赚一口饭吃"，生意也不景气，方父平日只是雕刻一些农用小什物、刻刻字来养家糊口。方炳青就是在这样的家庭环境里耳濡目染学会了雕花技术。他非常努力地学，很快就掌握了要领，因为在他心目中有一个目标需要他去完成：传播方家的雕花艺术。所以，每遇到有活干，他都争着抢着拿起手中的雕刻刀。

雕花艺术被发掘还得从 1988 年说起。那年，方炳青外出到北京打工，在一家家具公司凿花。一次，他凿了一只花篮，精致的手艺引得周围木匠师傅们啧啧称奇。一传十，十传百，北京当地电视台闻讯后，马上赶到公司，为他拍摄制作了专题节目。打工结束，返回家乡，北京经历让他振奋不已，他仿佛看到了这门手艺的前景，于是，他开始捣鼓起来。

农家生活，日出而作，日落而歇，方炳青在为家庭生计操劳的同时，总忘不了雕刻。每次扛着锄头回家，带回来的都是他的"宝贝们"——堆堆树根、树桩。开始，他模仿刻一些简单的花鸟虫鱼，飞禽走兽。周围人看了，只觉得他雕刻得逼真，并不赞成他花这么多时间在这玩意儿上。"炳青，还是趁空闲多出去赚点钱要紧。"常有人劝他，"这又不能当饭吃。"他听后，都是笑而不言。他在心里却告诉自己要更紧地握住手中的凿子。

时间在渐渐流逝。山下村的雕花匠们经商的经商，外出打工的打工，大家纷纷放下了手中的雕花凿，任它闲置于房屋角落里。慢慢地，他们手中的刻刀生锈的生锈，遗落的遗落。可方炳青的凿子农闲之余磨钝了一支又一支。他的刻刀更灵活了，他的技艺更纯熟了，许多模型一印入他的眼帘，他马上就能把它栩栩如生地雕刻出来。

20 世纪 90 年代末期，子女相继长大成人，方炳青也算舒了口气，他可以更安心地追求他的"事业"了。家里人也都非常支持他。于是，他把刻刀从杂乱无章的人物转到系列人物身上。他看准了四大古典名著和民间传说，创造性地把浮雕、圆雕和镂空两面雕与根雕融于一体。夏天，炎热似火，人们午睡的午睡，休息的休息，他却在敲敲凿凿；冬天，天寒地冻，人们都躲在温暖的被窝里，他却在灯火下雕雕镂镂。在方炳青的不懈努力下，在他的刻刀下《西游记》系列人物出来了，《封神榜》人物出来了，《善财童子拜观音》人物出来了……数百件艺术品在他刀下流淌出来。最为奇妙的要数他雕刻的大型根雕《九龙壁》。这是在一根六七米长，一米多宽的千年古木上，雕刻出中国传统审美习惯上的吉祥之物——九龙，每条龙姿态各异，腾云欲飞。现在他已完成了七条，每条龙活灵活现。

近些年来，随着仙居县旅游产业蓬勃兴起，皤滩古街、花灯、桐江书院等地游客鼎盛，方炳青根雕艺术终于被人发现，成为了当地一大瑰宝。

朱一村花灯

朱一村隶属仙居县朱溪镇，朱溪境内山川秀丽，历史悠久、文化积淀深厚，被誉为浙江省东海明珠，2011 年荣获浙江省民间文化艺术之乡。活跃在朱一村等民间的花灯表演更是让人叹为观止。

朱一村花灯的表演既具有深厚民间艺术色彩，又极具浓郁的乡土生活气息，它起源于朱溪镇和双庙乡（原属朱溪）一带。据朱氏族谱记载：明朝太祖朱元璋于 1348 年感叹"天下昌平，百姓安居，官府大放花灯，与民同乐"。由此，花灯在静态观赏的基础上，开始演变成灯舞，逐步推向全盛。

朱一灯舞具有十分重要的文化价值。一是在于它的造型，大多以民间各种动物造型为主，舞动时将各种动物的原生态形象，表现得淋漓尽致，充满浓厚的乡土气息。二是灯舞配合各种民间传统节庆节日，打起欢庆的锣鼓，舞起跳跃的灯舞，为各种节日增添一种喜气和热闹，也使参加舞灯者得到一种娱乐身心的功效。

朱一村的灯舞历史悠久，是一门在仙居土生土长发展起来的综合性大型民间艺术形式，因以各种造型和式样的花灯，配以在户外广场或其他活动场所进行的动态表演，故称灯舞。它在明清时即具广泛影响，刚开始是以静态观赏花灯的形式出现的。1936 年，老艺人朱封英等人，根据溪水中一种名叫退弹虾的原生态活动情况，而产生灵感制作退弹虾灯。"退弹虾灯"以毛竹和白布扎制而成，然后以一定的色彩绘画。由于其独特的造型，能对整体进行伸缩和张合，加上夜色中灯光的映照，其空间表演立体感变化更为强烈，恰似一只活生生的大虾在水中自由戏耍。

根据"退弹虾灯"这一成功造型的出现，朱封英等老艺人思路顿开，他们大胆改革过去灯舞中的这些小件花灯的格局，开始进一步研制了"十二生肖灯、凤凰灯、走马灯、古亭灯、九狮挪球灯、孔雀开屏灯、奔马灯"等大型花灯式样，并组建了一支具有专业舞灯水平的灯舞队伍，使花灯这一民间艺术逐步以灯舞的形式出现。

民国期间和新中国成立初期，灯舞这一民间艺术表现形式，逐步得以发展，其花灯制作技术得以提高，灯舞队伍逐步成熟、壮大。新中国成立后，作为一种民间娱乐形式，朱一村的灯舞曾在仙居城乡遍地开花。但"文化大革命"开始后，灯舞被彻底禁锢，曾处于失传态势。20 世纪 90 年代，在朱溪镇文化站的牵头下，由老艺人朱三福、王洪福等人重新挖掘整理，才使灯舞这一独特的艺术表现形式得以重放异彩。1999 年，灯舞开始走出大山。

朱一村花灯种类繁多，分单灯和组灯两大类。历史上单灯共有品种 60 余种，组灯 20 余种。目前经抢救和挖掘出来的单灯已有 30 余种，组灯近 10 种，已能完整制作并投入表演的花灯品种有 20 多种。1999 年 10 月，选送的推弹虾灯舞、十二生肖灯舞获首届台州市艺术节·民间艺术大会展银奖，九狮挪球灯舞获台州市首届艺术节·民间艺术大会特别奖。古亭灯、退弹虾灯、九狮挪球灯等入选台州市举办的 2005 年《金鸡高唱闹元宵》大型焰火暨民俗文艺广场踩街活动，并作为主打节目进行表演。2008 年"九狮图"项目被列入国家级第二批非物质文化遗产名录。

朱一村灯舞几个重点项目，工艺尤为精湛。

退弹虾灯：1999 年，王洪福等人重新挖掘研究了退弹虾灯的制作与表演。为了使退弹虾灯形象逼真、表演生动，专门从溪里抓了一只退弹虾，观察虾的行动，研究表演动作。考虑到灯是由 2 个人表演的，所以灯的体积比较大。为了增加灯的观赏性，又增加了 2 只小虾，一起嬉戏。大的退弹虾灯，体长 5 米，高 1.5 米，除了头部，整个灯身随着表演者的舞步前后弹跳都能活动，所以采用竹篾做成数十个直径 0.5 米的圆圈贯串而成，活动空间较大，灯身具有极强的弹性，表演很具有灵活性。退弹虾灯的表演与民间舞步紧密结合，进行表演的 2 人必须动作协调，同时进行同向或者反向跳跃，使虾灯伸缩自如。表演时，3 只花灯除了各自的动作外，还要穿插花样表演，既展示了各自奋勇拼搏、顽强弹跳的精神，又展现了"虾戏水"的情景。

九狮挪球灯：九狮挪球灯最早出现在明朝，但那时候只有五狮。据朱氏族谱记载，朱溪四周地形有五狮之势，所以明朝老艺人，用大小五狮灯来闹元宵，庆贺风调雨顺、国泰民安、喜获丰收。1950 年，为庆祝新中国成立，朱溪民间举行盛大的花灯活动，第一次展现了五狮挪球灯的风采，那时的五狮挪球灯是用手的舞动进行表演的。1998年，老艺人朱三福和王洪福对五狮挪球灯进行了大胆的改造创新，把失传已久的手舞五狮挪球灯改成提线木偶五狮挪球灯，使5只狮子在空中跃腾。

后来，老艺人们发现周围山上的"卧狮"不止5头，而是9头，于是，又做了进一步的改进，把五狮挪球灯发展成为了现在的九狮挪球灯。九狮挪球灯的操作架长5米，顶端安装一定数量的定滑轮和活动轮，有36根线，每头狮子由4根绳子连接。表演九狮挪球灯的都是女性，9头狮子通过9位表演者提线操作，可以在空中前后腾跃，上下纵扑，凌空展示各种动作，形象逼真，表演生动。狮子行动的方向和速度都是根据乐谱的节奏进行的，该上的上，该慢的慢，该快的快。九狮挪球灯的配乐是打击乐，乐谱都是祖传的。据说，这些乐谱已经有好几百年的历史了，只有一些上了年纪的人凭着记忆还会演奏。打击乐的乐器主要有锣、鼓、钹等，据说过去还配有唢呐，但是，现在朱溪基本已经失传了。

火球灯：火球灯出现的年代已经没人知道了，也无从考据。火球灯的造型很简单，就是一根绳子两头分别系着一个小火篮。因为火篮里装上烧红的炭后甩起来，洒下点点火花，就像烽火流星一样，在晚上十分耀眼，所以得名叫火球灯。据说，很早的时候，朱溪有一种竹龙灯，龙身由三四百段龙段组成，每年都要进行舞龙表演。每到灯会就会吸引很多村民驻足观看，而舞龙需要一个空间，只有在火球甩起来后，人群往边上四散开来，龙才能舞起来。刚开始只有一个人舞，起开场的作用。后来大家觉得，火球舞起来十分漂亮，遂逐步演变成为了花灯表演的一种形式。现在，火球灯的表演人数增加到了6人，也发展了横队、斜队、穿插等多种表演方式。

百鸟朝凤灯：百鸟朝凤灯是新挖掘出来的花灯。凤凰是传说中的鸟王，雄的叫凤，雌的为凰。据朱氏族谱记载，清乾隆年间的花灯多以鸟兽为主，地方官员看后觉得百鸟无王，因而遗憾。转年，民间老艺人就制作了凤凰灯，以补其百鸟无王之不足。朱溪的凤凰灯为"凰"，所以表演者均为女性。刚开始制作的百鸟朝凤灯只有一只凤凰。因为凤凰是百鸟之王，所以又制作了老鹰、白鹤、小孔雀等4只小型鸟类花灯，组成了一幅"百鸟朝凤图"。细心的观众也许会发现，电视上《仙居新闻》的片头中，就有百鸟朝凤灯的影子。

在不断开发新灯的同时，花灯也面临着很多困难和问题。根据老人们的回忆，有一些花灯已经失传了。本来计划 2008 年前开发，但是由于经费不足，计划只能搁浅。年轻人学习制作花灯的兴趣不大，如果现在不及时开发，多培训一些人，等老人们过世了，花灯可能面临再次失传。

目前，县政府划出了专项资金对灯舞进行抢救和保护。同时，建立县、镇、村保护工作联动机制；建立灯舞挖掘、保护、发展、创新、协调发展机制；建立以工作"到团体"，责任"到人"，资金"到位"为内容的责任落实机制；建立灯舞艺术研究和灯舞表演相结合的互动互补机制。县文化部门也已经对朱一花灯采取积极的保护措施，通过普查资料、挖掘整理，定期举办民间花灯创作和表演培训班，健全制作和演出队伍，确保这一非物质文化遗产后继有人，并发扬光大。

（仙居农办）

沈氏棋艺

崇仁镇四五村位于崇仁镇老街以西，沿长善溪一带，南北分别与三村和九十村相邻，是镇上的第一大村。在村中的蟹眼井路上有四座紧密相联、建筑风格相似的台门建筑。这就是在清末名动一时的崇仁沈家的发源地，俗称"沈家台门"。

沈守庚（1884—1948），就是这老台门的第四代传人，是沈氏家族的长房长孙。在清末民初，被围棋界誉为"崇仁五虎"之首。

说起"涌源家"，在崇仁上年纪的老人中，可以说无人不知。"涌源家"系出绍兴孙端后桑盆村。第一代主人沈树棠，出生于清嘉庆年间，娶阮氏。自小臂力过人。在道光二十年（1840），应孙端同乡、崇仁"范源丰"酒坊老板相邀，肩挑年仅两岁的长子沈雪祺（即沈守庚之祖父）来到崇仁，当上了"范源丰"酒坊的"把作师傅"。因为平时踏实肯干，深得老板信任。咸丰年间，太平天国军队相继攻下杭州、绍兴，一时间风声鹤唳。咸丰十一年（1861）十月，太平军由诸暨经竹溪到达崇仁，沈树棠被军队强征为"挑夫"，后侥幸逃脱回家。

"范源丰"的老板闻讯有"长毛"到来，当即携带家眷前往江西避难，把酒坊的经营全权委托给沈树棠看管。传说，沈树棠有了前车之鉴，怕"长毛"去而复返，遂把一批酒封坛后藏进夹墙之内。"长毛"之乱后，即以这批酒起家。

次年，范老板回到崇仁，见"范源丰"无恙，更见沈树棠诚实可靠，且子女亦相继长大成人，遂把酒坊的一部分资金赠予沈树棠另立门户，开出了"涌源戴记"酒坊，继承了"范源丰"的酿造方法与薄利多销、货真价实的经营之道，生意越做越好，以此发家致富、人丁渐旺。因为经营有方沈家相继又开出了"帆记""政记""谦记""近记"四家酒坊，成为崇仁酿酒业的老大。并在崇仁蟹眼井和桂花井之间的地方建起四座台门，称为沈家台门。为沈氏家族在崇仁的发展打下了坚实的基础。经过三代人的努力，到沈守庚出生时，"涌源家"沈家，在崇仁已经是响当当的大家族。

嵊州围棋，源远流长。传说，东汉永平年间剡县（即今嵊州）青年刘晨、阮肇入天台采药遇仙奕围棋之故事；晋诗僧帛道猷，与仙人对弈于瞻山之巅。对于围棋的种种传说，总是脱不了与神仙的关系。"茶炉天姥客，棋席剡溪僧"，"窗前半偈闻钟后，松下残棋送客回"，是晚唐诗人温庭筠吟咏嵊州围棋的名句。

崇仁镇，因为裘氏一族的兴盛，在明、清二代繁荣异常。因为出仕和经商的关系，豪门富户比比皆是。那些富家的公子哥因为衣食无忧，生活上无所事事，就整日与围棋为伍，有的甚至达到了痴迷的程度。为求与人对弈，情愿好酒好饭招待，临走还赠以车马费。在这样的氛围影响下，崇仁的围棋普及率达到了令人咋舌的程度，可以说是，虽黄口稚子亦能手谈一局。

沈守庚从小聪颖好学，记忆超群，心胸豁达，喜交朋友。其一生有两大爱好：书法和围棋。书法水平在崇仁镇上绝对一流，有"清晨空腹必挥毫"之说。自少年涉足黑白之道起，沈守庚与镇上少年棋手终日捉对厮杀，如痴似醉。由于他悟性特强，不几年便崭露头角，成为同辈的佼佼者。步入青年后，沈守庚更将一所小院子辟为棋室，终日以棋会友，废寝忘食。一次他与人对弈，夫人问他早餐吃什么，他不答。夫人又问，鸡蛋榨面可好，他还是没有反应。直到他的夫人问到第十二次，"油猫猫（一种油炸面食）加甜豆浆可好？"他这才微颔其首。但这一颔首是对夫人的回应，还是为自己想到了一手妙招而自许，那就只有他自己知道了。由此可见，其对围棋的痴迷与执着程度，已近癫狂之态。

此棋室环境幽静，且终日以水质优良的"桂花井"水煮茶待客，甚得棋友的称誉。后因沈守庚之子沈伯寅曾在此制作"三K"牌肥皂，故称"三K"棋社。

"老五虎"之一的裘东友，从小酷爱围棋，后留学日本。看到当时的日本围棋水平远好于中国，便萌生要振兴中国围棋的愿望。留学回国后，在上海汇丰洋行任职期间，结识了一个扬州的围棋高手黄道志，遂拜他为师，月送酬金30银元。一次，他回乡时把黄道志的棋艺介绍给沈守庚，沈守庚异常高兴，即寄给黄道志车马费300银元，恳请来崇仁教授。沈守庚把黄道志请至家中，好菜茶饭款待月余，拜师求教。黄道志离别崇仁时曾深情地说："我跑过不少地方，到过不少城市，会过不少围棋高手，但崇仁这样对围棋的执着和普及从没见过。"由于沈守庚虚心好学，又加上黄道志的倾心指导，沈棋艺进步神速。

1904年，上海有双枪将（即围棋、中国象棋）之称的高手潘朗东，在杭州"喜雨台"设下围棋擂台，多日设擂，当地棋手皆败北。潘便夸下"打遍浙江无敌手"的海口。杭州棋界为之震动，棋界弈人为挽回颜面，便派人到崇仁邀请沈守庚出山一战。沈守庚一来年轻气盛，二来出于对围棋的狂热，听说在杭有上海棋手设擂，便有心去会会，当即答应前往一战。时沈守庚年方21岁。

沈守庚来到杭州，报名攻擂，言明三番二胜制。第一局两人纹枰对座，互致礼数，潘郎东看看沈守庚不过是个20来岁毛头小伙子，眼角流露出一丝不屑之情。沈守庚虽说棋艺超群，但终究没见过如此大的场面，一想到自己将要挑战的是上海名将，心里阵阵发慌，一时忐忑不安起来。但当摆开棋盘，投下第一颗子起，沈守庚就完全忘记了外界的干扰，一心投入那黑白世界之中。一盘结束，沈执黑完胜潘朗东，使得全场哗然。

第二盘开始，潘朗东一上来就招招紧逼，杀机大露。沈守庚以稳健的棋风沉着应对。由于战斗激烈，沈守庚满头大汗，尤其为一个生死大劫，你来我往，惊心动魄。最后由于潘少一个劫材，无奈地投子认输。

沈守庚一举战胜上海名将"秋老虎"潘朗东，立时间声震杭城。也使"崇仁五虎"之名首次扬名省城。杭州棋界为表示对沈的祝贺，赠送给他厚礼和《东瀛围棋精华录》等书。崇仁围棋进入了鼎盛时期。涌现出了沈守庚、裘浦南、裘东友、裘振才、裘愫皞等五人组成的"老五虎"。后又相继出现了裘忱法、裘瞿章、沈伯寅、裘法成、裘忱松等"新五虎"和裘宝庠、金志浩、裘忱钧、裘方顺、裘培裕等"小五虎"。

沈守庚不仅棋艺超人，而且对后人厚爱有加，与后辈们每对一局都会记下棋谱，细加评注，可惜这些棋谱都已失传。他不但对"新五虎""小五虎"等人悉心指导，传授棋艺，而且对远道来自城关的尹卜吾也是耐心指导，后来成为忘年交。1974年，后来的世界名将马晓春拜师于尹先生门下，以这块"磨刀石"，硬是磨出了这位未来世界冠军的刀锋。由此推算，马晓春亦是守庚的再传弟子。在沈守庚的影响下，"涌源家"沈氏家族中人一般都会下几手围棋，除沈守庚之子沈伯寅位列崇仁"新五虎"外，其堂弟沈守诚也曾与裘忱法、裘宝庠一起参加过省级围棋赛。20世纪60年代，董樟根曾多次上门求教于沈守诚。耳濡目染，足不出户的沈家女眷也都会围棋，并且棋力不浅。

（张浙锋）

梁宅村草鞋

上虞区岭南乡梁宅村，梁氏世代居住建村，故而得名。位于上虞区东南50余公里，坐落在七姐妹山上，其在覆卮山海拔500余米处，地域面积0.91平方公里，与东澄村毗邻。

据《梁氏族谱》记述，梁氏在梁宅定居已有700多年的历史，在这悠久的历史中，在那艰苦的岁月里，梁宅人有一件珍贵的宝贝——草鞋。

草鞋，从原始社会到现在一直有人穿着。草鞋的编织材料各种各样，有糯稻草、毛竹壳、络麻、破布条，鞋有系绳的，也有拖鞋。草鞋是中国山区居民自古以来的传统劳动用鞋，穿着普遍，相沿成习。无论男女老幼，凡下地干活、上山砍柴、伐木、采药、狩猎等，不分晴雨都穿草鞋。草鞋既利水，又透气，轻便，柔软，防滑，而且十分廉价，还有按摩保健作用。特别是夏天走长路，穿上草鞋清爽凉快，软硬适中，步履敏捷，两脚生风，给人一种惬意感；雨天穿着它，既透水，又防滑；冬雪天内穿一双棕袜子，外套满耳子草鞋，既保暖，又防滑，如遇冰溜子上路，再套上铁制的脚码子，方保无事。草鞋已成为中国山区人装束的一个显著民俗特点。

草鞋在我国起源很早，历史久远，可算是我国劳动人民的一项重要发明。它最早的名字叫"扉"，相传为黄帝的臣子不则所创造。据史料记载，贵为天子的汉文帝刘恒也曾"履不借以视朝"。古代侠客、隐士似乎以穿草鞋为时髦："竹杖芒鞋轻胜马，一蓑烟雨任平生。"电视剧中的大

侠也大多为此装束，的确显得十分飘逸、洒脱、超然。《三国演义》中刘皇叔就是编草鞋出身的，说明草鞋在古代平民百姓中是十分普遍的穿用之物，甚至连皇帝也穿草鞋。

　　梁宅编草鞋的工艺非常巧妙，材料备足后，就可以开始打草鞋了。掺入麻搓草鞋省（绳）二条，长度一"人"长（自己两手摊开放直的长度）。将一条草鞋省对折变成二条草鞋省（经），再对折中央做一个圈儿，即是草鞋鼻头。用一条绳穿过草鞋鼻头圈内，系在自己腰上。取"草鞋爬"勾在四尺木板凳一头。人坐在凳的另一头，人坐的凳头要顶板壁上，以防打草鞋向后拉紧时木凳向后滑。开始打草鞋鼻头了。用络麻在二条鞋经内一上一下穿编，编到三手指长时，将两条草鞋经挂在草鞋爬的左右的第一个与第三个木齿上，将另一个草鞋经的另两端绳头拉回来，把绳头插入草鞋一头内固定住，这样二条草鞋经变成了四条草鞋经了。

　　需要注意的最关键环节是：草鞋的长短，取决于从草鞋鼻头到草鞋爬齿的四条草鞋省的长度，以自己的前手臂的长度为标准，就能适合鞋的长度了。接下取喷过水的半湿稻草来在四条鞋经一上一下穿制纬，在每穿一次稻草时都要把稻草向自己方向索紧，两边经时要索紧，穿过中时二条鞋省稻草要放松。这样编制起的草鞋，穿起来又牢、又软、又舒服，前头由小变大。鞋的宽度和形状就是草鞋经在草鞋爬六个齿上收放来确定，草鞋省放到最外边齿上，鞋的宽度放大，草鞋前头长度编制到一手撑的横宽，在左右两边的草鞋省上做草鞋扣儿。用络麻系在草鞋经上，搓绳做两个长短不一的扣儿，做好前鞋扣，接下来继续用稻草编制，每次插入稻草的接头都放鞋下面，上面保持美观、平整，适应脚穿，不损脚。

鞋身编制五指宽的长度，在左右两边鞋经用络麻各做两个长短的草鞋扣儿（后鞋扣）。再编制后鞋根长度，达到四手指横宽，将鞋经从草鞋爬的外齿上收放在内二齿上。由四草鞋经变为二草鞋经进行编制，编到 2 寸长的后根，将剩下的二条草鞋打结。

然后用鞋捶敲打草鞋，使其变软，修饰鞋型，直至满意。把后跟两条草鞋经反扣在后草鞋扣儿上。再取两条麻绳，穿过草鞋鼻头，以备穿鞋时系带，就成了一双完整的草鞋了。村里也有用旧布条和稻草混合编草鞋，这种草鞋穿起来更柔软舒适，而且比糯稻草鞋更耐穿。

目前村内 70 岁以上的村民基本人人都会编织草鞋，因为出门是崎岖蜿蜒的羊肠小道，所以日常生活中还是经常会穿到。但是随着社会的发展，年轻一辈的人已经不再穿着草鞋了，尽管还有一部分人在村内务农，但是现代化的劳动工具和穿戴已经代替了原来的草帽、蓑衣和草鞋。村里能够完整熟练操作这门手艺的梁柏云也年近 80 岁，据老人说，现在也不怎么编了，一来是平时用到的机会越来越少了，二来也是年纪大了，没有

以前那么手巧，打草找材料也没以前来得容易。

　　令人欣慰的是，相关部门对传统技艺十分重视，依托里四堡的节会活动，请老人现场表演编织草鞋的技艺，将这门传承百年的手艺，能够在游客的照片、视频中保存下去，以现代化的手段来保护、推广，让有意向的青年能够有更加便捷的途径获知和学到这门手艺。都说这个时代是属于匠人的，说不定梁宅的草鞋经过某位匠人的手，出现在各大城市超市专柜也说不定呢！

（绍兴农办）

布袋木偶戏

布袋木偶戏又称景戏、指花戏、掌中戏、傀儡戏。是由木偶表演、剧目、音乐、木偶制作、服装、道具、布景等组合而成的一种综合性艺术。从宋朝开始就有了布袋木偶戏，它以淳朴的艺术风格、灵巧的操纵技艺、生动的木偶造型生存了上千年，在国内外艺坛上享有很高的声誉。布袋木偶戏其特点是用指掌直接操纵偶像进行戏剧性的表演，活灵活现，栩栩如生，既能够体现人戏的唱、念、做、打，以及喜、怒、哀、乐的感情，又能表演一些人戏难以体现的动作，是一种具有高超技巧、精美造型、风格独特的木偶剧种之一。

木偶的头是用木头雕刻成中空的人头，除去偶头、偶掌与偶足外，布袋木偶的躯干与四肢都是用布料做出的服装，演出时，将手套入戏偶的服装中进行操偶表演。早期此类型演出的戏偶偶身极像"用布料所做的袋子"，因此有了布袋戏之通称。东茗布袋木偶戏，真正源头确实是从袋子开始，弄巧成拙真正符合了布袋木偶的称谓——那时东茗的艺人，是直接用食指套在警报袋里进行表演的。所谓警报袋，就是抗日战争时期特殊情形下做成的袋子。这袋子用两块布缝成，袋口处串进一根绳子，用时松开绳子，放好东西后一拉绳子，袋口就严严实实。那时只要听到日本鬼子来的警报声，老百姓就把紧要的东西放进袋里随身携带，快捷方便廉价，警报袋的名字就是由此而来。后来随着布袋木偶戏的深入人心，逐渐发展成现在的样子。

新昌东茗后岱山的布袋木偶戏可谓源远流长。据称唐玄宗曾为之挥毫："刻木牵线做老翁，鸡皮鹤发与真同。须臾弄罢寂无事，还似人生一梦中"。新中国成立初期，新昌布袋木偶戏曾红极一时，老艺人们挑着担子到处去演出，赚钱贴补家用。但和很多传统艺术一样，布袋木偶戏逐渐走向没落。在当地政府的抢救性挖掘以及在部分村民对这门古老艺术的热爱和执着下，几年下来，沉寂了多年的后岱山布袋木偶戏又重新"活"

了过来。

后岱山现有表演剧目有：《白蛇传前传、后传》《西游记》《大香山》《清风岭》《悔赌记》《鹬蚌相合》等节目。还有最近完成的关于"五水共治"的《高老庄新传》。

现在国家非常重视非物质文化遗产的保护，2006年，布袋木偶戏被列入省级非物质文化遗产名录，2009年，东茗布袋木偶戏又被列入绍兴市第二批非物质文化遗产名录。这里主要从几个方面介绍东茗布袋木偶戏的有关内容，以便让大家能对这一古老的艺术有一种初步了解，也希望能引起大家对这一古老剧种的兴趣。

1. 木偶头的制作

首先是打坯。木偶头所用材料均是樟木，选用樟木的原因之一是其有特有的香味，不会被虫蛀。

其次是雕刻。主要是刻人物五官，虽说木偶造型的繁简不同，师傅的手艺也有差别，但通常情况下，一个熟练的师傅一天能刻三四个木偶头。

第三是打土。就是用一种特殊的白土加水和成黏土后，均匀地涂在木偶头的白坯上，目的是掩盖樟木上的疤结或孔眼，使木偶头表面光滑平整。

第四是喷色。为木偶人物的脸部着色，像关公的脸是红色、包公是黑色、寿星是肉色等。

第五是彩绘。彩绘将勾勒出不同人物的各种面部表情，使其喜怒哀乐跃然眼前。然后要上光油，为的是使木偶头的色彩历久弥新。

第六是其他装饰。根据具体人物配上胡须、头发等，如果是新娘子还要盘头发。至此，一个木偶头就完成了。

2. 布袋木偶服饰的制作

制作布袋木偶的服装一般选用的是苏州产的真丝软缎和真丝绣线。做木偶服装最主要的装饰就是五彩缤纷、艳丽夺目的手工绣。绣品图案先由设计人员根据特定的人物，画好设计图纸，然后比照图纸，用针稿机在衣料上打孔，再用染料涂印，勾勒出图样。绣线的颜色选择由师傅自定，像凤尾通常有五种颜色，在不同的师傅手下会有不同的效果。接下来是扫糯糊、加内衬，使绣片挺括、有型。最后是整件组合，也就是将几个绣片缝在一起，做成一件完整的衣服。

3. 布袋木偶的具体角色

布袋戏角色分类衍生自中国戏剧的生旦净末丑，不过由于传统戏码的设计，无末角与丑角这两种，所以，布袋戏角色分类是分为"生""花脸""旦""神道""精怪"与"杂角"等六大类。

生：指的是有男子阳性风格的角色，其中小生通常就是现在所谓的主角，文生是智慧型的男角，武生是动作派的男角。

花脸：主要指的是豪气、勇猛型有着非常强烈男子气概、阳刚气质的男角。如红大花、青花仔、文木黑大花等。

旦角：指的是有着阴柔气质的女性角色。如花面旦、观音旦、老旦、小旦等。

神道：如财神、三仙，另外还有其专门主角类别的东海龙王、闻太师等神明道士。

精怪：如牛头马面。

杂角：指的是跑龙套的角色。如老和尚、小沙弥、缺嘴。

戏台：

布袋戏的演出都需要有戏台，戏台可分为前场与后场，前场即戏台部分，观众可见到操偶师傅操作人偶于戏台上的表演，后场则包括了操偶师、乐团和口白师傅等。戏台一方面作为区隔前后台以及观众与演出者之间的距离，一方面提供演出所需要的戏剧布景。

布袋戏发展之初，戏台较为简陋，仅用扁担、布帘架起简易戏台，后来布袋戏逐渐受欢迎，戏台也变得较为复杂，继而诞生了早期的四角棚。该三米至五米宽之戏棚其构造类似于一座小型土地庙，有四根柱子，中间是大厅，为戏偶活动的舞台，其四面之中，三面皆空，大厅中有一层交关屏，用来遮掩演艺人之用。早期的四角棚的装饰及雕刻都较为简单，但后期逐渐发展得更为复杂精致，配合木雕技术以及中国传统建筑的风格来制作戏台。

现在后岱山的布袋戏台是属于彩楼一类，舞台的左右前方都是敞开式的，以便同时吸引左右两侧的观众，此种舞台设计，虽戏台长宽未大幅度增加，却使得戏台空间及视觉效果更加富于变化。此类美观而装饰丰富的戏台，不但更能吸引观众，而且本身就成了一件雕刻的艺术品。

4. 布袋木偶戏的具体操作：

一般像这种布袋木偶的表演，一个人可以同时操作两个木偶，左手一个右手一个。木偶头套在食指上，是表演头部的，另外三个指头是套一个手，大拇指套另外一个手，大拇指同样还要管头部的一些转动。腿的动作基本上也是靠手去操作。手掌的腕就是木偶的腰部，手的上臂就形成了一个木偶表演的很完整的造型。

《悔赌记》剧照

东茗的布袋木偶戏，已经不再如过去空闲时为了补贴家用，鸡毛换糖般挑着扁担走街串巷去表演，现在已堂而皇之地走入艺术的殿堂，走出乡村，走进城市。随着社会经济的发展和对传统艺术的重视，东茗后岱山的布袋木偶戏在传承人手中肯定会越来越红火，或许在这条小路上，他们会走得很艰辛，可是凭着热爱和执着，他们肯定会给布袋木偶戏赋予新的内涵、新的思路、新的未来，让这一古老艺术重新走向辉煌！

（新昌农办）

梅渚剪纸

梅渚村位于新昌县城西南十公里处，始建于宋代，西邻澄潭江，新镜线从村前通过，是梅渚镇第一大村，旧村原貌未变，文化底蕴深厚。村内保留了宅前塘、更楼、庵堂、祠庙、民居、店铺等大量明、清、民国时期有价值的古建筑，其梁架用材硕大，楼阁轩敞，飞檐雕梁，窗格花纹雕饰华丽，独具风格，堪称一座民间建筑雕刻艺术博物馆。

这个已被浙江省列入省历史文化村落的古村，除了有这些很高欣赏价值的古建筑外，还有一样古老的技艺如幽兰一样，在这个古村中散发着独特的清香——那就是传统的剪纸艺术。

剪纸又叫"刻纸"，其起源可上溯至公元 6 世纪，是一种以纸为加工对象、以剪刀（或刻刀）为工具进行创作的艺术。它以讲究的刀法、玲珑剔透的纸感语言和强调影廓的造型，形成一种独特的艺术形式。

剪纸，从字面上讲是用剪刀铰纸。若在一定审美观指导下剪成图样，专供人们欣赏，则可称之为"剪纸艺术"。一般职业艺人、工匠和剪纸艺术家也使用特制的刻刀刻纸，其效果与"剪"大体相同，都是在平面上镂刻花纹，所以统称剪纸艺术，简称"剪纸"。

要剪纸，首先需要两样东西——纸和刀。

一、纸的选择。

1. 根据用途不同而选择，最早选用的是最廉价的油光纸，用这种纸剪出来的花样相对比较简单。那些熟练的剪纸能手基本不用样稿，随手剪出图形，多粘贴于祭奠先人时用来放冥币的纸袋和丧葬礼上的招魂幡。（新昌有风俗，在清明扫墓或长辈的祭日时，要烧纸钱，这时大家会把纸钱放在一种同样是用油光纸折成的纸袋里，然后在纸袋上粘贴一些各色剪纸图样，让袋子看上去漂亮一点。）

2. 我们通常看见或接触的剪纸，最多应该算是窗花了。特别是新昌一带遇到结婚，肯定要在门上或窗户上贴上喜字，这时通常会选择大红的

剪纸作品《水乡》

薄膜纸，这种喜字一般都用对折折叠剪纸的方式完成，剪后展开，就是连体的两个喜字，寓意为"双喜临门"。因为是薄膜纸，不怕日晒雨淋，虽然会褪色，但耐久，也应了长长久久之吉利。

3. 一般过年或节日为了添加喜庆，用来装饰自己家里时，通常会选用宣纸。纸质柔软，是最适合一般剪纸的纸类。价位又不高，适用于一般家庭。

4. 随着大家对剪纸艺术产生越来越浓厚的兴趣，现在梅渚的剪纸艺人开始用上了高档的植绒纸。这种植绒纸多是用来剪比较复杂的有很高收藏价值的剪纸艺术品，通过装裱，成为馈赠、珍藏、欣赏的精品。

二、刀具的选择——剪纸的工具主要就是剪刀和刻刀

1. 剪刀　剪纸一般用普通的剪刀就可完成。但是在选择时尽量用刀头细长、刀口交合整齐、刀头尖利的。最好备用大小剪刀各一把，以便剪大幅图案和精细部位时分别使用。下面说到的折叠剪纸，是剪刀剪纸常用的方式之一。

剪刀剪纸的优点是：剪迹干净、线条流畅、棱角锋利适合，可进行随心所欲的大写意样式的制作。

缺点是：不便于镂刻和提高效率，每次仅剪两三张。

2. 刻刀　目前没有为剪纸而专门制作的刻刀，都是根据自己的需要制作。最好制成斜口刀、圆口刀、正尖形刀各一把。斜口刀用于刻直线和大的曲线；圆口刀用于刻圆形和小的弧线；正尖刀用于刻小圆形和小三

角形。

刻刀剪纸的特点：因刻刀尖细、锋利，一次可刻数十张或几十张，线条有顿挫感和切割感。

三、剪纸类型　根据图案和使用工具的不同，剪纸类型可分如下几种：

1. 折叠剪纸　折叠剪纸是最常见的剪纸类型，它具有弥合和对称的特点。主要用来制作两个或多个方位上对称且样式相同的图案。最简单的是对折一层，多者可以对折五层、六层甚至更多，不过一般以对折四层为最佳。制作时，可以根据需要把纸折叠成不同形状，可以画稿或不画稿，最要紧的是要充分考虑到展开后的整体效果和每个单元纹样的连接效果。

2. 平铺刻纸　如果选用植绒纸，基本用平铺的方式，用刻刀操作。通常把已打样的纸放在多张植绒纸上，然后用订书针在四边密密订好，防止多层纸张滑动，给工作带来不便。订好后，平铺在桌子上，就可以开始工作了。

3. 剪贴剪纸　剪贴剪纸就是找一张自己需要的底色纸张，然后根据图样需要在不同颜色不同纸质的纸上剪下需要的图案，然后粘贴在底色上。这样的剪纸成品颜色丰富，在颜色上相对比较贴近事物本身。

四、剪纸过程

1. 选纸：根据用途和题材，首先确定选用哪种纸张。

2. 打样：选定纸后，一些高难度的剪纸图案，就要打样。大众型的图案，可以复印，一些文具店里也有卖的。如果要让自己的作品独树一帜，那就得找能人手绘。这种作品的图案基本就是独一无二的了。

3. 选纸刀具：根据剪纸图案需要，选用合适刀具。

4. 固定：如用刀刻，需要用订书针或针线将样纸和一沓选用的纸四周订一圈。初学者可以由少到多，等技巧熟练掌握后增加张数，纸层过厚，容易出现剪不动刻不透，容易出现断线条与走样的现象。再用重物压24个小时，便于刻制。

5. 操作：如果用刻刀操作，艺人们右手拿刀，左手拿一根扁头的小木棒，像一般铅笔那样大写，把头削扁，右手雕刻时用来压在雕刻部分的旁边，起辅助作用，压实了，容易刻透。剪刻时一般是从细小的难以剪刻的地方入手，基本也就如写字一样，从上到下、从左到右、从内到外、从细到粗。

6. 揭离：剪刻完毕后需要把剪纸一张张揭离，油光纸、绒面纸，因表面光滑，比较容易揭离，单宣纸和粉连纸，因纸质轻薄，如果又遇天气潮湿，容易互相粘连，较难揭离。所以必须先将刻好的纸板轻轻揉动，使纸张互相脱离，然后一边揭一边用嘴吹。

7. 装裱：作品完成后，装裱是最后一步了。因为县城有很多家装裱店，要价不高且装裱精美，所以梅渚艺人们的作品基本都拿到县城一些店里进行装裱。

8. 保存：一些精致的耗时久的大作品，通过装裱，就悬挂或放置在干燥的地方，最怕就是受潮，如遇到梅雨季节，一旦发霉，最好的作品也毁了。一些小作品的保存，就相对简单，夹在书中即可。那天我去梅渚看剪纸艺人王菊香老人时，她就拿出大本大本鼓鼓囊囊的书籍，里面夹满了她的作品。

剪纸作品《采茶忙》

我国剪纸艺术发展到今天，在改革开放的新形势下，机遇与危机并存。由于人们的审美情趣随着社会的进步从根本上发生了变化，剪纸的民俗应用范围也逐渐狭窄，艺术队伍也相应减少。剪纸之所以有强大的生命力，就是因为它利用了极其廉价的纸张和剪刻工具，以及因纸和剪刻镂空所形成的艺术魅力。

梅渚村主任和书记及两委会，为了让这项古老的文化得到更好的传承和发扬，在村礼堂上挂满了村民剪纸能人的作品，让更多的人有机会接触、欣赏到剪纸艺术的美丽文化。

同时，剪纸这一古老的传统艺术，在村干部们的关注下，走进了学校。梅渚小学和梅渚中学，都把剪纸搬进了课堂，它已成为劳技课上一项必不可少的内容。前人说"少年强者强，少年弱者弱"。未来肯定是在孩子们的手上，梅渚剪纸能够从孩子开始培养，着眼于未来，在繁荣中华民族的剪纸艺术中，必定会起到极大的作用，从而使这门艺术走得更远、更稳、更实。

图片《传承文化，老少同乐》

（陈亚红）

马岙制盐

马岙村是具有五千多年历史的古村落，林姓为目前该村第一大姓，素有"林半岙"之称。据定海县志记载，南宋宝庆年间（1225—1227 年）林氏由福建迁入马岙定居，至今已传 38 代。从林氏家族定居马岙算起，村落也有 790 余年历史。千百年来马岙人民留下了许多优美动人的传说。其中村民们悠久的制盐历史，以及马岙自古至今的盐业生产技艺，直到当代仍然与当地农民的生产息息相关。

马岙处于马岙镇区，全村区域面积 4.5 平方公里，共有 629 户，1716 人。有耕地 1533 亩，其中水田 1100 多亩，旱地 433 亩。山林 3794 亩，果林 790 亩。远古的马岙是舟山本岛北部的一个海湾，因海平面的变迁，泥沙淤积成陆地。从新石器时代晚期起，马岙先民从大陆迁来，在卧佛山南、离海岸 3 公里的岙中，择地而居，现存新石器时代遗址 5 处，东周遗址 15 处，遗址总面积约 14 万平方米，是舟山群岛迄今发现的规模最大、保存最完整、内涵最丰富的原始村落遗址（马岙本村共发现土墩遗址 20 余处），其文化内涵誉称为"海岛第一村"。

马岙村因为临近大海，村民很早就有制盐的习惯，几千年来制盐的工艺也不断在改进。老书记林国平为我们讲述了马岙村民制盐的历史故事。最早，村里家家户户都会用陶罐、缸等粗糙瓷器灌上海水来晒盐，但是用缸晒盐往往一大缸海水晒干以后只能得到一点点的盐，虽然滨海，但是能吃到上好的盐对村民来说还是一件很艰难的事情。后来渐渐的村民们开始用海泥晒盐。传说从前有一个村民，看见两只美丽的凤凰落在一片沙滩上，就认为这片沙滩上一定有什么宝贝，于是他每天都会到这片沙滩上来寻宝，但是寻来寻去，根本没什么宝贝，就看见一片雪白的沙泥，他想这是凤凰待过的地方，这些沙泥一定是宝贝了，于是他装了一袋白色的沙泥，回去放了一点在菜里，感觉味道很好。这一袋沙泥，真的是宝贝。后来人们才晓得这宝贝是海里的海水漫上，积在海泥里，太阳日日晒，日日晒，结成的晶体，就给起一个名称：海盐。

大约从唐朝起，舟山就成为全国九个海盐产区之一，盐民编称"亭户"，免劳役，专司制盐，其制盐法初行煎煮，但是煎煮的过程非常之辛苦。北宋宝元二年（1039年）著名词人柳永任浙江定海晓峰盐监期间，曾作《煮海歌》，对盐工的艰苦劳作予以深刻的描述。柳永为政有声，是定海人民心中的父母官，被称为"名宦"。

《煮海歌》（柳永）

煮海之民何所营，妇无蚕织夫无耕。

衣食之源太寥落，牢盆煮就汝输征。

年年春夏潮盈浦，潮退刮泥成岛屿；

风干日曝咸味加，始灌潮波增成卤。

卤浓咸淡未得闲，采樵深入无穷山；

豹踪虎迹不敢避，朝阳出去夕阳还。

船载肩擎未遑歇，投入巨灶炎炎热；

晨烧暮烁堆积高，才得波涛变成雪。

柳永诗句中开门见山地指出盐民无田地可耕，无蚕桑可织，衣食的来源和赋税的缴纳都要靠制盐来负担。春夏潮退后，盐民将经过海水浸渍的泥土铲刮起来，如同岛屿，经过风干日曝，使泥土中的盐味增加；引海水浇灌咸土使盐分溶于水中分馏成卤。再将盐卤"投入巨灶""晨烧暮烁"，最后制成盐。盐民们在制盐的过程中，不仅要经受"刮泥""灌潮波""采樵"和煮盐的辛劳，而且还要冒着生命危险。这些高高堆积着的雪白的盐，乃是盐民们以劳动与生命去换得的成果。柳永的这首《煮海歌》用朴素平实的语言，完整叙述了当时海盐生产的过程，对我们了解北宋时期马岙盐民的制盐技术有着极大的帮助；同时生动地叙述了马岙盐民制盐的辛苦与生活的极端贫苦。

海盐制作技术在清朝道光年间有了进步，开始推行板晒，晒板杉木制，晒板似门板，板面平滑，周围木框，用壳灰涂塞缝隙，板底4根横挡加固，两头有柄，便于提扛。板晒操作主要分为制卤和结晶两个步骤。制卤过程（见图1）一般需要用刮泥淋卤法。过程是：开浦引潮、刮泥晒泥、做溜淋卤、试卤储卤。地势较高的盐田，先要开浦引潮，将潮水引入浸湿盐田。第二步是刮泥晒泥，每年夏季涨潮后，遇晴天，刮取咸泥，风吹日晒，以增加咸度，称刮泥。板晒时建墩头，伏天涨潮淹没泥场，在潮退后抢刮咸泥，挑至墩头，堆咸泥篷，用稻草盖着，防雨水淋淡，晴天晒，泥增咸度，一般一天可晒干，其他天气需 2—4 天。第三步是做溜淋卤。将咸泥装入溜中，下垫稻草，溜高 1—2 米，深 0.6 米，圆形中空，似碗状，用脚踏实均匀，以防"洪溜"，溜底中心略低，埋一竹管连接外面盛卤井（缸），然后灌海水融化盐分，从溜底渗出流入卤井（缸），即成卤可晒盐。最后一步是验卤储卤，初用石莲，浮莲多盐度高，后改用黄蜡裹锡代石莲，或用鸡蛋，新中国成立后推广波美表试卤，一般头缸卤为 22—23 波美度，二缸 18 波美度左右，储存起来晒盐，而 7 波美度以下谓淡卤，改作拗卤水。以上步骤完成后开始结晶这个步骤即拗卤晒盐，卤制成后，溜入盐板晒盐叫拗卤水，一般头缸卤每百斤可制盐 20 斤。板晒较煎煮法有进步，但是劳动强度仍然很大，"刮泥淋卤苦连天，百担烂泥换担盐。"盐民一般都有肩、背、眼、膀、腿、脚"六痛"之苦，马岙民间有"十个盐民九个驼"之谚。

图 1　板晒制卤过程

新中国成立以后，开始推行滩晒制盐，滩晒是用海水流水作业法将制卤和结晶同步进行，这是一整套符合马岙短晴多雨的气候特点的海盐滩晒新工艺。能减轻劳动强度，提高海盐产量和质量。滩晒制盐的过程分为 12 步，1—9 步为蒸发区，步格落差 4—6 厘米，10—12 步为结晶区。面积约占全滩 8%，其中第 10 步为调节区。具体步骤为：第一步灌入海水蒸发，1 天以后进入第二步，第二步骤的第一步是再灌水。以次序流，每天一步，水卤盐度逐步提高，经过前面九步的蒸发。卤达到 18 波美度左右的时候，才开始进入调节区，使卤蒸发达到 24.5 波美度的时候，即可进入结晶区制盐。马岙盐场 1976 年开始建场，总面积 1260 亩。开始时滩面以盐砖和沥青铺设，后因材料不够又用当地的二五对开代替，共 12 单元，由每格 66—100 亩的晒盐滩和每格 600 平方米的结晶滩组成，每一单元为一流程。据当年参与建场的老村长回忆，建场的过程是相当不容易的，需要集全乡之力参加建设工作，马岙村当年的所有青壮劳动力几乎都参与过建场，建设过程之艰辛，建设时间之长，老村长回忆起当年的场景，至今感慨良多，唏嘘不已。1982 年至 2000 年马岙盐场连续 19 年被评为省级先进。2002 年全场盐田面积 1000 亩，职工 140 人，年产量 6500 吨。很遗憾的是，由于效益问题，马岙盐场最终于 2003 年停办。老村长说马岙盐场停办的时候，村里的很多老人都觉得非常可惜、遗憾，因为他们当年都曾亲自参与了马岙盐场的建设，亲自见证过马岙盐场的辉煌，以及它给当地村民带来的巨大福利。

　　历史选择了马岙，先人钟情于马岙。马岙这块海边沃土不仅哺育了 6000 年前的灿烂文明，拥有众多的自然景观。马岙村制盐工艺的历史变迁，同样见证着勤劳的马岙人民在追求美好生活的过程中所付出的艰辛，以及他们乐观向上、积极进取的生活态度。

　　　　　　　　　　　　　　　　　　　（王景新、吴一鸣、朱强）

刘家老宅石窗

刘家大宅位于定海区盐仓街道义页河社区（原共裕村，旧称上菜岙）义页河水库北首，虎山东麓，清时已形成大族门宗，始建于清嘉庆、道光年间，距今约两百年。保存完好。

刘家大宅坐北朝南，外围25米见方，为砖瓦结构的单层四合院。屋宇式精美砖雕大台门朝东，梁架穿斗式，与东厢房相接，西厢房开有小台门与大台门相对。院内檐阶与道地全部用平整的方石板铺成。正屋通面阔五间，梁架穿斗式，十柱五檩，用木隔板，地面平铺石板；屋顶硬山顶，覆盖小青瓦。廊檐雕花，廊顶饰回纹格，廊柱牛腿雕刻吉祥图案，屋脊两端递次飞翘，中间置瓦神脊饰。如正屋堂前木板门的山水人物、花鸟虫兽，木门窗镂刻装饰，或夔龙纹，或万字纹，或几何纹，中间书"福禄寿喜"系列，变化万千。而东、北、西三面墙体外的石窗尚保存十三扇，饰石榴纹、仙翁纹、如意纹等，每扇窗图纹均不同，雕工精致，古色古香，美轮美奂，给人以古代建筑艺术的享受。

刘家老宅是四檐屋，每一檐外墙壁上都有五扇精美的石窗，因南檐房已经改建楼房，所以，现存的只有三檐墙壁上的十五扇石窗。石窗雕花样之多、雕工之精，堪称盐场街道透雕艺术一宝。这些堪称古民居建筑灵魂和眼睛的石窗雕，展现出古代窗雕艺术匠心独用的内涵和魅力。

设计与实用相结合。首先，刘家石窗很"花"，让人对它的艺术性浮想联翩；其次，刘家石窗很"漏"，又让人对其通风透气采光等的实用性管窥一斑。中国古典建筑往往是审美与实用并具的，石窗即是其中的典范。刘家石窗一律呈长方形，直式。厚4—5厘米，长宽比例为3∶2。它上面的几何纹样和人物、龙凤花鸟等形象采取透雕手法，透雕中又包含浅浮雕和线雕等技法。在透气、采光、通风方面不失木雕的功能，在防火、防盗、防烂、装饰的耐久性等功能方面更具有木雕难以企及的优势。

石质。石窗的石质大致有三种：一是红石板，石质软韧细腻，便于雕刻，但易风化，色泽粉红，非常醒目漂亮；二是灰白色石质，质地较红石坚韧，抗风化性要好于红石；三是青石，色泽淡青绿，坚韧细腻，抗风化、耐腐蚀，宜于精雕细刻。舟山群岛拥有丰富的花岗岩、大理石、砂岩等石雕原料，拥有岑港的里钓、中钓、外钓，岱山的双合，嵊泗的洋山等著名的石宕口，周边又有以三门、象山等为中心的石材产地，形成了良好的石雕艺术氛围。

图一

花纹。图一为如意寿，"寿"字中巧妙地包含金锭、笏和心形如意，其造型可谓别具匠心。笏即古时大臣朝见皇帝时的手板，根据官阶高低，分玉制、象牙制和竹制等不同种类，象征权贵。如意的两个端头呈弯曲回头之状，被人赋予了"回头即如意"的吉祥寓意。此纹样头尾呼应，造型美观华丽。到明、清时期，如意从实用品逐渐转向了一种艺术陈设品和装饰品，供人们欣赏娱乐。

几何纹格是石窗中常见的图案（见图二至图五），经过变形，衍生出纵横格、欹斜格、回纹格等。此类图案变化多端，有朴实大方、优美而富于变化的纯几何纹样组成的图案；有形象生动自然纹样组成的图案；有几何形和自然形相结合的图案。其动静自然结合，抽象与具体相得益彰，精美中见妙趣。艺术上采用均衡、调和、虚实、高低、粗细、大小、疏密、对称、呼应、强弱等对比手法。许多具有代表性的图案多以抽象表现，线条流畅飘逸、节奏感强、布局均衡，艺术风格清新、简洁、精纯、独特，

图二

图三

图四

图五

给人以富于理智的完备感和秩序感。

石窗雕饰品中"蝙蝠"是最常见的吉祥元素（如图六中的四福图和图七中的五福图）。双福临门、四面来福、四福临门、五福和合、世世有福等，人们大多以蝙蝠纹样来表达这些吉祥寓意。蝙蝠纹是中国特有的传统祈福文化中的图像特征，"蝠"与"福"的关系是图像与文字的对应关

图六 四福(蝠)

图七 五福(蝠)

系，所折射的是重生利命的民族心理和趋吉避凶的集体无意识。

图八 寿翁

图九 万字格

吉祥图案是吉祥观念在雕刻中的表现，是吉祥观念的物化表现，这也是一种观念的艺术。吉祥图案的首要意义在于它所附载的文化内涵。图八中间的人物由于太小，分不清是谁。但基本可以定位为南极仙翁、弥勒佛或者铁拐李之类的神仙人物。其袒胸赤脚，手舞足蹈。如果是南极仙翁，则寓意长寿。"寿"与人的生命长短密切相关，喜生恶死是生物界常见的

图十　卍字格

现象，人也概莫能外，显现着人们对长寿的向往，也就意味着对长时间地体味生命之美的肯定。如果是弥勒佛，则是平安，有佛（福）相伴的寓意，大肚弥勒佛还是解脱烦恼的化身——笑口常开，笑天下可笑之人；大肚能容，容天下难容之事。如果是铁拐李，则手里应该拿着他的法器——葫芦，葫芦内多籽，象征多子多孙，瓜瓞绵绵，代代有福。有"葫芦中岂止存五福"、能炼丹药救济众生之意。

"卍"字（如图九、图十）也是中国传统纹样之一。原为古代一种符咒，用作附身符，被认为是太阳或者火的象征。"卍"在梵文中的意思是"吉祥之所集"，读作"万"或"室利靺蹉洛刹囊"，是佛陀三十二种大人相之一，也是释迦牟尼胸部所现的瑞相，在公元前三世纪始被用于佛典，有吉祥、万福和万寿之意。"卍"作为符号，被称为吉祥喜旋，"卍"字有左旋和右旋之分，所谓左旋，是指卍的折曲向左，所谓右旋，是指"卍"的折曲向右。

如意花瓶（如图十一）藤枝缠绕寓意"万代长寿"，上下两个浮雕如意（未镂空），中间一座瓶花，蕴含着"平安如意"的意思，可谓多种吉祥元素构成了丰厚圆满的图案；图十二麒麟是瑞兽，"麒麟送子"更寄托着人类的美好愿望。这扇石窗四角还加上了"暗八仙"中的四个元素，即宝剑、玉板、渔鼓和花篮。宝剑是吕洞宾的法器，通"吉"，有"剑现灵光魑魅惊"之意，用来镇邪驱魔；玉板是曹国舅的法器，有"玉板和声万籁清"之意境，仙板神鸣，万籁万声；渔鼓为张果老法器，有"渔鼓频敲有梵音"之意境，能星相卦卜，灵验生命；花篮为蓝采和法器，有"花篮内蓄无凡品"之意境，神果异花，能广通神明。

图十一　花瓶

图十二　人面麒麟

刘家石窗造型生动、构图灵活、刀法娴熟、工艺精湛，古色古香，美轮美奂，给人以古代建筑艺术美的享受，堪称舟山民间古宅石窗雕刻之最。

（舟山农办）

舟山木偶戏

舟山木偶戏流传于舟山已有 150 年历史，最具代表性的是双桥紫微村的"侯家班"木偶戏，1998 年，定海紫微乡（现改名双桥镇）被评为省"民间艺术之乡"；2003 年，舟山布袋木偶戏被列入浙江省第一批民族民间艺术资源保护名录；双桥镇被省文化厅命名为"布袋木偶戏民间艺术之乡"。侯惠义、侯雅飞等 10 名艺人荣获定海区十大民间"名艺人"称号。2005 年舟山木偶戏被列入省首批民间艺术资源保护项目。2007 年，双桥"侯家班"应邀去日本东京经济大学交流演出。为使木偶戏的传承后继有人，定海区政府在紫微小学建立了舟山市非物质文化遗产（木偶戏）传承基地。

舟山木偶戏种类。据民国十二年（1923 年）编撰的《定海县志·风俗·演剧》载，傀儡戏有二种，皆俗称之曰"小戏文"。一种傀儡较巨者谓之"下弄上"，皆邑中堕民为之。围幕做场，大敲锣鼓，由人在下挑拨机关，则木偶自舞动矣。其唱白亦皆在下之人为之。一种小者，其舞台如一方匣，以一人立于矮足几上演之。谓之"独角戏"，亦曰"登头戏"，为之者皆外来游民。傀儡戏大者多民间许愿酬神演之；小者则多在街市演之，演毕向观者索钱，亦有以此许愿酬神者。舟山民间流传着"木偶辟邪"的说法，舟山木偶戏在民间又称"急戏"，有"急难之中解围"之意，常能听到一些老人说，做小戏文，保太太平平。木偶戏又叫"小戏文"，以强烈的民族风格和浓郁的生活气息，扎根流传于舟山民间至今，它的特点可用一句话来概括，"十指能演百态情，一口道尽人间事"。

　　舟山的历史上曾经流行两种木偶戏：杖头木偶和布袋木偶。杖头木偶又称"下弄上"，是用竹竿顶着木偶的手足操纵木偶表演，木偶头子大如鹅蛋，画的都是京剧脸谱，身子长约半米。演出时以围布作场，演出人员在围布里面将木偶举到围布上面进行表演，观众在围布外观看，现在已失传。布袋木偶戏就是四周用布围住表演的小台，演员在里面手举木偶和各种刀枪道具，边唱边讲边表演，2—3个乐师在里面伴奏。如民国十三年编纂的《定海县志》"风俗篇"载："傀儡戏有二种，俗皆称之曰'小戏文'，一种傀儡较巨者谓之'下弄上'，皆邑中堕民为之，围幕做场，大敲锣鼓，由人在下挑拨机关，则傀儡自舞动矣。其唱白亦皆在下之人为之。一种小者，其舞台如一方匣，以一人立于矮足几上演之，亦曰'凳头戏'，为之者皆外来游民。"

　　现在舟山经常在演出的木偶戏就是布袋木偶戏，布袋木偶演出使用的木偶，除了头、手掌和脚的下半部以外，手部和腿部都是用布缝制而成的，因形状酷似布袋，故被称为布袋木偶戏。表演时主要靠手指活动来操作，与皮影木偶、牵线木偶、杖头木偶戏相比，布袋木偶戏中木偶的动作更加节奏明快迅捷。

　　舟山的布袋木偶戏有别于其他地方的傀儡木偶、牵线木偶、杖头木偶

和皮影木偶等形式表现的手法。它的最大特点是，能一人操纵和演出多个人物角色，不像其他木偶戏只能是"一人一隅"地表演，这就大大地简化了演出的程序。舟山木偶戏艺人全部的行当是：一根扁担，一头担着折叠起来的戏台，一头装着木偶和乐器的道具箱。由于没有繁复的道具和装备，艺人可以轻车简从地挑着一副担子走巷串户，在普通的人家堂前用两条凳子一块门板架起台子，打开小戏台套在扁担上，竖直扁担固定好，就可以演出了。

风格。布袋木偶戏的戏台雕镂精美，体积狭小，这一方面是因为受制于表演者一个人双手伸展幅度的局限，另一方面也便于折叠后能够很轻松地挑在肩上行走。这种戏台的原理相当于现在的折叠椅，打开时宽度1米、深0.8米左右，折叠之后不到十几厘米，便于在海岛上、下船时搬运，可在寻常渔民百姓家的堂屋内、晒网场、渔船舱板上演出，符合海岛交通不便、文化生活相对闭塞这一特定的环境。

因为戏台小，所以木偶也不大，一人能双手操纵两个木偶，以食指顶着木偶的头部，中指和拇指分别套入木偶人物的左、右两个袖筒代表木偶的双手，这样，木偶的头、手都能活动起来。通过表演者的高超技巧，表现人物丰富多彩的动作如执物、开扇、换衣、舞剑、打斗、搏杀等高难动作，加上整个手臂的运动做出踏步、行走、骑马神态，结合念白、唱腔和锣鼓点子，完成木偶整套演出动作。

木偶脸谱基本上承袭了越剧的脸谱，有生、旦、净、丑之分，而唱腔却别具一种风格。它既不像越剧的唱腔那样婉约、清丽，也不似京剧那样悠长、拖沓，而是综合了绍兴大班、宁波走书、二黄、流水清板、乱弹、越剧等唱腔特点，以绍兴大班为主调，以高音板胡伴奏，高亢激越、节奏紧凑，堪比秦腔而有过之而无不及。在文化生活极为贫乏的渔村、农村，闻其声就让人回肠荡气、热血沸腾。

木偶戏的演出分独人、双人和多人几种形式。过去"唱门头"式的演出多为一人，单是一些唱腔而无鼓乐和器乐伴奏，场面显得单调，于是加上锣和钹，由于腾不出双手只能用双脚替代。敲锣的方法有点像现在的"脚踏式翻盖废物桶"原理，踏一下就能敲一下；而钹子的击打方法是采用一条竹片弯成"U"字形，两片钹子绑在竹片两头，横放后利用竹片的弹性用脚踩，这样，一个人的双手、双脚和嘴都派上用场，演出也便热闹了，这也是木偶戏演出的一个奇观。后来的双人演出则主要是一人拉板胡和打击乐，大大减轻了独人演出的压力。

舟山木偶戏主要演出传统剧目有《薛丁山与樊梨花》《李三娘推磨》《月唐传》《乾坤印》《薛刚反唐》《天宝图》《乾隆游江南》《贞德游山东》《七侠五义》《罗通扫北》《薛仁贵征东》《薛丁山征西》《杨家将》《双狮图》《周文王逃五关》《杨文广平北》《赵匡胤战关东》《水浒传》等。现代剧目有《焦裕禄雪地送粮》《平原枪声》《智取威虎山》《江南红》《海岛女民兵》《中秋之夜》等。

历史原因。布袋木偶戏之所以能够流传延续至今，缘于它广泛的民俗性。在旧时的定海农村，渔业农耕生活环境十分恶劣，海难事件时有发生，求神拜佛许愿是常事，而许愿为神演一台戏也是内容之一，故乡间当时的"小戏文"大多是以"请神"为由。堂前的小戏文正席上摆上香案、三牲供品、神位，观众只能站在边席看戏。久而久之，由于文化生活贫乏，木偶戏便形成一定的市场，不少人家逢年过节也会叫艺人演上一两天。小戏文陪神福是敬神的组成部分。敬神先不用乐队，但必须有小戏文，而且有一整套的程序仪式，演出的剧目也是以祈福、敬神、送宝、团圆之类的内容。敬神之后，才开场正戏。

舟山布袋木偶戏的第一代宗师朱潭山来自宁波奉化，他在舟山各地演出时，收了4个徒弟，朱家尖顺母的阿伟、长涂岛的张庆发、马岙三江的陈宝金、金塘姚家山的姚惠义。后来盐仓螺头的叶星昂和紫微侯家的候长寿拜金塘姚惠义为师，成为第三代传人的代表。侯惠义于1941年投到叶星昂门下，成为第四代传人的代表。后来，侯惠义的女儿侯雅飞8岁时跟父亲学艺，成了舟山木偶戏的第五代传人。

新中国成立前海岛渔民文艺生活枯燥，诸小岛的鱼行老板为使渔民安心捕鱼，利用修船补网之际请侯惠义演出。一条扁担撑着一个小型木雕舞台，围布做场，侯惠义坐在布围内操作木偶，所有角色都由他一人演唱，演出剧目大多是渔民群众喜闻乐见的《七侠五义》《薛刚反唐》《罗通扫北》等。淳朴的艺术风格、灵巧的操纵技艺、别致的演绎方式、生动的木偶造型，赢得渔民们的喜爱，往往整座小岛的人全部集中到沙滩上来一睹木偶的风采。空前热烈的演出效果，激发侯惠义的演出激情。侯惠义又把舟山木偶戏演到内陆，那时没有汽车，他们肩挑步行，到宁波、绍兴、镇海、余姚、奉华、慈溪等浙东各地做街戏，一条街一条街地演，吸引了越来越多的民众观看。

创新。新中国成立后，舟山地区文教局对木偶戏等舟山曲艺进行了登记。1954 年，舟山地区成立木偶戏队，同年参加省曲艺会演获一等奖。1956 年舟山专区木偶戏会演在定海举行，全区 20 个木偶剧团近 80 名演职员参加演出 40 个节目。1959 年，40 余木偶艺人加入舟山地区曲艺队，1963 年成立木偶工作者协会，由侯惠义改编创作的新戏《焦裕禄雪地送粮》演出后，受到了中央首长陈云同志的亲切接见。

1965 年，侯惠义对表演形式和木偶进行大胆改革，丰富了演出内容，使原先简陋的表演变成了有舞台、灯光、布景，多人参与的表演。在保存传统戏的同时，适应时代要求，又自创自编自演了《平原枪声》《智取威虎山》等现代戏。他们在书场、学校、部队等单位表演，受到广泛的欢迎。1979 年，侯惠义参加了浙江省文代会，并于次年当选省曲艺家协会理事，同时担任舟山地区曲艺队队长。1982 年退休后协助他的长女侯雅飞、女婿顾国芳、长子侯国平建立"侯家班"，继续演绎他的木偶人生。

布袋木偶的表演需要高超的技巧，演员通过指掌操纵造型精美的偶像，栩栩如生地表现出人物的丰富表情。凭借精湛技艺，做出开扇、换衣、舞剑、搏杀、跃窗等高难动作，令人叫绝。表演中，一个人可以同时演两个木偶，左手一个右手一个。木偶头套在食指上，是表演头部的，另外三个指头是套一个手，大拇指套另外一个手，大拇指同样还要管头部的一些转动。一个小小的舞台，却很巧妙地结合了中国的传统武术、杂技和戏曲艺术。侯惠义说："木偶本身是没有生命的，表演艺人灵巧的双手是木偶的灵魂。一双手让木偶拥有灵魂，可不是一朝一夕能练就的功夫。小时候练手指是很辛苦的，练功的时候食指不能动，要练到要它动才动，不让它动它就不能动，因为食指套的是木偶的头，如果一直转个不停，就失去了真实感和生动感。刻画人物的内心活动，更需要精益求精的好学精神。所以，一年四季，无论严寒酷暑，都必须早早起来练手功。"

另外，演唱者嗓音要好，整场戏下来，唱词要连贯，不能有错。手功和唱功是演活木偶的关键。同其他舞台戏曲一样，木偶戏也要表现戏中角色的唱、做、念、打和喜、怒、哀、乐。但是区别于其他舞台戏曲的是，木偶戏中角色的动作和情感不是通过与观众正面接触的有棱有角有形有色的演员本人演绎出来的，而是由幕后的一双手，借助木偶这个小物体表现出来的。

凭着艺人的一双巧手，以一个不足一平方米的小小舞台和两块围帘营造出人物故事情节纷呈的天地；以几个无生命的木偶巧妙地演绎出中国传统的武术、杂技和戏曲做、打、念、唱等综合艺术的精深造诣；以一个人的双手指挥了千军万马的场面；以高昂激越的唱腔传达了剧中人物喜、怒、哀、乐所有复杂的内心世界，只有舟山木偶戏才能做到这一切，这也是它能广泛流传的主要原因。

（之江）

东极渔民画

世界上有南极和北极，在中国东海上还镶嵌着一颗璀璨的明珠——东极。东极岛属于浙江省舟山市普陀区东极镇，位于中国大陆东端。身处大海，四周被东海包围，位于东经 122.4°，北纬 30.1°之间。东极诸岛远离舟山本岛，距沈家门 45 公里，拥有大小 28 个岛屿和 108 个岩礁。不仅有浓厚、古朴的渔家特色，更有那美不胜收的自然风光，它几乎包揽了真正意义上的阳光、碧海、岛礁、海味。且气候宜人，水质清澈，是少有的洁净之地。东极主要风景有庙子湖、青浜岛、东福山、黄兴岛。是电影《后会无期》的重要拍摄地点，被称为海上的丽江。

东极渔民画起源于 20 世纪 80 年代末，1993 年东极村被普陀区定为"民间绘画创作基地"，2007 年被舟山市命名为"舟山市渔民画艺术社区"，2010 年被定为舟山市渔民画创作基地。近 22 年来，陆续培养渔民画作者 200 余人，其中重点作者近 20 名，参加全国、省、市区各项展览 60 余次；共有 200 件作品跟随市区业务部门赴德国、法国、意大利等国家进行展出或被收藏购买，有《夜筝》《东极岛》《穿龙裤的菩萨》《老渔夫》等 90 件作品在全国、省、市频频获奖或被发表；截至目前，东极已有 1800 余件作品成功走向市场，成为宾馆、酒店、办公室和居家的装饰品，250 余件作品成为东极镇对外交流的友好使者，爱到各界人士的喜爱和好评。

20 世纪 90 年代初，应该是舟山渔民画创作的繁荣期，之后，舟山渔民画创作一度沉寂非常，这其中自然有县区美术干部流失等因素，但舟山渔民画没有真正走向市场，单靠政府和文化部门在一边鼓动，才是导致渔民画不甚景气的根源所在。后来，市政府组织市文体局、市文联有关人员赴陕西考察户县农民画，在繁荣舟山渔民画创作的同时，配合舟山旅游开发，探索出一条真正市场化的路子，这是至关重要的一步棋，有了这步棋，全盘皆活。

渔民画都是岛上的妇女创作的，主要以水粉画为主，也有少量油画、吹塑纸版画。在东极渔民画展厅里，有新人新作展厅、老人回顾展厅、市场销售展厅三个区域。展厅内挂满了渔民画，游客看中了哪幅画作，就可以当场买下来。同时，展厅也是画室，里面放置着许多颜料、画笔。漫步在展厅，欣赏渔民画，《打绳忙》《海宝宝》等一大批作品鲜明地表现了渔家风情和渔民的生活场景，我们仿佛看见了渔民们根植在心底的坚忍性格和开阔视野，也看见了他们用手中的画笔去叙事、造境，绘出了五彩缤纷的大海和在大海中的生活，绘出了海岛人吃苦耐劳、自强不息、迎浪而上的精神和力量。

东极岛青年女画家梁银娣是渔民画家的优秀代表，其作品《东极岛》曾在全国海岛渔民画大赛上获得过银奖。《东极岛》整个画面有着大海的奔放，原初的简朴，透出淳厚的民俗文化底蕴。画中海的颜色异化为橙黄色，主要的画面是石房上下叠错，气势壮观。画中通过强烈的黄紫色对比，表现渔家妇女在傍晚暖洋洋的朝霞映射下，喜悦地等待出海归来的渔民的情景，大面积的石屋围成的环行的构图，那热情奔放的色彩，象征着渔民富裕快乐的生活。海中有几艘出海归来的渔船，点缀在晚霞照射的海面上，渐深渐远，表现海面的开阔，给人以无穷无尽的感觉。通过夸张和变形，石屋好像是在海风中跳着劲舞，而拥挤的石房又构成一张五彩大网，各色鱼鳖螺虾网聚其中，底下门口有两渔妇在期盼着出海捕鱼的亲人早早满载归来。画中的石屋群，表现的正是有"海上布达拉宫"之称的东极特有的石屋，这些帮助渔民度过了一个个台风季节的坚固石屋，层层叠叠，海中远望，特有声势，如今已成了东极岛上极有特色的一道风景。

为不断提升渔民画艺术创作水平和打造渔民画产业之路，东极镇文化站通过横向联系，积极搭建艺术创作与艺术产业之间的桥梁，以行政支持、技巧创新和市场营销的手段，使渔民画初步实现了产业化进程。如今，渔民画作者绘画年收入已从 2002 年的平均 2000 元上升到目前的 1 万元至 2 万元。通过整合文化资源，大胆创新，东极文化站相继开发了渔民画文化衫、杯垫、鼠标垫、明信片等旅游文化产品，弥补了东极旅游产品的空白与不足，为东极旅游注入了新的文化元素。同时，镇文化站投入人力物力，突出渔民画作为"一镇一品牌"亮点工作，进一步奠定东极渔民画在艺术领域的地位，提升品牌效应。东极渔民画尽管在创作和队伍建设上取得了一些成绩，但要使其可持续发展，仍面临着诸多问题，如：队伍流失严重，人才外流；经费投入不足；没形成产、供、销一体化路子。

如何解决上述问题，他们的做法是：培养人才、稳定队伍。一是镇文化站改变过去渔民画培训班一开始就要求学员出作品的方法，减少学员学画压力，让新学员先临摹作品，等能独立临摹了，再学习创作。二是加强与外出打工者联系。经常与外出打工者保持紧密联系，定时定期，有重大活动时邀请他们回来创作和开展辅导工作，并收购他们的作品在东极销售。三是当地政府在招聘干部时，同等条件下尽量聘用业余作者在博物馆、旅游服务中心等岗位就业，让他们业余时间能聚集在一起，形成良好的创作氛围。

加强政府扶持力度，把渔民画创作纳入文化旅游建设项目。2009 年，抓住镇文化站旧址改建作"东极历史文化博物馆"机遇，镇文化站一方面要求政府投入资金对原渔民画展厅进行投资装修，另一方面又把渔民画展厅纳入该"历史文化博物馆"中。2009 年 7 月，东极渔民画展厅作为镇综合文化大楼的一部分，对外免费开放，收到了意想不到的效果。经过精心策划的渔民画展厅一改过去的不分区域展示，设计成六个部分进行图文并茂的展示，使游客在参观中产生购买欲望，促进渔民画和文化商品的出售，使广大作者进一步得到了经济创收。

解决市场需求，开创一条产、供、销一体化道路。第一，镇文化站对渔民画作者采用既集中又分散的管理、培养方法，每隔两个月定期召开学习交流会，对新作进行评奖和举办个人展；第二，借助东极文化旅游市场，在作者中培养了一支有乡土文化气息、有一定沟通能力的渔民画导购员队伍，通过艺术氛围浓重的展厅，用渔民画朴实的画面为游客讲述渔民生产劳动、海边习俗、海洋生物、捕捞技术等渔家故事，从而使游客了解海岛人的生活方式及乡土艺术，并体会到这是"东之极、海之涯"才能领略到的民俗乡土文化；第三，在材质上进行创新，原先渔民画都采用玻璃装框，携带笨重易破碎，近年来，文化站引进较轻型的现成油画布框等作画用具，并按市场需求为游客配备好不同规格、不同价格的成品，设计制作了造型美观的渔民画专用包装袋，这样既不易破损，又便于携带，从而加快了产业化发展步伐。

渔民画作为渔乡风情的美丽画卷，是洋溢着现代气息的民间绘画，它以大海为背景，以渔民的生产、生活为题材，它的表现手法没有既定的规范约束，尽是大海般的自由随意和纯情流露，显示着天真可爱、诗意盎然的鲜明个性，无论是丰富的题材，还是鲜明的地方特色或独特的艺术表现手法，都有其独特渔民艺术风格，成为海洋文化中的一块品牌、民间艺术百花园中的一枝奇葩、一种典范。

大海为东极渔民画提供了极大的想象空间，渔民画又为东极渔民开启了一道心灵之门，他们的创造力和想象力被极大地发挥出来。东极渔民画从一开始，就找到自己别具一格的表现方式，这是与东极独特的地域环境、与东极渔民乐天达观的精神分不开的，与乡风民俗和传统的民间艺术更有着深厚的渊源。他们用变形、抽象的手法，用粗犷的线条、绚丽的色彩、夸张的造型，来表现他们劳作和生活场景，为这片充满传奇色彩的蓝色水域编写新的代码。

中国的第一缕曙光照射在东海之滨东极岛上，在这里生生息息养着一批纯朴的渔民画家，他们用丰富的想象、巧妙的构思，给我们展示了一幅幅画面生动、色彩鲜艳、神秘深沉、散发着浓烈的海洋气息的画作。他们是海洋的忠实守望者和记录者。他们是渔夫，她们是渔妇，同时，他们也被称作"东方毕加索"。

（舟山农办）

船饰画艺

花鸟岛海域水产资源丰富，是嵊山渔场的重要组成部分。历史上对于海洋资源的开发，以及海防军事上的地位，使得花鸟岛名见于文献的年代可以推溯到宋朝。南宋宝祐六年（1258），朝廷为了防备自海上而来的威胁，便在浙东沿海设立了二十六处用于预警的烽燧，在海上的称作"海上十二铺"，其中一处石衕山便是现在的花鸟岛。花鸟岛曾名石弄山，元大德年间的《昌国州图志》中记为石衕山，后来又逐渐演化成花脑山、花鸟山。

花鸟岛的文化历史底蕴深厚，形成了自己独特的海岛文化。花鸟人质而文，勤而朴，临海而渔，依海而生，常年的海上作业和特殊的自然环境孕育了丰富多彩的涉渔文化，其中占有重要地位的就是围绕渔船而产生的一系列技艺和独特风俗。

船在海岛渔民的日常生活中，不仅仅是交通工具，还是赖以生存的生产工具，所以对船，渔民是百般呵护，爱护备至。渔民为拥有自家的一只船而倍感自豪。旧时渔民经济条件好的自家一家打造一只船，经济条件差的会几家凑在一起打一只船，当然更多的是"渔行主"、"渔业资本家"才有经济实力打船，然后雇佣无船的渔民替他们捕鱼。打船习俗在海岛颇为盛行，至今，花鸟岛还有些渔民打造"泡沫枫子"船，以供近岛作业用。

　　渔民们将渔船尊称为木龙，并设立了很多打船时规矩和仪式。一是在造船开工前，船主先要拣日子，拣一个黄道吉日开工，开工这一天，要用三牲福礼供祭，置办酒席，请"大木"师父（就是造船工匠）坐上座，并送"纸包钿"。造船工序比较复杂，有上龙盘、上梁头、铺底板、上烟棺、斗颈、铺满堂板、上蒙头龙颈、压廊、上台案、起鳌壳、挑水板、铺舱板、上桅杆、装帆、上舱、上漆、画眼、下水等几十道工序。

　　二是在新船船壳打造好后，"大木"师父用上好的木料，精制一对船眼，钉在船头两侧，叫"定彩"。仪式很隆重，要请阴阳先生择定一个吉日良辰，并按金木水火土五行，用五色丝线扎在作船眼珠的银钉上，由船主将它钉在船头，然后用簇新的红布条或红纸将眼蒙住，叫"封眼"。当新船下水时，鞭炮、锣鼓齐响，船主再亲自将"封眼"的红布或红纸揭掉，叫"启眼"，船就可以睁着眼睛下水了。

　　三是安装船"活灵"，俗称"水活灵"，在新船骨架刚搭成时，"大木"师父用一块小木头，挖个小孔，里面放进铜板、铜钱或银元等物，表示船的灵魂（铜和银能镇邪驱灾）。"水活灵"被安装在水舱里，也有说法，说是船为木龙，龙行于水，船活灵在水中，就是个活的生命了，船有眼，有活力才能战胜险难，渡过难关。

　　四是在船后舱设立一个专供"船官老爷"的"圣堂舱"，舱内设有神龛，供奉"船官老爷"，以保船只人员平安顺利。

　　渔船历来为渔民所重视，并尊为圣物。渔民们会根据自己的喜好来装扮渔船，将对平安的渴望、对丰收的期盼用绘画的方式画到渔船上，由此也就产生了船饰画的艺术。久而久之就形成了海岛渔民的一种习俗。

　　旧时船饰画多在冰鲜船上，除船头两侧沿船眼睛下来画上两条形似眉毛的绿色长条带外（古称此船为"绿眉毛"大船），还在船鳖壳前面朝船头方向的一排壁板上绘有各种"戏文名"画，多以三国演义里的著名折子戏为题材绘制。如："桃园结义""长坂坡救主""关公走麦城""刘备东吴招亲""黄忠老将斩蔡阳""三请诸葛亮""三气周瑜芦花荡"等。也有隋唐演义折子戏的内容，如"秦琼卖马""罗成回马枪""锤击裴元庆"等，最多的还是各种花、鸟、岁寒三友（松、竹、梅）等。

　　最初画在渔船的只是各种艳丽颜色，以辨别各家各户的渔船，后来在此基础上渐渐突出各家各户的风格。但大多数渔船都会在船上绘各种鱼类，以及大丰收景象等。也有绘上各种花纹，写上"一路顺风""顺利发财"等字样的，个别渔船将某种符咒似的画绘在船尾，让它始终面对大海，说是能镇"海妖"。船饰画是渔民心灵的祈愿，其中还隐含着某些宗教的含义。随着生产的发展，人类的进步，现在的船饰画大都画在大型机动船的驾驶台前，题材不外乎"丰收景象、歌颂祖国、歌颂党"，也有自然风光等。

　　画船饰画一般由有经验的漆匠来完成，匠人们严格按照流程，先把白坯船板磨光，刮上石膏粉，然后再打光。随后用炭打画出底稿图形，勾画出线条。再用各种颜色油漆，在相应的位置上涂抹。待其自然干燥后再涂上一层，顺便可修改第一次涂抹时出格或不足之处。最后打一次亮油，以起到保护内部颜色的作用，减少因海上风吹浪打和太阳晒而导致的褪色。

　　在渔民淳朴的观念里，世间万物都有神祇护佑，山上有山神、海里有海神，而护佑渔船的船神，就是"船官老爷"。船神是渔民心目中能保佑平安、赐予丰收的尊神，因此也就有了祭"船官老爷"的习俗。

渔民们非常敬重"船官老爷",每当渔船出海捕鱼大丰收,或遇到风浪时,渔民都会祈求"船官老爷",特别是新打好的船第一次下水前,渔民都会请"船官老爷"。仪式比较繁杂,首先在船上摆一桌祭祀羹饭,在涨潮时点上香烛,磕头跪拜。桌上摆三杯茶、六杯酒、全猪、全鸡、肉一刀、长面、鱼鲞、盐、水果等供品隆重祭拜;香炉底压码一张,上写"船老爷尊神",下有"顺风得利"并在祭拜同时烧"太平经",燃放鞭炮,主要是祈求生产安全,生意兴隆,保佑出海平安、满载而归。然后以福物酬谢来帮忙推船的人及造船师傅,也有在开捕出海时祭拜的,也有在碰到特殊的情况时(比如触礁、捕捞产量不高等)来祭拜的。

渔船是渔民最重要的财产,也是赖以生存的"海上之家",在海上航行、生产作业时,为避免船只往来发生碰撞尤为重要,渔民之间形成了一些不成文的规则,如:在海上若是两船相遇,要大船让小船,顺风船让逆风船,同是逆风行驶的船,橹前船要让橹后船。在作业场地,未下网的要让已下网的船,晚下网的船让早下网的船,航行中的船要让座港船的锚地,要停泊的船让正在捕捞的船。海上礼让之俗,渔民都会自觉遵守,因而也避免了很多海损事故。

渔民是一个特殊的作业群体,终身以大海为伴,性格豪放粗犷,不拘小节,但又有着急公好义,先人后己的风范。这些渔民们在长期的海上生产、生活中形成的特有的行为规范,无疑是我们最为宝贵的精神财富,值得一代代的传承下去。

（舟山农办）